18歳からの教養ゼミナール

家田 愛子 編著

北樹出版

── ● 執筆者紹介 ──────(執筆順)

伊藤　雅康	（いとう　まさやす・札幌学院大学法学部）	第1章
布施　晶子	（ふせ　あきこ・札幌学院大学人文学部）	第2章
大國　充彦	（おおくに　あつひこ・札幌学院大学社会情報学部）	第3章
富田　充保	（とみた　みつやす・札幌学院大学人文学部）	第4章
西尾　敬義	（にしお　たかよし・札幌学院大学法学部）	第5章
小内　純子	（おない　じゅんこ・札幌学院大学社会情報学部）	第6章
橋口　豊	（はしぐち　ゆたか・龍谷大学法学部）	第7章
川村　雅則	（かわむら　まさのり・北海学園大学経済学部）	第8章
菅野　淑子	（かんの　としこ・北海道教育大学教育学部）	第9章
家田　愛子	（いえだ　あいこ・札幌学院大学法学部）	第10章，編者
片桐　由喜	（かたぎり　ゆき・小樽商科大学商学部）	第11章
山本　純	（やまもと　じゅん・札幌学院大学商学部）	第12章
光武　幸	（みつたけ　みゆき・札幌学院大学商学部）	第13章
佐々木　胤則	（ささき　たねのり・北海道教育大学教育学部）	第14章
碓井　和弘	（うすい　かずひろ・札幌学院大学商学部）	第15章
桜井　道夫	（さくらい　みちお・札幌学院大学社会情報学部）	第16章
佐々木　冠	（ささき　かん・札幌学院大学商学部）	第17・18・19章
小沢　隆司	（おざわ　たかし・札幌学院大学法学部）	第20章
高橋　徹	（たかはし　とおる・札幌学院大学社会情報学部）	第21章
菅野　博之	（かんの　ひろし・漫画家）	第1・3・5・7・9・11章のイラスト

はじめに

――大学で何を学ぶか、学ぶにあたりどういうスキルが必要か――

1．本書の特徴

　今日、2人に1人が大学に進学するという大衆化された大学教育においては、学部を問わず、専門的学問知識の他に、人権、ジェンダー、セクシュアル・ハラスメント、職業観、市民としての権利・モラル等の、いわゆる「大人の常識」とでもいうような知識もなんらかの形でカリキュラムに取り入れることが求められている。しかしながら、現実にはこれらをすべて網羅的に取り入れたカリキュラムを組み、学生がすべての科目を履修することは不可能である。学生のほうも、卒業要件を満たすための単位修得とアルバイトで忙しく、教養を深めるための本をじっくり読む時間など持ち合わせないという。

　また、大衆化された大学での、何百人もが入る大教室での講義の弊害を緩和するために、1年次から、教養ゼミ、プロゼミ、基礎ゼミ等の名称で少人数クラスでのゼミナール形式での授業を設ける大学が増えている。ところが、1年次のゼミナールは専門教育としては位置づけられないために、扱う素材の決定や、獲得目標の設定が悩みとなっている。ゼミナール形式での授業に慣れさせ、活発な議論を引き出すのは容易ではない。

　また、高校までとは異なるスタイルの大学での講義に戸惑う新入生も多いことから、大学での勉強に早くなじめるようにと、ノートのとり方、レポートの書き方、レジュメの作り方、資料の集め方などの基礎的スキルも、少人数のゼミナールでの教授必須事項になっている。

　編者も勤務校においてこれらの問題に直面している。1年次ゼミナールに最適な、このような課題にすべて答えているコンパクトなテキストはないものかと探したが、見当たらなかった。そこで、問題意識を編者と共有する同僚らと自ら企画することとしたのが、本書誕生のきっかけである。

　「18歳からの教養」とは、大学で学んだ者であれば、最低限これくらいの教養・知識・モラルは身につけておいてほしいという程度のいわば雑学としての

「大人の教養」である。本書で取り上げたテーマはそのような「大人の教養」のごく一部である。しかしながら、最低限の知識とはいっても、各テーマはそれを研究対象とする専門家としての研究者によって書かれており、知的好奇心をもった読者が関心をもって勉強を深めていけば、専門的知識の領域にまでたどり着くことができるように、本書は工夫されている。

　専門教育に入る前の導入教育としての1年次のゼミナールで、広く浅くではあるがこれらのテーマについて学び考える機会があれば、多少なりとも教養的知識が増え、考える幅が広がり、2年次以降の勉強への関心も広がると期待したい。見方を変えれば、教養教育に時間を使うことができるこの時期を逃すと、後はもっぱら専門教育に時間を費やさざるをえず、社会人になる前に身につけておいてほしい最低限の「大人の教養」について、学び・考える機会がほとんどないといえなくもないのである。

　「大人の教養」として、18歳の頃に学び考えてほしいというテーマは他にも沢山あろう。家庭内暴力・児童虐待、少年犯罪、売買春、高齢者の問題、食の安全・食文化、ゴミ問題なども取り上げたかったが、紙幅の都合で盛り込めなかった。

2．本書の使い方
・ゼミナールなどの少人数クラスで本書をテキストとする場合

　報告担当者が関心のあるテーマを選び、報告者は担当章の概要についてまずレジュメを作り、さらに、各章におかれている Let's Study の設問に答える。その際 Further Readings を参考に資料を集め、レジュメにまとめ報告する。問題関心がさらに深まれば、報告者自身が新たな課題を設定し、それについて勉強を深めその成果を発表してほしい。他のゼミ学生は、当日取り上げられる章をあらかじめ読んでおく。そうすれば、議論に積極的に参加できる。全員が該当するテーマを一読していれば、報告担当者だけが、報告内容についての知識を独占して、他の学生は議論に参加したくてもできないという、ゼミナールでよくありがちな状況を改善できる。

　ゼミナールでの報告のためのレジュメの作り方、報告の仕方については本書第II部を参考にしてほしい。報告内容を後でレポートにまとめる場合にも、第II部のレポート作成の仕方を参考にしてほしい。

ゼミでの報告テーマに第II部の章を分担して取り上げることもよいかもしれない。ゼミ生全員で、適宜、レジュメの作り方・レポートの書き方・報告の仕方・発現の仕方を勉強することで、ゼミ運営がスムーズになり活性化するだろう。

　教員は、自分の専門外のテーマであっても、身についているはずの「大人の教養」の範囲で各テーマについて、報告担当者にアドバイスすればよい。報告者とともにさらに「大人の教養」を深めるというのも、おこがましいが、本書の狙いの一つである。

・教養を深めるために一人で読む場合

　本書は、教養を深めるために手にとってみたという読者にも分かりやすく書かれている。

　それぞれの章のFurther Readingsに挙げられた本を読み進めれば、知識はさらに深まる。

　また、第II部は、課題のレポートや卒業論文の作成の際には必ず必要となるスキルがすべて書かれているので、卒業するまで手元に置いてほしい。

編者　家田　愛子

Contents

18歳からの教養ゼミナール●●●

はじめに――大学で何を学ぶか、学ぶにあたりどういうスキルが必要か
……………………………………………………………………………3

第Ⅰ部　テーマスタディ：絶対に必要な知！

第1章　世界は人権問題に満ちている⁉ ……………………………12
　Ⅰ．人権侵害ってなんだろう？…………………………………12
　Ⅱ．人権いろいろ――人権の増加傾向…………………………14
　Ⅲ．「人」もいろいろ――人権の主体の広がり………………17
　Ⅳ．人権の侵害者もいろいろ
　　　――人権規定が適用される場面の広がり……………18
　Ⅴ．人権問題へのまなざし………………………………………20

第2章　ジェンダーフリーに生きる
　　　――セックス(性別)・ジェンダー・ジェンダーフリー……22
　Ⅰ．セックス（性別）？　ジェンダー？………………22
　Ⅱ．ジェンダー・イメージの作られ方…………………24
　Ⅲ．ジェンダーと家族……………………………………27
　Ⅳ．ジェンダー・フリーについて考える………………30

第3章　セクシュアル・ハラスメントはなぜ起きるのか …………33
　Ⅰ．セクシュアル・ハラスメントのポイント…………33
　Ⅱ．セクシュアル・ハラスメントの実際………………33
　Ⅲ．権力現象としてのセクシュアル・ハラスメント…37
　Ⅳ．キャンパスに潜むセクシュアル・ハラスメント…41

第4章　日本の子どもは権利を十分に充たされている？
　　　――世界のなかで考える …………………………………43
　Ⅰ．子どもが今まで以上にわがままになる⁉…………43
　Ⅱ．世界の子どもの権利実態にあらためて心を寄せ
　　　日本を見つめ直す………………………………45
　Ⅲ．日本の子どもの権利要求に耳を傾ける……………47
　Ⅳ．子どもの権利を自らの問題としてつかみ直す……50

第5章　政治参加への視点 …………………………………………52
　　Ⅰ．民主主義と政治参加…………………………………………52
　　Ⅱ．国政における政治参加………………………………………53
　　Ⅲ．地方政治における政治参加…………………………………57

第6章　人と人とのつながりを大切に——地域組織と大学生活 ……63
　　Ⅰ．注目される地域・市民活動…………………………………63
　　Ⅱ．町内会・自治会活動と地域社会……………………………64
　　Ⅲ．NPOをもっと知ろう！ ……………………………………67
　　Ⅳ．新たなるコミュニティに向けて……………………………72

第7章　NGOや市民は世界の平和にいかに関わるべきか …………73
　　Ⅰ．世界平和に貢献したい！……………………………………73
　　Ⅱ．国家に安全保障をすべて任せるべきなのか………………74
　　Ⅲ．NGOと「人間の安全保障」
　　　　　——対人地雷全面禁止条約をめぐる活動を事例として…77
　　Ⅳ．真の平和な未来を願って……………………………………81

第8章　どう働く？どう生きる？ ……………………………………84
　　Ⅰ．どんな風に働きたい？………………………………………84
　　Ⅱ．高失業率の時代、到来？——急増する失業者……………84
　　Ⅲ．雇用が変わる！
　　　　　——減少する正規雇用と増大する非正規雇用
　　　　　………………………………………………………………87
　　Ⅳ．雇う側・雇われる側どっちに原因
　　　　　——失業・非正規増加の背景……………………………89
　　Ⅴ．就職難の時代に、働くことについて考える………………92

第9章　男女差別の現実 ………………………………………………94
　　Ⅰ．差別だと感じる瞬間を経験したことがありますか………94
　　Ⅱ．格差があればすべてが差別なのではありません——
　　　　「合理的な格差」と「不合理な格差」………………………95
　　Ⅲ．差別はかたちを変えてあらわれる——間接差別…………97
　　Ⅳ．結婚しても働き続けたいですか——既婚者差別…………100
　　Ⅴ．今はもうできないはずなんですが
　　　　　——男女別コース採用による差別………………………102

Ⅵ．理解し合うことから ……………………………………104
第10章　過労死あるところに少子化あり ………………………………105
　　　Ⅰ．過労死と少子化って関係あるの？ ……………………105
　　　Ⅱ．現代の闇、過労死 ………………………………………105
　　　Ⅲ．なぜ死ぬほど働かなくてはならないのか？ ………108
　　　Ⅳ．産まない理由、産めない理由 …………………………111
　　　Ⅴ．もっと素敵な生活を！ …………………………………114
第11章　困った時はお互い様──社会保障制度の意義と機能 ……115
　　　Ⅰ．幸せに暮らすために ……………………………………115
　　　Ⅱ．社会保障とは ……………………………………………116
　　　Ⅲ．一人は万人のために、万人は一人のために──社会保険
　　　　　　……………………………………………………………117
　　　Ⅳ．「人間らしい生活」の実現のために──生活保護………121
　　　Ⅴ．支えあって生きてゆこう──社会福祉 ………………123
　　　Ⅵ．みんなの社会保障 ………………………………………123
第12章　クルマ社会を考える ……………………………………………124
　　　Ⅰ．現代というクルマ社会 …………………………………124
　　　Ⅱ．繰り返され、増大する悲劇 ……………………………125
　　　Ⅲ．モータリゼーションと道路交通事故──日本の経験 …127
　　　Ⅳ．なぜ、社会は追いつけないのか？──ゆたかな社会の
　　　　　「依存効果」と「社会的バランス」論 …………………130
　　　Ⅴ．ゆとりあるクルマ社会へ ………………………………133
第13章　若者の健康管理を喫煙から考える ……………………………135
　　　Ⅰ．健康な体をつくることを心がけることから始めよう ……135
　　　Ⅱ．なぜ、若者はたばこを吸うのだろうか ………………136
　　　Ⅲ．百害あって一利なし──喫煙の影響 …………………139
　　　Ⅳ．タバコを止めよう・非喫煙者のままでいよう ………142
第14章　エイズ（AIDS）と人権 …………………………………………144
　　　Ⅰ．エイズを忘れかけていませんか？ ……………………144
　　　Ⅱ．エイズのこれまでと今 …………………………………144
　　　Ⅲ．「たてまえ」と「ほんね」
　　　　　──エイズに対する偏見と人権侵害 …………………148

Ⅳ．性の営みとHIV感染について……………………………150
　　Ⅴ．もっとエイズを考えよう！……………………………151
第15章　ケータイの功罪と消費者…………………………………152
　　Ⅰ．ケータイは変わる、ケータイが変える⁉……………152
　　Ⅱ．ケータイが生み出す問題………………………………153
　　Ⅲ．ケータイによって囲い込まれる消費者………………157
　　Ⅳ．上手にケータイとつき合おう…………………………160
第16章　地球規模の環境問題とは？………………………………161
　　Ⅰ．タマちゃん現る…………………………………………161
　　Ⅱ．有害物質の垂れ流しがもたらしたもの——水俣病と喫煙　163
　　Ⅲ．ローカルからグローバルへ……………………………164
　　Ⅳ．環境論栄えて環境滅ぶ…………………………………168

第Ⅱ部　学びのスキル：絶対に必要な技！

第17章　レポート・レジュメ作成の心構え………………………172
　　Ⅰ．大学生活で要求される表現手段………………………172
　　Ⅱ．レポート・レジュメに欠かせない要素………………172
　　Ⅲ．問題設定と答えを含んでいること……………………173
　　Ⅳ．データソースが明示されていること…………………174
　　Ⅴ．オリジナリティーがあること…………………………174
第18章　レポートの書き方…………………………………………176
　　Ⅰ．レポートを書くにあたっての注意点…………………176
　　Ⅱ．手順（いきなり書くな）………………………………176
　　　　1．課題を確認する(176)　2．文献リストを作り、先行研究を集める(176)　3．レポートのアウトラインを作る(178)　4．下書き(読む順序と書く順序は別)(178)　5．推敲、清書(179)
　　Ⅲ．内容に関して注意すべきこと…………………………179
　　　　1．脱線するな(180)　2．他人発の情報を自分発の情報と区別する(180)
　　Ⅳ．レポートの形式に関して注意すべきこと……………182
　　　　1．タイトルと名前の配置(182)　2．見出しのつけ方(183)　3．参照文献欄の書き方(184)

Ⅴ．レポートを作成する上で注意すべきその他の事柄 ……… 186
　　　　　1．レポートのレイアウト(186)　2．重点先行型の段落
　　　　(187)　3．字数指定の解釈(188)

第19章　レジュメの作り方・口頭発表の仕方 ……………………… 189
　　　Ⅰ．レジュメとは何か ………………………………………… 189
　　　Ⅱ．レジュメの作り方 ………………………………………… 189
　　　Ⅲ．発表原稿の作り方 ………………………………………… 190
　　　Ⅳ．口頭発表の際の留意点 …………………………………… 192
　　　Ⅴ．ゼミ参加者も発言を求められる ………………………… 192

第20章　図書館は君の情報収集基地だ――大学図書館の利用法 … 194
　　　Ⅰ．大学図書館へ行こう ……………………………………… 194
　　　Ⅱ．本だけじゃないぞ――所蔵資料の種類 ………………… 194
　　　　　1．図書(195)　2．雑誌・新聞(196)　3．参考図書(198)
　　　Ⅲ．資料の探し方 ……………………………………………… 199
　　　　　1．資料の在り処を探るツール(200)　2．特定の図書を探
　　　　している場合(201)　3．探している図書が決まっていない
　　　　場合(201)　4．図書がみつからない場合(205)　5．図書
　　　　を手にしたら(205)

第21章　インターネットで何が調べられるのか？
　　　　　　　　どう調べたらよいのか？ ………………………………… 207
　　　Ⅰ．インターネットで情報収集 ……………………………… 207
　　　Ⅱ．検索サイトを使ってみよう！ …………………………… 207
　　　　　1．カテゴリー検索サイトとは？(207)　2．キーワード型
　　　　検索サイトとは？(208)　3．サイトとページの違い(208)
　　　　4．カテゴリー型検索を使ってテーマを発見する(210)　5．
　　　　キーワードを使ってページを絞りこむ(212)　6．インター
　　　　ネット検索は一種の思考過程である(213)
　　　Ⅲ．ネット上にはどんな資料があるのか？ ………………… 214
　　　　　1．公的機関の資料(214)　2．マス・メディアの資料
　　　　(217)　3．目的別にサイトを活用する(218)
　　　Ⅳ．インターネットの資料を有意義に利用するために ……… 219

第I部

テーマスタディ

絶対に必要な知!

Chapter 1... 世界は人権問題に満ちている!?

＊Ⅰ．人権侵害ってなんだろう？

　「そんなの、人権侵害だ！」と言ったか感じたかしたことがある人は、ちょっとその時のことを思い出してみてください。

　まず、それは誰の身の上に起きたことだろうか？　自分自身？　母親？　同級生？　近所に住んでいる外国人？　自分が大好きな漫画家？……

　そのときの加害者は誰だったろうか？　政府？　先生？　父親？　上級生？　おふろやさん？　知事？……

　その人は加害者から何をされたのだろうか？　私生活を暴露された？　殴られた？　入場を拒否された？　アパートから出ていけと言われた？　やりたいことを禁止された？……

　あるいは、講義やゼミで憲法について勉強していると、以下のような事柄で学生の皆さんのなかには小さな怒りが渦巻いていることが分かる。自分がもうすぐ20才になることを知っているかのようにタイミングよく届くダイレクトメール、アイヌ民族に属する人々や在日コリアンの人々が就職や結婚で差別されること、死刑によって生命を失うこと、家族から暴力をふるわれること、同級生からお金を巻き上げられること、……。そして、その怒りの気持ちを言葉で表す時に、「人権侵害」という言葉を選んだりする。

　このように、「人権侵害」ということは、よくないことやひどい話をすべて指すかのように意識されているふしがある。

　また別の例を見てみよう。

　法務省には人権擁護局という機関がある。人権擁護局は「国民の基本的人権を擁護するため、人権侵犯事件の調査・処理、人権相談、人権尊重思想の啓発活動、法律扶助などに関する事務を行って」いる（法務省ウェブサイトwww.moj.

go.jpの人権擁護局のフロントページより）。その人権擁護局のインターネットサイトの「人権を侵害されたら」のページの「人権侵害」の説明を見ると、「法律に違反した行為に限らず、憲法や人権に関する条約、世界人権宣言などに違反するような行為であれば人権侵害といえ」るとし、人権を列挙している憲法や条約に違反する行為だけでなく、法律に違反する行為でも、あるいはそれこそが「人権侵害」だとして、かなり幅広く考えられている。

　また、「公務員による人権侵害」だけでなく、「私人間での人権侵害もあります」としているので、それでまた人権侵害とされるものは格段に多くなる。ちなみに、人権侵犯事件として訴えられているものの約9割は民間人による事件である。

　しかし、他方で、「ひとりで悩まずにご相談ください」のページを見ると、「法務省の人権擁護機関に寄せられる相談内容には、単に人権問題に限らず、家庭内（結婚、夫婦、親子、離婚、相続、扶養等）や隣近所のもめごとなど日常生活全般にわたる紛争や法律問題など、様々なものがあります」とあり、家庭内や隣近所のもめごとなどは人権問題ではないと分類しているようである。ただし、それでも「人権擁護」機関でそれらの問題を取り扱ってくれるので、私たちはそれが人権問題であるかどうかを意識しなくてもよいことになっている。

　また、例年12月4日から10日の期間に設定されている「人権週間」では、2003年には図表1-1に掲げたことが強調事項とされた。

　それぞれがもっともなことであり、また、この日本の社会のなかで不利な立場に置かれている人々がどういう人々かを知ることもできるが、何よりも特徴的なのは、(1)の「育てよう一人一人の人権意

● Further Readings
憲法教育研究会『それぞれの人権』
　法律文化社、2003年
鎌田慧『非国民!?』岩波書店、1990年

図表1-1　第56回（2003年）人権週間の強調事項

(1)「育てよう一人一人の人権意識」
(2)「女性の地位を高めよう」
(3)「子どもの人権を守ろう」
(4)「高齢者を大切にする心を育てよう」
(5)「障害のある人の完全参加と平等を実現しよう」
(6)「部落差別をなくそう」
(7)「アイヌの人々に対する理解を深めよう」
(8)「外国人の人権を尊重しよう」
(9)「HIV感染者やハンセン病患者等に対する偏見をなくそう」
(10)「刑を終えて出所した人に対する偏見をなくそう」
(11)「犯罪被害者とその家族の人権に配慮しよう」
(12)「インターネットを悪用した人権侵害は止めよう」
(13)「性的指向を理由とする差別をなくそう」
(14)「ホームレスに対する偏見をなくそう」
(15)「性同一性障害を理由とする差別をなくそう」

識」という表題や、そのもとで「国民一人一人が人権の意義や重要性に関する知識を確実に身に付ける」ことが強調されるのに示されるように、これら強調項目では、わたしたち一人ひとりの意識や行動の改善に主眼が置かれていることである。

「人権問題」をはば広く捉えていき、いやだ、不快だと感じることを含めて「人権擁護」の対象とするということ、また、「人権問題」は社会のなかの水平的な関係において起きるからそれを解消していくためには一人ひとりの意識や行動の改善が必要だ、ということが、以上のことから感じとれると思う。

しかし、それは憲法との関係で人権を考える場合に意識することとの間での微妙ではない違いを含む。

＊II．人権いろいろ──人権の増加傾向

日本国憲法の三大原理の一つに人権尊重主義がある。人権は通常、「人がただ人間であるということのみに基づいて当然にもっている権利」とか「人間が生まれながらにもっている権利」と定義され、そうした人権を尊重することの根底には、「個人の尊重」という考え方があると説明される。少し前、アメリカによるアフガニスタンやイラクへの攻撃が盛んに行われた頃に、槇原敬之作詞・作曲の「世界で一つだけの花」という歌が流行した。その歌詞からも、一人ひとりが固有の価値を持つかけがえのない存在だから、それぞれがお互いを尊重しようよ、というメッセージを受け止めることができるが、そうした考えを根底にして、各人がそれぞれに特有の生き方をしっかり歩めるように、人権は保障されている。

この個人を「尊重」するということは、一つには「国家」や「集団」の利益に個人の考えや行動を従属させない、という意味がある。しかし、社会のなかのすべての人が個人として尊重される必要があるから、誰か特定の人の利益だけが一方的に優先されることがあってはならず、すべての人が同じように尊重されるための利害関係の調整は当然に受けざるをえない。また、自分一人の力では生活を送れないような人には必要な支援が提供されることで、初めて個人として生を全うできることになる。

日本国憲法はそのような個人の尊重という考えを根底に据えながら、いろい

ろなことを人権として保障している。それらは通常、図表1-2のように分類整理される。

図表1-2　人権の分類（人権の後の数字はそれが掲げられている日本国憲法の条文）

- 自由権
  - 精神活動の自由
    - 思想・良心の自由（第19条）
    - 信教の自由（第20条）
    - 集会・結社・表現の自由（第21条）
    - 学問の自由（第23条）
  - 身体に関する自由
    - 奴隷的拘束及び苦役からの自由（第18条）
    - 適正手続の保障（第31条、第33条〜第39条）
  - 経済活動の自由
    - 居住・移転及び職業選択の自由（第22条）
    - 外国移住及び国籍離脱の自由（第22条）
    - 財産権（第29条）
- 社会権
  - 生存権（第25条）
  - 教育を受ける権利（第26条）
  - 勤労権（第27条）
  - 労働基本権（労働三権）（第28条）
- 参政権
  - 公務員の選定・罷免権（第15条）
  - 最高裁判所裁判官の国民審査権（第79条）
  - 憲法改正の国民投票権（第96条）
- 国務請求権
  - 請願権（第16条）
  - 国家賠償請求権（第17条）
  - 裁判を受ける権利（第32条）
  - 刑事補償請求権（第40条）

こうしてみると、人権というのは様々なことに関わっているのだなあということに、つまり、その多様性に気づく。日本国憲法が制定された約60年前でも、一人ひとりが生きるうえで、これだけのことが必要だと意識されていたのである。

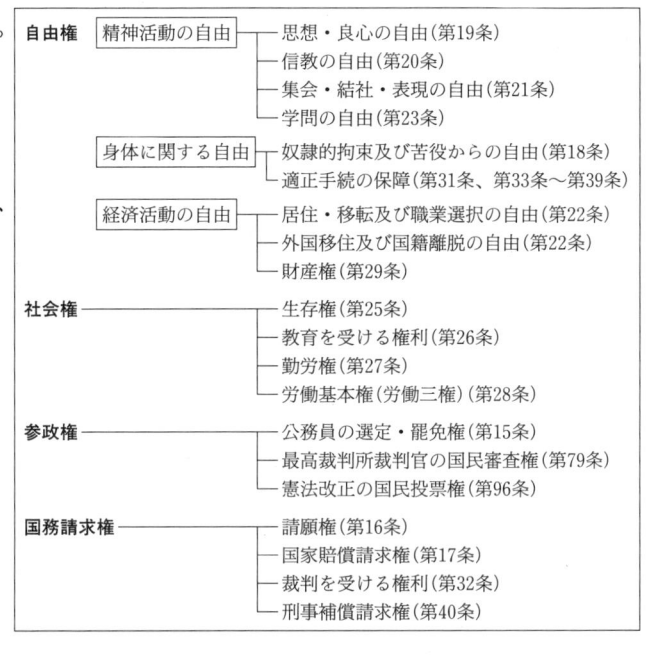

しかし、憲法の条文で人権であると明示されたものは、憲法制定当時の人々のなかで人権としての保障が必要であると具体的に意識されたものであって、人権がそれらだけに限定されるいわれはない。憲法が人権だとしたものが人権であるのではなく、「人がただ人間であるということのみに基づいて当然にもっている権利」が人権なのだから、時代の移り変わりや社会の変化に応じて保障の必要性が意識されるようになれば、それは人権として認めて差支えない。それらは「新しい人権」と呼ばれる。

そして、日本国憲法制定後に「新しい人権」として認めるべきと主張されたものは数多くある。環境権、プライバシー権、知る権利、平和的生存権、自己決定権が代表的なものでよく知られているが、その他にも、日照権、眺望権、学習権、アクセス権、健康権、静穏権、喫煙権、嫌煙権、などたくさんある。そのなかの一つである自己決定権は「自己の個人的な事柄について自ら決定する権利」であるが、自らに関する「どのようなこと」について自ら決定する権利であるかについての理解の仕方次第では、自己決定権だけからでも、様々な

● **Further Readings**
棟居快行ほか『基本的人権の事件簿』
　有斐閣、2002年
樋口陽一『一語の辞典　人権』三省堂、1996年
奥平康弘『憲法Ⅲ　憲法が保障する権利』有斐
　閣、1993年

事柄に関する自由を引き出すことができる。

　こうして、人権はますます数を増していく勢いである。しかし、新しい人権を認める場合には、注意すべきことがある。一つには、そもそも人権というものが他の利益や権利と同列のものではなくより重要な別のものとして観念されるものであり、また、個人の尊重を起点として個人の自律と自立との関係から必要性が意識されるものであるから、人権として承認されるためには、重要さや個人の尊重とのつながりを説得的に説明できることが望ましい。

　そして、このことはおそらく多くの人にとって意外なことではない。なぜならば、人がなんらかの問題を「人権問題」と呼ぶときは往々にして、ことの重大性を周囲の人に意識してほしいからである。そこでは「人権」は大切なものであるということが無意識にではあれ前提とされているはずである。そうであれば、「人権」のなかにつまらないものを詰め込んで、「人権」そのもののイメージを低下させては元も子もない。人権は「大切なもの」というイメージを守るためには、人権の仲間入りをさせるものはやはり厳選されなければならない。

　また、新しい人権を認める際には、その人権を認めることが国家にどのような役割を期待することになるかを意識して論じられることが望ましい。人権の歴史がそもそも「権力からの自由」を求める自由権を起点として始まったものであり、また憲法というものがそもそも「権力に対する懐疑」を背景にしてその存在理由が語られるからである。特に、新しい人権として主張されてきたものは、その保障のために他人の活動を国家によって制限することを求め、国家を「侵害者」としてではなく、「保護者」として位置づけるものが多いから、場合によっては既存の人権を国家が制約する余地を広げることにもなりかねないだけに、このことは大切である。

Let's study!　(1)「新しい人権」の例であるプライバシー権や環境権について、それらがどのような背景のもとで、またどのような理由で主張されるようになったかを調べてみよう。そして、それらの人権の保障が実現するには、何が必要か考えてみよう。

＊Ⅲ．「人」もいろいろ——人権の主体の広がり

　人権を列挙する日本国憲法第3章の表題は「国民の権利及び義務」となっているが、学説でも裁判所の判例でも、「人権を享有できるのは日本国民だけ」とは考えられていない。日本国籍を有する者であるという意味での日本国民に限られず、日本国籍を持たない者、すなわち外国人も人権を享有できる、と考えられている。人権がそもそも国籍などの属性で限定されない人一般のものとして観念されていることや、日本国憲法が国際協調主義（前文、第98条）を採用していることなどがその理由である。

　そして、人権の性質に照らして日本国民のみをその対象としていると解されるものを除き、外国人にも人権の保障が及ぶべきだと考えられている。その結果、外国人の場合に保障されない人権とされるのは、入国の自由、参政権、社会権、の三つである。そして、その三つについても部分的にあるいは全面的に保障すべきとの見解が有力に主張されている。こうして、人権問題は外国人にも数多く生じる。

　それでは、人でないものが人権を享有することについては、どう考えたらよいだろうか？　ここでは、ネコとかシマウマに人権の享有を認めることを問題にしているわけではない。会社、マスメディア、労働組合などの団体も人権を享有するか、という問題である。なぜそうした団体も人権を享有するということが主張されるかというと、そうした団体が現代の社会において重要な構成要素になっているからであり、また、団体の活動の結果得られるものは最終的には個人に帰着する、からである。たしかに、それらの団体が国家により活動を禁止、制限されることを想像すれば、国家による制限に対する防壁がそうした団体にも用意されていないと不都合が生じることは分かる（たとえば、政府の保有する軍事情報についての報道を禁止する法律が作られることを想定してみよう）。

　しかし、手放しで人権の行使が認められるわけではない。まず、団体という「人でないもの」を「人」とみなすというフィクションを皆で共有する、という無理をするのは、社会生活上の不都合が生じたり、個人の利益を損なったりしないようにするためであるから、団体に保障される人権はその団体が活動するにあたって必要な範囲に限られる。

　また、団体の人権行使が本来の人権の享有主体である個人の人権行使と衝突

する場合に、どちらも国家が規制しないでおくと、だいたいの場合、事実上の力は団体のほうが優るので、個人の人権行使が無意味なものになってしまう。たとえば、企業から政党に対して金額無制限で政治献金が認められた場合、一つの企業が1億円をある政党に献金すれば、その政党と対立する政党に一人の個人が3万円献金することの意味はかなり薄れる。

したがって、団体の人権行使を認める場合も、その認める程度については、個人の人権行使との関係で慎重な配慮が求められる。団体の内部の個人との関係では、たしかに、その団体の目的の範囲内では個人に対して団体は強制することができるが、その場合でも団体の目的の範囲をどこまでとするか、などを考えながら、個人の人権が不当に制約されないようにしなければならない。

「人でないもの」を「人」とみなして人権の享有を認めることに対して示されるこうした躊躇のなかには、人権はそもそも生身の人間が個人として享有するものであることへのこだわりがある。また、だからこそ生身の人間であれば、「国民」に限られずに人権の享有が認められるとし、また、生身の人間のなかのある一部分の人（たち）の人権の保障が十分でない時には、「子どもの人権」、「女性の人権」といったテーマを設定し、それらの人（たち）の人権の保障を改善しようとする。

Let's study! (2)団体の人権行使が個人の人権行使と衝突して、どちらも国家が規制しないでおくと、個人の人権行使が無意味なものになってしまう例を考えてみよう。また、強制加入団体である税理士会が政治団体への寄附のために会員から強制的に特別会費を徴収することはできない旨の最高裁判決があるが、団体が決定したことに構成員が従わなくてもよい場合として、その他にどのような場合があるか考えてみよう。

IV. 人権の侵害者もいろいろ
―― 人権規定が適用される場面の広がり

伝統的な考え方では、憲法は国家と国民の間の関係を規律するものであるから、憲法が保障している人権は、もっぱら国家との関係において私人の権利や利益を守るために規定されたものと考えられてきた。たとえば、表現の自由というものは、国家が私人の表現活動を妨害することをやめさせるために掲げら

れた、というようにである。すなわち、人権侵害をするおそれがもっとも高いのは国家であって、人権規定は国家対私人の間の紛争で、かつ私人に被害が生じている場合に適用されるものであると考えられてきた。

　しかし、環境問題やマスメディアの取材・報道による被害に示されるように、企業などの私的な団体がより多くより広範に人権の保障する価値を脅かすという事態が生じ、それらを解決するためにも憲法の人権規定を適用することが唱えられるようになった。しかし、私人間でのどの紛争でも人権規定が適用されると考えられるわけではない。

　私人間の事柄については私的自治の原則（契約自由の原則など）という重要な原則があり、私人間の問題については、個人の意思で規律することが尊重されなければならず、それが人権を制限する内容のものであっても許される場合がある。

　たとえば、アパートの住人同士の約束で「夜の9時以降は友達を部屋に呼んで『よさこいソーラン祭り』の練習はしない」と決めるとしよう。決めた内容は人と集まることについて時間制限をするというのであるから、集会開催に制限を加えていることはまちがいないが、かと言って、その約束が集会の自由を制限するから憲法違反で無効だとは言えまい。

　しかし、同じ私人同士の間でも、両者の関係が対等ではなく片方がもう片方に従属するような関係の場合には、私的自治の原則が制限され、そこに人権規定を適用することで弱者の側を救済することが認められるほうがよい。その場合に、支配と従属の関係が成立しているかどうかは個別の事例のなかで判断されなければならないが、憲法学説においては、支配する側の権力が国家の権力に類似する時に人権が保障する価値に対する侵害が発生すれば、そこに憲法の人権規定を適用できる、という考えが唱えられている。

　このように、人権規定を適用できる場面は、私人間の紛争すべてではなく、その私人間の関係が対等でなく支配と従属の要素がある場合に、いわば「権力」性がある場合に人権規定を適用して紛争を解決

するとして、人権問題の広がりに限界を画した。これが人権規定の適用場面での「権力」についてのこだわりの一つである。もう一つの「権力」についてのこだわりは、私人間の問題への国家の介入をできるだけ限定しようという、国家の権力への懐疑である。私人間の紛争を人権規定を適用して解決する問題と位置づけると、その分だけ私的自治が縮減されることになるが、それを極力抑えようとするのである。

　また、私人間の問題が人権問題として意識されなければならないほどに、人間の生命や生活にとって重大な問題である場合に国家の制定する法律による保護を期待することもありえよう。しかし、その場合にも、国家による介入が不当な人権の制約を伴っていないかに十分留意する必要がある。たとえば、ストーカー行為規制法が「個人の身体、自由および名誉に対する危害の発生を防止」（同法第1条）するという目的で制定されることは問題ないとしても、裁判所の命令によらずに警察を監督する機関である公安委員会の命令によってストーカー行為を禁止する、という手段について、一般市民の行動の自由を裁判所の判断によらずに束縛することの異様さを問題にする視点である。

Let's study! (3)民間で発生する人権が保障する価値に関わる問題を、それでは国家による規制に頼らないで解決するためには、どのような方法があるか考えてみよう。

*Ⅴ．人権問題へのまなざし

　以上で人権問題の「広がり」を確認した。人権の種類については、日本国憲法に明文でいくつもの人権が列挙されているが、それらには限定されないこと、人権を享有する人は「国民」に限定されず、また生身の人間にも限定されないこと、そして、人権規定は、国家の構造について定める憲法のなかに置かれていても、国家対私人の関係の場合にだけ適用されるわけではなく、私人間の紛争にも適用されること、がその内容であった。

　しかし、ただ「広がり」を確認しただけではなく、その広がりに限界を画する発想もまた確認した。人権として承認されるためには、人として生きることに関する重要さや個人の尊重とのつながりを説得的に説明できることが望まし

いこと、人権を享有する主体については、人権はそもそも生身の人間が個人として享有するものであることへのこだわりがあること、そして、人権規定の適用場面については、対国家関係を基本とし、私人間の紛争に適用する場合にも、その関係に「権力」性があることが必要とされること、である。

これらに基づいて考えれば、この世のなかの何もかもが人権問題であるわけではない。だから、何が人権問題なのか、人権問題のなかでいま何が重大か、を考えることはすなわち、いまの社会のなかでわたしたちが関心を持ち解決をしていかなければならない問題は何であり、また問題はどこに存在しているかを意識することになるであろう。

冒頭で例に挙げた人権週間の強調事項に戻れば、そこでは国家による人権侵害の影がうすく、したがって、人権の「侵害者」としての国家にどう反省を迫り、政策変更を促すかという視点は出てきにくくなっているのではないだろうか。

Let's study! (4)自衛隊の海外への派遣に反対する趣旨のチラシを住宅のポストに入れて歩いた人たちが、住居侵入の罪で逮捕、起訴された、という事件があった。それが人権問題かどうか、また、そうだとすれば、どの程度重大な問題か、考えてみよう。

（伊藤　雅康）

Chapter 2... ジェンダーフリーに生きる

―― セックス(性別)・ジェンダー・ジェンダーフリー ――

＊Ⅰ．セックス（性別）？　ジェンダー？

1．不平等なおつき合い――今どきの男女関係

　数年前、ＮＨＫが、16歳から69歳までの男女3,600名を対象に「性」についてのアンケート調査（2,103名が回答、1999）を行った。そのなかに10代の「性体験」の有無についての質問があり、男女とも 3 人に1人強のものが10代における性体験ありと答えた。注目したいのは性の初体験の理由についての回答である。男性の53％が「愛情表現」を選択しているが、「性的快楽」を選択したものも37％いた。「相手に求められて」というものが16％いたが、「相手を征服」というものも11％いた。これに対して、女性では「愛情表現」が63％でもっとも高く、ついで「相手に求められて」の44％が続く。「性的快楽」と答えたものも13％いたが、「相手を征服」という回答はゼロであった。

　この結果をどう読むか。アテネ・オリンピックでの女性選手の活躍などをみていると、日本の男女は一見、対等な関係にあるかのように思える。女性の方が元気なようにもみえる。しかし、これから述べるように、現実の日本社会は、男女の役割＝「性役割」がいまだかなり固定的で、男性のリーダーシップが一般的な男性支配社会である。その連続線上において、女性の性を人権として把握する考え方が確立されていない。性の初体験において、男性の「性的快楽」や「相手を征服」という選択が有意に高く、女性では「相手に求められて」が有意に高いという数字は、女性の性が、ひいては女性の人格、女性の人としての存在が軽くみられていること、ベッドのなかだけの対等性は考えられないということをくっきりと示している。同時に深夜バラエティとかアダルトビデオ、アダルトグラヴィア等から性に関する情報を得る機会の多い、性的に未熟な男性の姿が浮かび上がる。そして、これらの性産業と密接な関係をもって、買

春・売春問題があり、さらには子どもを含む人身売買の展開がある。アジア、中南米、アフリカそしてヨーロッパと女子の性の性的搾取のグローバル化が指摘されるなかで、女性の「性」を人権として確立させる法体系の樹立が急がれる。

> ● Further Readings
> 松本伊瑳子・金井篤子編『ジェンダーを科学する』ナカニシヤ出版、2004年

2．セックス（性別）とジェンダー

ところで、従来、われわれは、「性」という言葉に二重の意味を持たせて使ってきた。先に述べた「性体験」といったときに用いる「性」（セックス）と男女の身体の肉体的差異を示す「性」（セックス）である。後者は生物学的・解剖学的差異と言い換えてもよい。以降、本章で性（セックス）という時には、後者を指す。受胎とは男性の精子細胞と女性の卵子細胞が合体して新たな人間細胞が生まれる営為を指すが、受胎後、細胞分裂を繰り返しながら新たな同一細胞を形成していき、やがて胎児のかたちになる。早い時期に性腺と呼ばれる生物学的器官が形成され、男性の精巣か女性の卵巣のいずれかに発達する。性腺の形成にあたっては、遺伝子23対目の性染色体がxyの組み合わせをなす時に精子、xxの組み合わせをなした時に卵子が形成される営為が前提になる。

ところで、1970年代から80年代にかけて、性差別を中心とする女性の問題は、男性と解剖学的・生物学的に違う（身体差＝セックス）から起こるのではなく、性差別そのものが心理的・社会的・文化的に構築されてきたものであるという新しい視点が登場した。そして、この心理的、社会的、文化的に構築された性差をジェンダーと呼んだ。ジェンダー（gender）とは、ラテン語のゲヌス（genus）、フランス語のジャンル（genre）に語源を持ち、同じ系統や同じ人々の総体を表す言葉である。つまり、セックスが男女の生物学的あるいは解剖学的差異を示すのに対し、ジェンダーは男女間の心理的、社会的、文化的差異を示す概念として登場した。当初、ジェンダーという概念を用いる時の基本的な問題意識として、現実の社会において女性が抱える数々の問題（たとえば、後に本書においてみるような就職差別、賃金差別、性暴力等）は、女性が男性と生物学的に違う（セックスが違う）から起こるのではなく、女性と男性の社会的な関係が違う（ジェンダー）から起こるのであるという視角、男女が取り結ぶ社会関係において、女性は歴史的に構造的に差別されてきたという視角に立っていた。しか

し、その後、ジェンダーの考え方が広まるにつれ、女性同様、男性もまた男らしさの神話に呪縛されているのではないかという疑問が登場する。こうして、「女性」ではなく「ジェンダー」に焦点を当てるということは、「女性」という社会の半分だけに目を向けるのではなく、男性との関係で女性を捉え、この関係は、社会的に作り上げられてきたのだという視角で対処するということを意味し、逆に「男性」に関しても「女性」との関係でこれを捉え返すという視点が構築されていく。こうして、セックスが男性と女性それぞれの性を指すのに対し、ジェンダーは「両性」を指すという視点が構築されるに至る。

*II. ジェンダー・イメージの作られ方

1．「人は女に生まれない。女になるのだ」

かつて、フランスの哲学者S・ド・ボーボワールは「人は女に生まれない。女になるのだ」(1949)と喝破した。この言葉が象徴するように、社会における男性と女性の関係は遺伝子23対目の性染色体の組み合わせが異なる結果生じる生物学的差異を大きく超えた心理的、社会的、文化的差異を伴う仕組みのもとにある。この節では、いかなるプロセスを経て「女になる」のかを、近年実施されたいくつかの実証研究（笹原恵、東京女性財団・Further Readings参照）の結果を中心に、学齢期にある子どもたちのジェンダーの社会化がいかになされているかをみる。言い換えれば、ジェンダーの社会化を中心に家庭と学校をみる。ここでいう「社会化」の過程とは「無力な幼児が徐々に自己自覚を行い、理解力をもった人間になり、その子が生まれおちた文化のならわしに習熟するようになる過程」、「個人がさまざまな他者との相互的やりとりを通して、社会的アイデンティティや役割を形成し社会的存在となる過程」を指す。

2．セックス・ステレオタイピング

最初にセックス・ステレオタイピングの働きかけについてみる。セックス・ステレオタイピングとは「個々人を、自分の属する性にふさわしいとされる行為や考え方をすべきであるという思考に至らしめるような社会化の過程」（ディーム、1978）を指す。簡単にいうと家庭や学校で「男らしく・女らしく」あるように振る舞おうという考え方の注入である。それはたとえば「女だから女ら

しく」「男だから男らしく」といった表現でなされる。このうち両親によるステレオタイピングは女子の場合、小学生時代より中学生時代には増加する傾向を示す。男子では小学生時代に比較して中学

> ● Further Readings
> 笹原恵「ジェンダーの"社会化"」
> 鎌田とし子ほか『講座社会学』14、東京大学出版会、1999年
> 東京女性財団『GENDER FREE』東京女性財団、1995年

生時代には減少傾向をみせる。女らしくの内容は「言葉づかい」「手伝い」「整理整頓」「礼儀作法」等で、両親からが多いが、教員の口にのることも多い。一方、男らしくの内容は「勉強・進路」「手伝い」「言葉づかい」「泣いた時」等が多く、「男なんだから泣くのはやめなさい」と泣いた時に言われた男子が少なくはない。学校で教員から言われる場合は男子に多く、学年が上がるほど増加する。「男だからしっかり勉強しなさい」と言われたと答えたものも男子小・中学生の3人に1人弱を占めるのに、そのように言った経験ありという教員は著しく少ないというのは教員がいかに無意識に発言しているかを示している。勉強に関して「〜だから」と言われたことのある小・中学生の過半数が男子であるというデータは、学校で教員が児童・生徒の勉学意欲を引き出そうとする時の動機づけに、「性」が引き合いに出されるのは、圧倒的に男子であることを示している。

3．小・中学生の反応

　以上のような、セックス・ステレオタイピングに対して、特に中学生女子が否定的な意思を示している。また、「損をしていると感じる時」についての質問では、女子の場合は「掃除、昼食準備」など家事に近い仕事が女子に期待されることへの不平等感、男子では「教員の授業中の態度、掃除─勉強の強制、掃除等を教員が平等に分担するように指示すること」等であり、これらの役から免除されると思っている男子の不満感、力仕事への期待にも不満感を示している。問題は、小学校低学年の時には率直に不平等の申し立てを行うが、成長するにつれ、この申し立て自体が未熟なものとして斥けられ、不平等な現実を平等であると受け入れるようになる傾向がみられる点にある。それは女子において顕著である。かつて、C. ギリガン（C.Gilligan, 1982）は「他者への配慮とりわけ身近な他者との調和・共存を深めていくことが、女性の発達の中核をな

す」と指摘したが、学年が上になるにつれ平等を感じるものの割合が高くなり、たとえば、小学生の時には手伝いを「なぜ自分ばかりが」と不満を持っていたのに、中学生段階では「他者の役に立てて嬉しい」と女性役割受容に伴い、不平等感が薄らぐといった変化につながる。

> **Let's study!** (1) これまでの学校生活において、教師等から「男の子は……をしてはいけない」とか「女の子は……をしなくてはいけない」とか言われた経験はありませんか。その時、どのように思い、今はどう思っているかについて、クラスやゼミナールの仲間と話し合ってみよう。

4．ジェンダー役割の受容と葛藤

ジェンダーの受容という点に焦点を絞ってみると、男子の過半は自分の性に肯定的である。これに対して女子の約半数は自分の性に肯定的であるが、自分の性を否定的に捉えるものも少なくはない。自分の属する性を受容する、または受容しない理由について問う時、「〜は〜出来るから」は男子に多い。たとえば、「男子は思い切りいろいろなことが出来る」との答えである。「〜は〜しなくともいいから」という問いに対して、男子はジェンダー分業において女性に割り当てられていることからの免除（家事、出産、育児、手伝い）などを挙げ、女子は「強さを強制されない」、「責任免除（労働、家計責任）」等を挙げる。自分の性に否定的な女子は「男性と同様に自由に〜をしたい」、「女性ばかりが〜するのはいや」との意思を表明している。女子は自由な自己実現と女らしさの評価との間で葛藤、抵抗感を残しつつも、しだいに向上心よりも女らしさに優先順位をおくようになり、それゆえ、自らの性への受容度が低く、性別役割分業への否定感ももつ。一方、男子は、男だからと向上心、自負心を育てつつも、人一倍の努力を強いられ、過度のプレッシャーにさらされる緊張状態におかれ、教員の励ましにも抵抗感をもつ現実がみえてくる。この節の分析からもジェンダーは決して女子だけの問題ではなく、まさに両性の問題であることが明らかに浮かび上がるといえよう。

＊Ⅲ．ジェンダーと家族

1．「シャドウ・ワーク」の担い手としての女性

　ジェンダーの問題は私たちの日々の生活と密接に結びついている。特に家族と職場を考える場合、ジェンダーの問題を抜いて考える

> ● Further Readings
> 江原由美子・渡邊秀樹・細谷実『少し立ちどまって、男たち』東京女性財団、1997年
> 布施晶子『結婚と家族』岩波書店、1993年

ことはできない。職場の問題は後の章で展開されるので、ここでは家族とジェンダーについて考えよう。

　19世紀の中葉に社会学という学問をうち立てたフランスのA．コントは「家族は社会の学校である」という言葉を残した。つまり、子どもが発達する過程で最初に出会う集団が家族であり、子どもは家族の人間関係を学びつつ成長していくのだが、その過程で父親と母親、きょうだいとの関係等を通して、社会における人間関係の基礎を学んでいくという意味である。この考え方は、家族だけでなく学校にも当てはまる。その意味で、今、この文章を読んでいるあなた達一人ひとりが、なんらかの意味で、個々人が育った家族の人間関係や学校の教師の教えを通して、社会における男女の関係、社会における男女の生き方等に関する知識や考え方を身につけてきたといえる。大学というところは、これまでに家族や学校で学び身につけてきた知識や考え方、社会の常識といわれているものを一度自分の頭でしっかりと考え直してみるところ、疑ってみることが期待されている場所だから、個々人がこれまでの成長過程で、父親や母親の生き様や教師の言葉から得てきたことについても、自分の頭で検証してほしい。

　そもそもジェンダーという言葉が登場するきっかけを作った、I. イリイチという思想家は、その著書『シャドウ・ワーク』(1981) のなかで、資本主義社会の経済がそびえ立つ現在においては人々が日常の必要を満足させるような自立的で非市場的な領域に関わる仕事は「影の労働」（シャドウ・ワーク）となり、日々の賃労働＝支払われる労働は「支払われない労働」の補完なしにはなされえないこと、支払われる労働の担い手は男性、支払われない労働＝シャドウ・ワークの担い手は女性という、現代社会における両性（ジェンダー）の役割分業が、「社会の他の構造に照明を与えるもの」として機能してきたと指摘した。

言い換えれば、家族における男性と女性の性別役割分業＝夫は仕事、妻は家事育児という仕組み（イリイチは現代社会における夫婦を"セックスで結ばれた経済的つがい"と呼んでいる）が、資本主義経済を支えているというのである。その意味は、家族内における性役割分業を前提に、雇用者は被雇用者である男性に全エネルギーを仕事に捧げることを要求できるし、その被雇用者の妻に労働力＝夫の明日に向けての肉体と精神のリフレッシュと次代を担う労働力＝子どもの育児・教育（再生産）を期待できる。妻が、夫の低賃金を補うために働きに出るにしても、あくまでも、家庭の仕事に差し支えない程度であることが当然視され、フルタイマーの夫とパートタイマーの妻で力を合わせて子育てをするかたちが望ましいとの「社会の常識」ができ上がっている。経済的事由のみでなく、女性の学歴の上昇に連れフルタイマーで働く妻も増加してきたが、その多くは仕事と家事・育児の大半を背負って働いている。それゆえ、子どもの数を少なくすることで、仕事と家庭の両立を図ろうとする女性が増し、このことも現代日本における少子化の原因の一つとなっている。よく女性の学歴が伸び、働く女性が増加したために子どもの数が減ったとの指摘がなされるが、北欧諸国の事例（次頁コラム）が反面教師的事例を示すように、女性が働き続ける条件があまりにも貧弱だから、子どもを「節約」しようとするのであり、社会的に手厚い保障がなされれば、子どもを生もうとする女性は増加しよう。

Let's study! （2）　きょうだいの間で、「男の子だから」「女の子だから」といった区別をされた経験はありませんか。進学に際してはいかがでしたか。その時思ったこと、今思っていることについて率直に話し合ってみよう。

2．「子育て」の楽しさから切り離される男性

　ところで、現代日本社会に典型的な、就労の有無にかかわらず女性が家事・育児を一方的に担う性役割分業は、仕事人間の男性の人生にも大きな影響を及ぼす。もともと、子どもの成長を手助けする育児や教育という仕事は、とても興味深く、意義深い仕事であり、「母親だけに委ねるのは惜しい人間的な仕事」である。人は子育てを通して自らの人間性も豊かに育んでいく。母親が何から何まで一人で担おうとすれば大変だが両親で協力し合う体制のもとでの子育ては、さらには手厚い社会的バックアップを受けての子育ては、両親の関係をも

COLUMN★

ノルウェーの働く父母：たとえば、男女平等先進国・ノルウェーの場合、2002年現在、一人の女性が一生に産む子どもの数は1.75（同年、日本は1.32）であった。その背景には、女性が能力を発揮しやすいように、かつ子どもの視点から、父親の育児参加を積極的に推進する政府の動きがある。2003年4月に子ども家族省が出した白書「家族生活と親業に関する義務と責任」では、家族を子どもの視点で捉え、男性を家庭に引き戻す意義を強調している。事実、ノルウェーでは国民保険法で決まっている育児休業（年間52週（賃金の80%保障）か42週（賃金100%保障））が保障されているが、4週間分は必ず父親が取得しなければならない（パパクオータと呼ばれている）。父親が取らなければ、その間の賃金保障はないことも効力を発揮しているのか80%以上がこの制度による休業保障を取得している。

より緊密にし、相互に助け合い補い合う楽しい作業になる。何よりも子どもたちが喜ぶ。子どもたちにとって母親はかけがえのない存在だが、父親も大好きな存在なのである。父親だからできないことなど、ほんの少し（たとえば母乳による授乳）であり、日頃していないから慣れてないだけであることは、たとえば、アメリカ映画『クレーマー・クレーマー』に鮮やかに描き出された。日本社会を特徴づける長時間労働問題が解決され、仕事が終わってからの「居酒屋でのうっぷん晴らし」の時間が家庭での団らんに振り向けられるならば、男性ももっと子育てに参加できる。性別役割分業を克服して、女性だけでなく男性も子育てを楽しめるように社会の仕組みを変えることで社会的・心理的・文化的性差としてのジェンダー格差は縮まり、「男性だから……しなければ、女性だから…しなければ」といった性に基づく役割期待から解放され、両性にとって居心地の良い「ジェンダー・フリー」な生き方に近づくと考える。家族とジェンダーの問題は、育児に関わる夫婦間の分業問題に止まらない。介護の問題も大きい。さらに先にⅡ．の社会化のところでも触れたが、きょうだいのなかでも男子と女子では同じ行動に対する声かけが異なる育てられ方が少なくはない。将来への期待にも差がみられる場合が多い。

＊Ⅳ．ジェンダー・フリーについて考える

1．ジェンダー・フリーに生きるとは

　最初に述べたように、「女性」ではなく「ジェンダー」に焦点を当てるということは、「女性」という社会の半分だけに目を向けるのではなく、「男性」との関係で「女性」を捉え、「女性」との関係で「男性」を捉え、この関係は「社会的に作り上げられてきたのだという視点」で対処することである。その意味でジェンダーとは女性でも男性でもない「両性」を意味する言葉として登場した。そして、この20年ほどの間、「女性」ではなく「ジェンダー」（両性）に焦点が当てられるなかで、学校や家庭、職場における性別役割分業及び政治的・経済的不平等への疑問、男性の暴力や女性支配に対する批判がいっそう明確になってきた。同時に、これまで経済や政治の担い手として確固たる地位を築いてきたがごとくみえる「男性」の生きざまもまた、「人間的」であるか否かの物差しで検証され、決して見過ごすことのできない問題点をはらんでいることが浮かび上がってきた。つまり、私たちは、女性だけでなく男性もまた、性別によって固定的な生き方を強要される傾向があったことに気づいた。こうして、いま、「ジェンダー・フリーに生きる」という生き方が模索され始めた。

　「ジェンダー・フリーに生きる」とは、従来の固定的な性別観・性役割分業意識から自由になって、一人ひとりが自分にふさわしい生き方を選択することを指す。したがって「ジェンダー・フリー社会」とは「男女両性に多様な生き方を許容する社会」である。世の中には、ジェンダー・フリーになると家族が崩壊するのではないかと心配する人もいる。しかし、先にも述べたように、少子化、未婚率の増加は、多様な生き方を望む人が増えてきているのに、結婚すると固定的な生き方を強要されるがゆえに起こった現象といえないか。「子どもへのしわ寄せは許せない！」という声も聞こえる。しかし、性別分業により母親に子育ての責任の過半を背負わせる今日の社会が母親を精神的に追いつめていることも事実である。コラムでも触れたが北欧諸国など、働く男女の「職業と家族的責任の両立を目指す政策」を実施

● Further Readings
小川真知子・小森陽子『ジェンダー・フリー教育』明石書店、1998年
マイラ＆ディヴィト・サドカー、川合あさ子訳『女の子は学校でつくられる』時事通信社、1996年

した国では 合計特殊出生率は上昇に転じている。フランスやドイツでも同様な試みにより出生率の下降傾向に歯止めがかかった。育児に対する社会的支援や育児休業制度、育児時間制度の整備・充実がなされている国では、働く男女が余裕をもって子育てをしている。「男たちよ、もっと家庭へ」、「女たちよ、もっと社会へ」という呼びかけが絵空事に終わらないためには企業が変わらなければならない。イギリスでは、そうした努力を「ファミリィ・フレンドリィな企業」への転換と名づけ、政府が音頭をとって推進している。こうした改革がなされるならば、男も女も従来の固定的な生き方の枠をはずして伸びやかに生きていけるのではないか。また、ジェンダー・フリーになると老親介護に支障が出ると、これを憂える声も根強い。これまでの主婦の役割の一つは家族内に要介護者が出た時のための「待機要員」であった。しかし、介護という仕事は働かないで家にいるヒトに押しつければ解決する程度の軽い労働ではない。痴呆や寝たきりの場合、家族だけで担えるものではなく家族員の協力と社会的介護サービスの拡充が必要である。家事能力のない男性、ジェンダー・フリーでない男性の存在は社会の重荷になりつつある現実を見据えるとともに、社会的介護サービス領域での両性の活躍が期待されていることについて考えてみよう。

2．ジェンダー・フリーになると職場が成り立たない？

ジェンダー・フリーになると職場が成り立たないとの説もある。つまり、ジェンダー・フリー社会では、フルタイマーとして働く既婚女性が増す。産休や育休で休む女性、男性まで育休や子どもの病気で休むのでは企業はやっていけないというのである。自他ともに進歩的、民主的と認める男性のなかにも、このことを憂える声は強い。背景には休日出勤、残業あたりまえの職場がある。つまり、男性の今の働き方は個人の時間、家族との時間を奪うことを当然としている。しかし、子育てのための営為は、社会にとって必要不可欠な営為である。数年の子育て期間のために子どもをもつ女性を職場から排除し能力を埋もれさせるのは社会的にみても大きな損失といえよう。職場における理解や協力には、「いま」の時点での不公平感や、効率性をこえた広い視野の形成が不可欠である。長時間働いてきた男性たちが、日本経済の発展をもたらしたことは否定しえない事実である。しかし、その結果が、過労死や燃え尽き症候群の存

在につながったという現実はあまりにもミゼラブルといえまいか。世界の多くの国々では、19世紀から今日まで長期間にわたって労働時間の短縮につとめ、今世紀に入ってからは、ジェンダー・フリー社会の形成に向けて努力してきた。その基礎には、社会・経済の維持・発展にとって、次世代人口の確保は必要不可欠であり、かつ、その営為に男女がともに携わるのは望ましいことであり、男性と女性からなるこの社会で、経済界にも政治の世界にも女性の眼（まなこ）が必要との認識がある。

　以上のようにみてくると、ジェンダーという概念が、現代社会における男性と女性のより人間的な関係の確立を目指して樹立され、男性と女性がジェンダー・フリーな関係、つまり、解剖学的・生物学的な性にきつく縛られることなく、一人の人間として伸びやかにその人生を羽ばたくために登場した概念であることが理解されよう。そして、男女両性がジェンダー・フリーに生きることは、一人ひとりのかけがえのない生命と能力ののびやかな発露につながり、他ならぬ個々人の基本的人権（そのなかには生存権、個人の尊厳と両性の平等、教育を受ける権利、勤労の権利、言論の自由、幸福追求権等々が含まれる）の擁護につながると考える。

Let's study!　(3)　現在の日本社会をみる時、男性と女性は平等な関係を取り結んでいると思いますか。どうしてそのように思うのかについて例を挙げて説明してみよう。　(4)　あなたは、男性と女性がジェンダー・フリーに生きることに賛成ですか。それとも反対ですか。理由を説明しながら、賛成、反対の主張を展開してみよう。

（布施　晶子）

Chapter 3 セクシュアル・ハラスメントはなぜ起きるのか

＊Ⅰ．セクシュアル・ハラスメントのポイント

　本章ではセクシュアル・ハラスメント現象を社会科学的に分析し、権力現象の一つとして捉える。本章の立場では、セクシュアル・ハラスメントは人権侵害であり、それゆえ、防止する必要があり、セクシュアル・ハラスメントが生じた場合には、加害者に責任を帰し、同時に被害者の救済を図ることが重要であることを主張する。

　セクシュアル・ハラスメントのポイントとして、以下の4点を挙げることができる。

　①セクシュアル・ハラスメントは基本的人権の侵害にあたる。
　②セクシュアル・ハラスメントは、力関係を背景にした性的言動によって引き起こされる。
　③キャンパスにおける教育・指導は力関係を前提にしている。
　④力関係を可視化することが、セクシュアル・ハラスメント防止に役に立つ。

＊Ⅱ．セクシュアル・ハラスメントの実際

1．セクシュアル・ハラスメント防止・支援活動の実際

　筆者は、1999年6月から「キャンパス・セクシュアル・ハラスメント全国ネットワーク」http://www.jca.ax.apc.org/shoc/index.html（以下、「全国ネット」と略す）に参加し、主として北海道地区でキャンパス・セクシュアル・ハラスメントの防止・支援活動にたずさわっている。まず最初に、被害者の事件後の様子をここでは考えたい。

　「全国ネット」の活動の三つに、被害者の支援活動がある。支援活動は、相

> ● Further Readings
>
> 秋田裁判Aさんを支える会編『セクハラ神話はもういらない―秋田セクシュアルハラスメント裁判女たちのチャレンジ―』教育史料出版会、2000年
>
> 上野千鶴子編『キャンパス性差別事情―ストップ・ザ・アカハラ―』三省堂、1997年
>
> 渡辺和子・女性学教育ネットワーク『キャンパス・セクシュアル・ハラスメント―調査・分析・対策―』啓文社、1997年

談、救済、苦情処理の三つの局面に整理できる。いずれの場合にも、被害者の意思を尊重しながら支える活動を行う。ここでは救済の局面でみられた、セクシュアル・ハラスメント被害の深刻さを指摘しよう。

あるケースでは、被害者が被害を大学に訴えたところ、担当者が相手にせず、それどころか被害者を責め、大学当局も加害者側に加担して、被害者の訴えをないものとする（二次被害という）という事例があった。学内の少数の教師や学生たちは被害者を支える動きを起こしたが、大勢は被害者に非があるというものだった。同じ資料をもとに同じ人間の証言を聞きながら、なぜ、大学当局は加害者に加担することになったのだろうか。

このケースの被害者は激しい精神的なストレスを受け、PTSDと診断された。被害者の話では、人に接するのが怖い、特に男性に接するのが怖いため、人混みには出てゆけない。自宅でもうろうとした意識で過ごすことが多いとのことだった。

被害者は、社会に出るための能力やスキルを身につけるために大学に通っていた。その大学で被害にあい、大学当局から二次被害も受けた。事件後、被害の現場である大学に通い続けることはできることではない。また、対人的スキルを必要とする臨床心理士、看護士、保健士などを被害者が志望していたならば、対人恐怖のあまり人と接すると嘔吐感の抜けない自分は、そのような職業につくことはできない、と判断することになるだろう。

セクシュアル・ハラスメントの被害にあうということは、事件以前の生活を回復することが非常に困難であるばかりでなく、自分の将来をも強制的に変えられてしまうことを、この事例は物語っている。

支援活動のなかの救済の局面は、さらに、「避難」――被害を受けた現場からの避難、「傷の回復」――事件によって直接受けた身体的・精神的な傷の回復、「権利の回復」――事件以前と同様の学習環境・就業環境の確保、という三つの活動から成り立っている。

「避難」に関しては、被害者の安全のために緊急に必要であり是非とも確保したいが、大学内で確保している例はない。むしろ、学外のシェルター施設を積極的に利用する方が安全だ。全国各地にシェルターがあるので、それを活用したい（都道府県の婦人相談所 http://www.gender.go.jp/e-vaw/advice03.htm、東京ウィメンズプラザ http://www.tokyo-womens-plaza.metro.tokyo.jp/、日本フェミニストカウンセリング学会 http://nfcg.web.infoseek.co.jp/top/top.htm、札幌ではNPO法人「女のスペース・おん」http://www.asahi-net.or.jp/~bd7k-mtst/がある）。

「傷の回復」、特に精神的な傷の回復はきわめて難しい。上の事例の被害者は、一生その傷を背負って生きていかなければならないかもしれない、と語っていた。「権利の回復」に関しても同様だ。キャンパスが被害の現場なので、通学には大きな精神的ストレスがかかる。欠席した授業分の補講や単位の振替など、事務手続きで可能なことばかりではない。大学内に被害者が安心して落ち着ける避難所を設けるなど、相応の対策が必要になる。

この節では、セクシュアル・ハラスメント事件後の被害者の生活の一端を伝えることを通して、セクシュアル・ハラスメントが深刻な被害を生む問題であることを指摘した。また、支援活動といっても、十分できない領域が確実にあることも伝えたつもりである。

2．セクシュアル・ハラスメントになりうる言動

セクシュアル・ハラスメントになりうる言動とはいかなるものだろうか。平成13年1月6日の「文部科学省におけるセクシュアル・ハラスメントの防止等に関する規程」http://www.mext.go.jp/b_menu/houdou/11/03/990304.htm（以下、「文科省規程」と略す。なお、PDF版はwww.kyoto-u.ac.jp/jinken/bousi_kitei.pdf）からみてみよう。

「文科省規程」の「別紙1」には「セクシュアル・ハラスメントになり得る言動」の項目があり、25の事例が掲載されている。そのなかの二つを取り上げ検討してみよう。一つは「身体に不必要に接触すること」であり、もう一つは「出張への同行を強要したり、出張先で不必要に自室に呼ぶこと」である。

「セクシュアル・ハラスメントになり得る言動」という項目名からは、「不必要」でなければ身体に接触してもセクシュアル・ハラスメントにはならない、「強要」でなければ出張への同行を要請しても構わない、かのようにみて取れ

る。問題となるのは、誰が「不必要」であると判断し、誰が「強要」だと感じるかである。

「身体に不必要に接触すること」について、簡単なシミュレーションをしてみよう。ゼミの時間に、教師が挨拶代わりに学生の肩に手を置くという状況があるとする。教師の主観としては、親愛の情の表れで親しく挨拶をしたのだから「不必要」ではないと思っているかもしれない。けれども、学生にとってみれば、たとえ教師であっても馴れ馴れしく身体に触れないで欲しいと思っているかもしれない。この状況では、教師の判断と学生の判断が、「不必要」であるかないかに関して食い違っていることになる。

実際にあった事例では、学生は教師の振る舞い方を拒否したりやんわり受け流したりすることができず、教師のなすがままにされていた。なぜ、学生は教師の振る舞いを拒否できなかったのだろうか。教師に対して反抗的な態度と受け取られかねない振る舞いをすることは、学生にとって今後の学習環境の悪化をもたらす危険性があるからだ。このように、「不必要」であるかないかという問題点は表面には表れないことが多い。

3．された側の判断を重視する

「文科省規程」の「別紙1」の「基本的な心構え」の項目では、「不必要」と「強要」の判断主体について明記している。すなわち、セクシュアル・ハラスメントに「当たるか否かについては、相手の判断が重要であること」、セクシュアル・ハラスメント「であるか否かについて、相手からいつも意思表示があるとは限らないこと」である。ここでは、判断主体は行為を受ける側であることは明らかだ。

なぜ、被行為者の判断が優先され、行為者の判断は採用されないのだろうか。それは、行為者には、いかなる行為をするかの選択の余地があるからにほかならない。たとえば、親愛の情のこもった挨拶であるならば、肩に手を置くだけがその表現ではない。「出張先で不必要に自室に呼ぶ」という例についても、ホテルのロビーや近所の喫茶店などの人目のある場所で行うという選択肢もある。複数の選択肢がある以上、行為の相手方＝被行為者が「不必要」とか「強要」と感じる選択肢を選ばない可能性が存在する。ここに、セクシュアル・ハラスメント現象の問題点の一つがある。

行為する側には複数の行為の選択肢がある。被行為者は、行為者が行為を選択する過程に関与することはできない。なぜならば、行為者が次にいかなる行為を誰に対して行うのか、事前に分かることはほとんど不可能だからである。なぜ、行為者は自分の行為選択に際して、被行為者が不快に感じる言動を平気で選択できてしまうのだろうか。

　問題はもう一つある。なぜその相手にその行為を行うかである。面識のない人にいきなり肩に手を置いて挨拶をする人はまずいない。けれども、自分のゼミの学生だと平気でそうする。そこには、自分の行為を許す相手とそうでない相手との線引きができていると考えられる。つまり、自分の力関係の及ぶ範囲であれば、相手の判断を無視して自分の行為を受け入れさせることができるとみなしているのである。

＊Ⅲ．権力現象としてのセクシュアル・ハラスメント

1．教師と学生の間のSocial Power

　キャンパスには特有の力関係が無数に存在している。本節では、社会科学の概念や理論を借りて、セクシュアル・ハラスメント現象の前提となる、キャンパスにおける力関係、特に教師と学生の間の力関係に対象を絞って検討する。

　大学は教育機能をその重要な役割の一つとする機関である。教育するということは、教育内容とは別に、なんらかの形で学生に対して影響力を行使することにほかならない。大学の教師は学生に対してこの力を制度的に与えられている。学生の側からみれば、学生は教師の力にさらされ、受け取ることなしには何も学ぶことができない。教育機能を大学が果たすためには、教師が学生に対して教育上有効な力を発揮することが求められている。

　しかし、教師が学生に対して持っている力、教師と学生の間に存在している力関係こそが、キャンパスのセクシュアル・ハラスメントの基盤となっているのもまた事実である。ここではまず、教育のためにいかなる力が教師に

> ● **Further Readings**
>
> 沼崎一郎『キャンパス・セクシュアル・ハラスメント対応ガイド―あなたにできること、あなたがすべきこと―』嵯峨野書院、2001年
> 盛山和夫『権力』東京大学出版会、2000年
> 窪田由紀「セクシュアル・ハラスメントの背景―社会的勢力の概念による『力関係』の分析―」『九州国際大学教養研究』第6巻第1号、九州国際大学教養学会、1-20頁、1999年

与えられているのかを明らかにし、ついで、その力がいかなる社会的な仕組みを通して、権力現象としてのセクシュアル・ハラスメントを生み出すかをみてみよう。

「全国ネット」の沼崎一郎はつぎのように述べる。「このように、専門課程のゼミや専攻・専修においては、一人の指導教員が、指導下の学生に対して社会的勢力を独占的に握ります。それゆえ、学生としては、指導教員の『意に逆らう』ことは、学問上はもちろんのこと、学問以外の領域でもきわめて困難になるのです。学生にとっては、所属するゼミや専攻・専修の指導教員からの要求は、どんなに理不尽なものであっても、拒絶できない絶対的な『命令』となるのです」。ここでの社会的勢力 social power とはどのようなものなのか。沼崎も参照している窪田由紀の整理をもとに簡潔に記してみよう。

社会的勢力とは、フレンチとレーヴンという社会心理学者が1959年に提出した概念であり、「ある集団のメンバーが、他のメンバーの行動を一定の方向に変えることのできる潜在的な能力」を意味する。沼崎の言い方を借りれば「言うことを聞かせる力」ということだ。この力のポイントは、言うことを聞かせようとして聞かせるばかりではなくて、学生が教師の「意を汲んで」、教師の望んでいる方向に自分の行動を転轍し、進んで教師の意向に従ってしまうことすらあることだ。

沼崎と窪田の整理に従って、教師が学生に行使する五つの社会的勢力を概観しよう。

①報酬勢力 reward power：なんらかの報酬を与える能力があると相手に思わせることによって得られる力である。よい成績評価や合格判定が報酬にあたる。

②強制勢力 coercive power：なんらかの懲罰・危害を与える能力があると相手に思わせることによって得られる力である。悪い成績評価やレポートなどのやり直し、学生の報告に対する冷淡な態度などが懲罰や危害にあたる。

③正当勢力 legitimate power：指示を出したり命令を下して当然の立場にあり、指示や命令は正しいものであって従うのが当然だと相手に思わせることによって得られる力である。授業中に出された課題はやるのが当然だと学生が思ったり、議論の裁定を最終的には教師が行ったりすることがこれにあたる。

④専門勢力 expert power：専門的な知識や技能を持っていると相手に思わせることによって得られる力である。大学や大学院においては、教師は特定領域の専門家として学生にこの力を行使しうる立場にいる。教師は専門勢力を用いることで、学生の研究テーマを変更させたり、研究方法を指定したり、思考様式までも支配することができてしまう。

⑤関係勢力 referent power：手本として尊敬させ信頼させて、見習いたい同じようになりたいと相手に思わせることで得られる力である。教育の場においては、学生が、ある教員を研究者または教育者として尊敬し、その学問的な資質と力量にあこがれ信頼を寄せている場合に、この力が成立する。このような尊敬や信頼が、依存心・一体感へと高まると、「教師の言いなり」になりやすい状態が生まれてしまう。

　五つの社会的勢力は、教師一人ひとりに制度的に与えられている力である。制度的な前提として、それらは教育に限定して行使される。しかし、一人の個人にこれだけの力が集中する場は、通常の企業とは異なり、大学という教育現場特有のことかもしれない。大学の教師は一人ひとりがこのような大きな力を持って学生に対峙している。学生は、自ら学ぼうと思えば、教育の範囲のなかでは、教師のこれらの力を受容せざるをえないことになる。

Let's study!　(1)セクシュアル・ハラスメントの被害の深刻さがどのようなものなのか。自らの身体や精神に負った傷だけではなく、自分の将来の夢や希望までもが失われることも含めて、考えてみよう。　(2)キャンパスで起きたセクシュアル・ハラスメントを大学内で解決できるかどうか考えてみよう。その場合、被害者の立場に立った解決に焦点を当ててみよう。　(3)自分が学生という立場であるとき、教師のいうことになぜ従わなければならないのか、という疑問について考えてみよう。どのような場合に従っても構わないのか、どのような場合には従う必要がないのだろうか。

2．セクシュアル・ハラスメントはこうして起きる

　教師に対して与えられている五つの社会的勢力は、いかなる「社会的しくみ」によってセクシュアル・ハラスメントとして現象するのであろうか。社会学者の盛山和夫は「権力」をつぎのように定義する。「構造的・制度的なものから偶有的・個人的なものまでを含む、何らかの社会的行為者、すなわち個人もしくは集合体のありようの決まり方に関する社会的しくみのこと」。学生は教育を受けたいと願っているからこそ、教師の力に逆らうことが難しい。この「社会的しくみ」を明確にしていこう。

　一方で、教育を受ける権利や研究・労働する権利があり、それらの諸権利に裏づけられて、学生は教育を受けたい、教育を受けた証（成績や単位、卒業証書）が欲しいと思い、大学院生や教師は研究をしたい、研究成果を公表したいと思う。他方、性的な事柄に関する人格権があり、それらの権利のもとで、性的自己決定権やプライバシー権が個人にある。

　セクシュアル・ハラスメントを現象させる「社会的しくみ」とは、社会的勢力として発現する力が、教育を受ける権利か性的人格権か、いずれかの権利を放棄することを被行為者に対して強要する「しくみ」である。たとえば、教師が肩に手を置いて挨拶し、学生が不愉快に感じたとする。学生は教育を受ける権利を維持するためには、感情を押し殺すことによって自らの性的人格権を放棄せざるをえない。逆に、性的自己決定権を維持するために抗議すれば、自らの学習環境を危うくし教育を受ける権利を失うことになる。

3．セクシュアル・ハラスメントは人権侵害

　本来は被行為者に固有の権利であり、いずれも放棄する必要のない二つの権利が、この「しくみ」に取り込まれたとたんに、いずれか一方の権利の放棄を帰結する二者択一になることが問題である。実際、性的人格権を放棄し続けることで自らの教育を受ける権利を維持している学生は多い。また、性的人格権を維持するために、教師の行為を非難した場合の多くは、その教師の指導を受けられなくなり、ゼミを変更したり、学部や大学を変わったりして、従来の学習環境の変化を余儀なくさせられてしまう。そのような場合でも、原因となった教師は「あの人は自分から出ていった」と語ることができてしまうところが、この「しくみ」の怖さである。

このような「社会的しくみ」によって生み出されるセクシュアル・ハラスメントは人権侵害であることが明白である。本来、放棄する必要のない諸権利を放棄するように強要することになるからだ。そこでの諸権利は、第1に、性的自己決定権と性的プライバシー権であり、人格権として憲法13条に基づく権利である。第2に、教育・研究に関する権利であり、憲法21条に基づく「表現の自由」と憲法23条に基づく「学問の自由」がそれである。セクシュアル・ハラスメントは憲法に規定されている基本的人権のいずれかを放棄するように強いるという意味で、人権侵害である。

*Ⅳ. キャンパスに潜むセクシュアル・ハラスメント

1．「在学契約」という考え方

　教育のために必要な教師の社会的勢力は無制限に行使されるわけではない。その点を明確に示したのが、中野進の「在学契約」という考え方である。中野によれば、教師と学生との関係は「伝統的」な大学観においてみられるような身分関係ではなく、契約関係だという。つまり、一方で、教師は学校法人などに対して、給与を受け取る権利を有する代わりに、教育指導を行う義務を負う。他方で、学生は学校法人などに対して、教育指導を受ける権利を有する代わりに、学費納入、授業出席等の義務を負っている。この権利と義務との関係を法人が仲介することで、教師と学生との関係は成立しているからである。

　このことはつぎのことを意味する。教師と学生との関係は、権利と義務に関する契約関係に基づいた対等な関係であること、しかし、教育指導上の力関係にもあること、このことが同時に成立する二重の関係に、教師と学生とは存在しているということである。とすれば、教育指導上の社会的勢力は、契約関係が存続する範囲内において有効であり、その限りで限定的なものとなる。

　このようにみてきて、ようやくセクシュアル・ハラスメントがいかなる現象なのかの輪郭が明らかになる。つまり、限定的に認められている力関係のなかにある個人が、本来認められている範囲を超

● Further Readings
角田由紀子『性差別と暴力』有斐閣選書、2001年
中野進『在学契約上の権利と義務—「個人の尊重」を中心にすえて—』三省堂、1999年

えて力を他者に行使し、その結果、相手が相手の権利を一部放棄せざるをえない状況に追い込んでしまうこと、これである。

　セクシュアル・ハラスメントは性的人格権が関与するために、性的プライバシーの点から、話題が避けられたり、逆に揶揄される形で取り上げられたり、あからさまな興味本位で取り上げられたりすることが多い。そのようなことを避け、明らかな人権侵害を未然に防ぐためにも、社会科学的にセクシュアル・ハラスメントを捉えることが重要となる。

2．セクシュアル・ハラスメントとは？

　「文科省規程」における文部科学省の定義は、「職員が他の職員、学生等及び関係者を不快にさせる性的な言動並びに学生等及び関係者が職員を不快にさせる性的な言動」とされる。この定義は多くの大学において、セクシュアル・ハラスメントの定義として援用されまたは参照されていることが多い。

　この定義とは別に、セクシュアル・ハラスメントを構成する三つの要件がある。第1に、相手が望まない言動であること、第2に、性的な性質の言動であること、第3に、力関係を利用して行われること、である。第1の要件は、Ⅰ．で示した「不必要」や「強制」の判断主体が被行為者であるということに対応している。第2の要件についても、何を性的な言動とするかは被行為者の判断に従うことになる。第3の要件は、第Ⅱ節で示した社会的勢力と「社会的しくみ」である。セクシュアル・ハラスメントの構成要件の第1と第2に示されている点、すなわち、相手が望まないということと、相手が何を性的な言動としているのか、ということが重要であるという認識が欠如している場合に、セクシュアル・ハラスメントが生じる。他者の人権を尊重する姿勢が問われることになる。

Let's study!　(4)セクシュアル・ハラスメントを減少させる「社会的しくみ」とはどのようなものなのだろうか。具体例を用いて考えてみよう。
(5)大学における教師と学生それぞれの権利と義務とは何なのかを考えてみよう。

（大國　充彦）

Chapter 4 日本の子どもは権利を十分に充たされている?
――世界のなかで考える――

＊Ⅰ．子どもが今まで以上にわがままになる⁉

　子どもの権利と聞いて、みなさんはまずどんなことを思い浮かべるだろうか？　最近にわかに認識が深まってきている児童虐待のように、身近な人からの暴力的行為から守られ保護される権利だろうか。それとも、子どもの権利条約で脚光をあびた意見表明権へのとまどいだろうか。さらには、いじめのように暴力やことばや態度で傷つけられないという自己の尊厳が尊重される権利のかけがえのなさだろうか。いずれにしても、日本の子どもの権利をめぐっては、なお多くの議論とその共有、さらには実践的な取り組みが待たれているといっていいだろう。この小論も、そうした場を提供しともに考え合うための一助となることを願って書かれているものである。

　ところで、今でさえ、物はあふれ情報に囲まれ、好きなだけエンターテイメントにアクセスできる環境にあるなかで、日本において子どもの権利、ましてや子どもの意見表明権などというと、それこそ今まで以上にわがままになり、好き勝手し放題になるのではないか。こんな声がどこからか聞こえてきそうである。もしもこうした懸念が共有されているのだとすると、日本の子どもたちは、すでに十分にその権利が守られ保障されているという認識が一定の広がりをもって存在していることを示しているといってよいだろう。

　たしかに、こんにちの日本で、不衛生な水や食糧難で亡くなる子どもたちはほとんどいないといえるし、風邪や下痢になったとしても医薬品や医療技術・設備の発達でだいたいは適切な対処がなされ、最低限の生存の権利は保障されているようにみえる（放任による衰弱死や身体的虐待による子どもの死を忘れるべきではない）。また、教育を受ける権利に関していえば、義務教育段階ではほぼ100％の子どもが学校で教育を受け、識字率（15才以上で読み書きできる人の割合）も

また100%に近い（同時に不登校や高校中退が社会と学校の構造的な問題として生じていることは周知の事実である）。さらに、情報機器やコンピュータゲームやアニメーションの発展と普及によって、余暇や文化的芸術的生活への参加という面でみても子どもの権利は満ち足りているかのようである。

けれども、後に詳しくみるように、子どもの権利条約をめぐってなされた子どもの実態・意識調査からは、一部の声にもあるような、だらしなくわがままな子どもたちの姿というより、むしろ忙しく疲れ気味で、繊細で傷つきやすい子どもたちの一面というものが見て取れるのである。もしそうだとすれば、わたしたちはまず彼ら・彼女らの素朴な声に耳を傾けることから始めなければならないだろう。このことを、大学における自主的な学習一般の問題に敷衍すれば、他人の意見の受け売りでもなく、一人よがりな先入観におぼれるのでもない、自分の耳と眼で一つひとつ物事をふるいにかけてみるという地道な作業を基盤にして初めて、真の批判的な学びが始まるということになるだろうか。

ところで、こうした作業を日本の子どもの権利を捉え返す際の、わたしたちの認識の仕方の問題にも当てはめてみるとどうなるだろうか。「日本の」子どもといいながら、その権利を考察する時に、しんに表裏一体のものとして「世界の子ども」の問題が組み込まれて議論されているだろうか。たとえば、日本の子どもはサッカーに夢中になってボールを追いかけられる幸せを有しているのだが、にもかかわらず、少年団のなかには親・コーチともども土日もないサッカー漬けの生活を優先し、そのなかで多忙と疲労感を抱えていらだつ子どもを生み出している、というような事実がある。他方で、その手縫いのボールの生産は、世界の他の地域に生きる子どもたちが、家計を支える不可欠な仕事として、遊びどころか長時間にわたる児童労働によってその一端を支えている、という事実がある。両者を、表裏一体のものとして具体的に問うことなしに、「日本の子ども」の豊かさの質を捉え返すことなどできるだろうか。

こうした課題意識にたって、以下ではⅡ．いくつかの統計資料によりながら世界と日本の子どもたちの権利実態・権利要求の一端に触れ、続いてⅢ．おもに子どもの権利条約に関わる実態・意識調査を参考にしながら、日本の子どもたちの権利要求の特徴を考察したい。最後に、Ⅳ．これらの問題を自分たち自身の問題とするための学習の方途について、若干の言及をしてみたい。

＊Ⅱ．世界の子どもの権利実態に
あらためて心を寄せ日本を見つめ直す

　世界の子どもの権利実態をもっとも精力的に発信している機関の一つに、「国連児童基金（ユニセフ）」（UNICEF）がある。ここから発行されている『世界子ども白書』は、毎年特集テーマをもち、その指摘は鋭く様々な想いや思考が喚起される一級の資料である。ここでは、日本ユニセフ協会のＨＰ（http://www.unicef.or.jp）に示された基本統計を手がかりに、その基本的な事実をあらためて確認してみたい。

1．生存権の最低限の保障をめぐって

　もっとも根源的な権利の一つは、文字通り生きてゆく権利だろう。これを、「5歳未満児死亡数と死亡率（出生1,000人あたりの死亡数で示される）」を指標としてみてみたい。世界では、5歳未満で亡くなる子どもが年間1080万（2001年度）にものぼり、これを1日あたりに直せば、毎日約3万人が世界のどこかで息を引き取っていることになる。たとえば、世界でもっとも死亡率が高いシエラレオネでは、1000人あたり実に316人が5歳になる前に命をなくしている。これは、私たちが日々を送っている時に進行している、世界の子どもたちをめぐる一つの現実である。しかも、それらの原因の多くは、たとえば日本からみればたわいもない風邪や下痢などの病気で、そのために亡くなっていることが少なくないのである。安価なワクチンや経口補水剤一つあれば助かるものである。さらに考察に値するのは、死亡率の削減の推移である。たしかに図表4-1からも分かるように、世界全体では1990～2000年までの間に、94人から81人へと改善の道を歩んでいるといえるかもしれない。

　にもかかわらず、いくつかの国々ではかえって増加しているという事実を無視することはできない。たとえば、アフリカ南部のボツワナでは、プラス90％、イラクに至っては166％とおよそ2倍から3倍弱にまで子どもの死が拡大するという事態が存在してもいるのである。ここには独裁や内戦や対外的な戦争にさらされている子どもたちの日常が浮き彫りになっている。

　これに対し日本は、5歳未満児死亡率の順位で、チェコ・フィンランド・ギリシャ・ドイツ・韓国らと並んで193番中178位に位置し、世界のなかでトップ

図表4-1　5歳未満児死亡率（U5MR）の推移（1990～2000年）

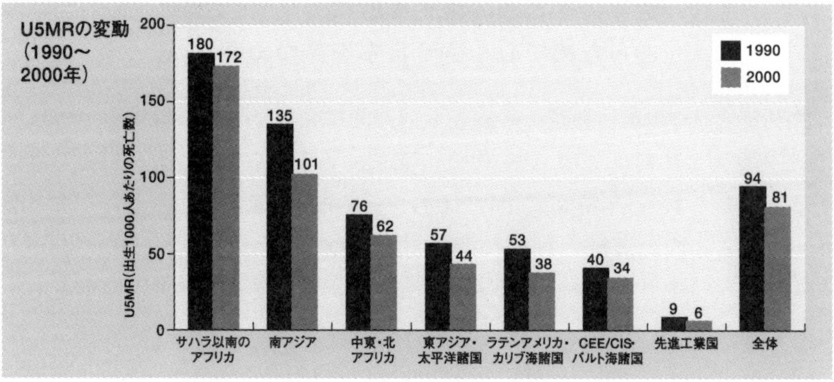

U5MRの変動（1990～2000年）
U5MR（出生1000人あたりの死亡数）

地域	1990	2000
サハラ以南のアフリカ	180	172
南アジア	135	101
中東・北アフリカ	76	62
東アジア・太平洋諸国	57	44
ラテンアメリカ・カリブ海諸国	53	38
CEE/CIS・バルト海諸国	40	34
先進工業国	9	6
全体	94	81

クラスの生存率を誇っているといってよいだろう。ちなみに、イギリスは161位アメリカは158位であり、日本はそれらの国よりさらに恵まれた条件にあることが分かる。つまり、基本的に生まれたら一定の年齢まで生きられることを前提にすることができる国の一つなのである。

2．教育を受ける権利

今度は、教育を受ける権利の保障の観点から、初等教育純就学・通学率と識字率（15歳以上で読み書きできる者の比率）の順でみてみよう。世界的には、先の順で平均で81％と79％と約8割の者たちが初等教育を受け、その後読み書きが可能となっている。しかしそこには大きな格差が横たわっていて、「サハラ以南のアフリカ」における就学・通学率は57％に、また「南アジア」における識字率は53％にとどまっているのである。つまり、4割強の子どもが初等教育さえ十分に受けられず、半数弱の者が読み書きを保障されていない地域が厳然と存在しているのである（このことが話し言葉と身体表現の豊穣さを決して損なうものではないことはいうまでもない）。たとえば中東のアフガニスタンは就学・通学率は24％、識字率は36％であり、サハラ以南のニジェールではそれぞれ30％と16％にとどまっている。実に、7割

● Further Readings

ユニセフ『世界子ども白書』財団法人日本ユニセフ協会、各年版

経済協力開発機構（OECD）/OECD教育研究革新センター『図表で見る教育』各年版、明石書店

新保庄三『コルチャック先生と子どもたち：ポーランドが子どもの権利条約を提案した理由』あいゆうぴい、1996年

が小学校に行けず、6割5分から8割強の非識字の人々を抱えている国が現存するのである。

これに対し、欧米・オセアニア・中米・東アジア地域における主要な国々と同様に、先に指摘しておいたように日本は初等教育就学・通学率は公式統計上は100%であり、識字率もほぼ100%である。さらに広げて学力面でみても、国内では「学力低下」論争が世間をにぎわしているが、国際的には国際教育到達度評価学会「国際数学・理科教育調査」(IEA) によれば、第3回 (1995) 理科の成績は、韓国に続いて26ヵ国中第2位であり、算数の成績はシンガポール・韓国に続いて3位 (小学校) と依然として世界のトップクラスにあるといってよい。

こうしてみてくると、日本は一方に医療・衛生・栄養面での整った制度に支えられて、少なくとも貧困・疾病・飢餓によりすぐさま生存の危機にさらされるといった状態にはなく、長期にわたる生存を前提として人生の見通しをもてるきわめて恵まれた環境にあるといえるだろう。また高度に発達した教育制度のもと100%に近い識字率を有した世界トップクラスの学業達成を図っている一群の国々の一つなのである。

Let's study! (1)ユニセフ発行の「世界子ども白書」など世界的な統計を手がかりに、世界の子どもの権利実態・権利要求を具体的につかんでみよう。その際、もっともあなたが関心をもつテーマ（子どもの死、子どもの教育、難民の子ども等）に焦点を当ててより深めた調査を行い皆と共有することはいっそう有用である。

*Ⅲ．日本の子どもの権利要求に耳を傾ける

にもかかわらず、これらの状況がただちに日本の子どもの権利が十分に充たされていることを意味するわけではないだろう。事実、それは日本の子どもたちの権利要求のなかに明瞭に見て取れることなのである。そこで、子どもの権利条約をめぐってなされたいくつかの子どもの実態・意識調査からそのことを検討してみたい。

ここでは、参考として山梨県教育研究所教育問題研究委員会が、小5で1,062人、中2で1,071人、計2,133人を対象に1999年度に行った『子どもの権利条約アンケート』(http://www.y-kyoken.comlink.ne.jp/ankaet.htm) と、滋賀県健

康福祉部児童家庭課少子化対策推進室が2004年に小4から高3の計4,500人（回収数2,489回収率55.3%）と成人男女1,500人（回収数861人回収率57.4%）に行った『子どもの権利に関する実態・意識調査』(http://www.pref.shiga.jp/bbs4/tyousagaiyou.pdf) を取り上げてみたい。

　まず、子どもの権利が守られているか大切にされているかどうか、について子どもたち自身はどのように感じているのだろうか。山梨県では「次のことは守られていますか」という問いのもと19項目にわたって調査している。小学校では、「守られている」とする比率が、「健康を保ち、病気になった時やけがをした時に治療をうけること（治療・健康）」が84%、続いて「遊ぶこと（遊び）」79.7%、それに「麻薬や覚醒剤から守られること（麻薬・覚醒剤）」「成長に必要な生活が保障されること（生活の保障）」が約7割で続く。中学生では、「治療・健康」「親から暴力やむごいあつかいを受けないこと（虐待）」が7割以上であり、その後「自分の考えを持つこと（自分の考え）」「麻薬・覚醒剤」の順に高い。逆に「守られていない」とする比率が高いのは全体として「権利条約についての情報を知らされること（情報）」(18.8%) がトップであり、続いて高いのは「ゆっくり休むこと（休み）」(16.5%)「プライヴァシーが守られること（プライヴァシー）」(14.4%)「自分の問題について自由に意見を言いその意見が大事にされること（意見の尊重）」(13.5%) という順になる。

　こうした特質に加えて、滋賀県の調査には彼ら・彼女らの繊細な一面を見て取ることができる。たとえば「つらくてどうしようもないことを言われたり、されたりした経験は？」との質問には、そうした「経験がある」と答えた子どもは37.1%と約4割がその経験を心に留めており、その子どもたちにその時の気持ちを聞いてみると「生きているのがイヤになるくらいつらい気持ち」(14.6%) と「家に帰りたくなかったり、学校にいきたくないと感じるほどつらい気持ち」(29.3%) とを合わせてそのなかの43.9%の子がその時のつらい気持ちを痛みをもって表しているのである。また、そうした経験をした時の対応において、「誰にも相談できず、イヤな気持ちのままだった」子どもは31.9%と3割を超えている実態もある。

　それは学校をめぐる体験・意識にも示されているといってよい。「学校に行きたくないと思ったことは？」の問いに、68.2%の子どもが経験があるとしており、それ自体は誰にでも身に覚えのあることで特に驚くことではないかもし

れない。がしかし、その理由のトップが「疲れていたから」(54.7%)であり、2番目が「友達のこと」(35.9%)を挙げている点が注目される。したがって、「自由な時間の必要性について」聞いたところ「思う」「どちらかといえば思う」あわせて、78.2%と約8割の子どもが切望していることもよく理解できるのである。

図表4-2 「いま、とくに必要な子どもの権利は？」に対する子どもと大人の回答

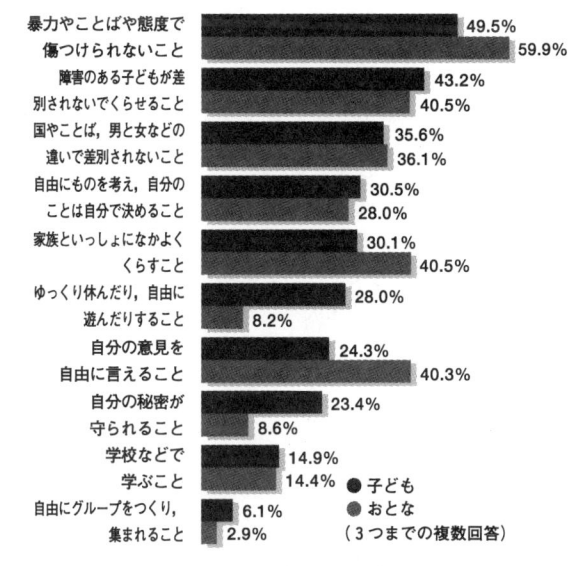

項目	子ども	おとな
暴力やことばや態度で傷つけられないこと	49.5%	59.9%
障害のある子どもが差別されないでくらせること	43.2%	40.5%
国やことば、男と女などの違いで差別されないこと	35.6%	36.1%
自由にものを考え、自分のことは自分で決めること	30.5%	28.0%
家族といっしょになかよくくらすこと	30.1%	40.5%
ゆっくり休んだり、自由に遊んだりすること	28.0%	8.2%
自分の意見を自由に言えること	24.3%	40.3%
自分の秘密が守られること	23.4%	8.6%
学校などで学ぶこと	14.9%	14.4%
自由にグループをつくり、集まれること	6.1%	2.9%

（3つまでの複数回答）

そしてまた、表4-2「いま、とくに必要な子どもの権利は？」の質問に対するトップに、「暴力やことばや態度で傷つけられないこと」(49.5%)を約半数の子どもが挙げていることは興味深い。さらに、この滋賀県の調査でも山梨県と同様に「ゆっくり休んだり、自由に遊んだりすること」「自分の秘密が守られること」を大人が思っている以上に（15～20%も上回って）望んでいることが、大人の回答と比較した時に浮き彫りになってきているのである。

こうしてみると、日本の子どもの権利実態・権利要求は、次のような構造をもっているように思われるのだ。そのもっとも基底的な部分に「差別されないこと」「暴力やことばや態度で傷つけられないこと」という、なかば体験から生じてきている自己の尊厳が守られ尊重されることへの切実な希求、そしてより日常生活に密着した側面では小学生を中心として「ゆっくり休んだり、自由に遊んだりすること」、それらに加えて中学生以降になると「自分の秘密が守られること」「プライヴァシーが守られること」を渇望していることが浮き彫りになってきているのである。この背後には、「忙しく疲れている」子どもたち、しかも一番大切な相談相手であるがゆえに「友だちのこと」に悩み、「だれにも相談できず、イヤな気持ちのままだった」場合には、そうした不完全燃

> ● **Further Readings**
>
> 子どもの権利条約フォーラム実行委員会編『検証 子どもの権利条約：市民がつくる"子どもの権利条約白書"』日本評論社、1997年
>
> 子どもの権利条約 市民・NGO報告書をつくる会編『"豊かな国"日本社会における子ども期の喪失』花伝社、1997年
>
> 小口尚子・福岡鮎美(文)『子どもによる子どものための子どもの権利条約』小学館、1995年
>
> 大阪教育文化センター「子ども調査」研究会『21世紀をになう子どもたち：子どもの権利条約の具体化をめざして』法政出版、1992年

焼の気持ちをため込むなかで漠然とした精神的な疲れを抱えこんでいる子どもたちの姿が透けてみえてくるのである。児童労働からは解放され、物と情報に囲まれ、消費文化を謳歌しているようにみえる日本の子どもたちが、子ども期が保障され子ども時代を充実させているように感じていないことが分かるのだ。むしろ「傷つけられず差別されない」という自己の尊厳が尊重されることのかけがえのなさを根源的な要求とし、さらに「ゆっくり休み、友だちと心おきなく遊び切る」という「子ども期の現代的な回復」への希求を、はからずも彼ら・彼女らの実態・意識調査は示しているのであり、その実現の方途を私たち大人たちとともに探ろうとしているのではないだろうか。そしてまた、このことは、「南と北の子どもたちを表裏として」考えようとするさい、「南の子どもたちの子ども期の創造」と並んで、大学における一大学習・研究課題になっているのではないだろうか。

Let's study! (2)日本各地の子どもの権利をめぐる実態・意識調査に複数あたり、そこにみられる共通性と、子どもの年齢段階ごと・地域ごと・大人ないし教職員との違いを整理し、日本の子どもの権利要求の構造を考察してみよう。

*Ⅳ．子どもの権利を自らの問題としてつかみ直す

以上を踏まえて、ここでは、子どもの権利を自らの問題としてつかみ直す第一歩として、大学の授業のなかでたとえば次のような作業に取り組んでみてはどうだろうか？

１．オリジナルな「自分たち自身の子どもの権利条約」を作ってみよう

①「子どもの権利条約」(翻訳版)をまず熟読してみよう。そのなかにどのよ

うな権利が取り上げられているのかを押さえてみるのである。そのなかからあなた自身が考える「世界の子ども」「日本の子ども」にとって、それぞれもっとも切実な権利要求は何だと考えるか、五つを選択してみよう。さらに、「世界の子ども」「日本の子ども」にとって、現状の子どもの権利条約に「付け加えるべき子どもの権利」を、それぞれ三つ書き出してみよう。

> ● Further Readings
> 子どもの人権連ほか編『子どもの権利条約のこれから　国連・子どもの権利委員会の勧告を生かす』エイデル研究所、1999年
> 子どもの権利条約ネットワーク編『学習　子どもの権利条約』日本評論社、1998年
> G. パイク、D. セルビー『ヒューマン・ライツ　たのしい活動事例集』明石書店、1995年

②これらをもちより、数人のグループで話し合いを行ってみよう。その時、その権利を取り上げた理由をつき合わせながら、全員が共通に指摘したものを優先して、それらをそのグループのオリジナルな権利条約としてとりあえず確認しておく。

③最後に、これらをグループ間でつき合わせ、全員が共通に指摘したものを優先し、それらを全員のオリジナルな「世界と日本の子どもたちの権利条約」として、10項目の条約としてまとめてみるのである。そこにはいわゆる「南と北の子どもたちの表裏の権利要求」が浮き彫りになっているに違いない。

ここでは、完成させた条文と同時に、作業を通じてお互いの認識をつき合わせ、共通点と違いを相互に検討し合うプロセスそのものに意義がある。その意味では、大学における学びは、「世界と日本と自分を串刺しにしながら課題を自分のものとして捉え返す」プロセスそのものといえるかもしれない。

📖 **Let's study!**　(3)上記のfurther readingsの文献『ヒューマン・ライツ　たのしい活動事例集』のように、子どもの権利に関わる様々な作業課題を含んだ活動事例（アクティヴィティ）集が、複数出版されている。これらを用いて、個人・グループで各自がもっとも関心をもったテーマ（差別、自尊感情の尊重、児童労働、等）について、より実践的・体験的なアクティヴィティに取り組んでみよう。その際、そこで生まれた自分の身体感覚・感情を大切にしながら、その権利の尊重・発展のために必要な課題と、その障害となっているものと合わせて整理し、発表し合おう。

（富田　充保）

Chapter 5 政治参加への視点

*Ⅰ. 民主主義と政治参加

1. 民主主義と政治参加との関係

　民主主義の起源はどこかと尋ねられれば、だれもがアテネの民主政と答えるにちがいない。古代アテネでは市民全員（女性・奴隷は含まれない）による直接参加の政治が行われた。「民主主義」とは、原語の「デモクラティア」という言葉が示すように、もともと「多数の人民による統治」を意味した。近代に入って、思想家ルソーは民主主義を「自己決定」（あるいは「治者と被治者の同一性」）と理解した。これはいわば、構成員全員がある事柄の決定に直接参加し、そのことをもってその決定事項に構成員全員が服する、という政治原理である。ルソーに従えば、決定への直接参加が民主主義の不可欠の要素ということになる。しかし、大規模社会では、一つの場所に市民全員が集合して議論するのは不可能であるから、人々はやむをえず代表者を通じて政治に間接参加することになる。近代の民主政が代表民主政として成立した理由の一つはこの点にある。

2. エリート民主主義か参加民主主義か？

　民主政においては、その構成員が集団内の重要な決定に関与ないし参加することが不可欠であるとしても、その政治参加がどうあるべきかについては、様々な考え方がある。大別すれば二つあり、一つは上で触れたようなアテネの民主政やルソーの考え方に依拠し、参加の教育的機能を強調しつつ、人々の参加を奨励する「参加民主主義」理論であり、もう一つは人々の参加を制限すべきであるとする「エリート民主主義」理論である。

　「エリート民主主義」の理論によれば、人々は政治的に無関心かつ受動的であり、人々の役割は、投票を求めて競争する複数の政治指導者＝エリートの間

から代表者を選出すること、すなわち選挙で1票を投じること、そして次回の選挙で支持を切り替える機会をもつことで代表者が暴走

---- ● Further Readings ----
蒲島郁夫『政治参加』東京大学出版会、1988年
篠原一『市民参加』岩波書店、1977年

しないようコントロールすることに限定される。ここでは政治の主役はあくまでエリート政治家たちで、人々は名も無き脇役に甘んじることになる。こうした人々が過剰な政治参加をすれば、政治システムの不安定と非効率を生むので好ましくないとされる。

　一方、「参加民主主義」の理論によれば、人々が政治的に無関心で不活発なのは人間の本性ではなく、むしろ限定された参加や集権的決定構造によって政治的に疎外されているからであり、政治参加が拡大されれば、その過程で人々は政治的疎外から脱却し、政治的有効感や市民的特性（主体性、責任感、寛容の精神など）を獲得し、ひいては自己実現を図ることができるという。両者の根本的対立点は、経験的にみたあるがままの人間の姿をその本性と捉えるか、同じくそこから出発しながらも人間を成長可能な存在とみるか、の人間観の違いにある。

　ところで、近代の民主政治は、理念的にはアテネ型もしくはルソー流の直接民主政の考え方を継承しつつも、制度的には、国民国家の規模にも制約されて、代表民主政＝間接民主政をノーマルな形態として成立したが、その代表民主政の実態と市民の意思との乖離が深化すると参加民主主義への期待が強まる傾向にある。たとえば、高度成長に伴う居住環境の悪化、ベトナム戦争の泥沼化、少数者集団の政治的疎外の深刻化などが起こった1960年代半ばからの約10年間のアメリカがそうであった。1996年頃から日本の各地で起こってきた住民投票を求める運動もそうである。

＊II．国政における政治参加

1．政治参加にはどのようなものがあるか？

　さて、実際には、私たちにはどのような政治参加が可能であろうか。政治参加の形態は実に多様であるが、典型的なものとしては、①国政選挙と地方選挙における投票行動、②支持する政党や候補者への投票依頼、支持する政党や候

補者への献金やカンパ、選挙運動の手伝いなどの各種の選挙活動への参加、③環境保護運動、公害反対運動、婦人運動、平和運動、消費者運動などの各種の市民・住民運動や地域活動への参加が挙げられる。もう少し広げるとすれば、権限をもつ官僚や政治家への個別的接触も含めることができるかもしれない。

本章では、以上のような政治参加の諸形態をすべて含みうるように、「政治参加」を政府の意思決定になんらかの影響を及ぼそうとする市民の活動と広く定義する。したがって、「政治参加」には、直接参加も間接参加も、制度的参加も非制度的参加（圧力団体・住民運動など）も、中央レヴェルの参加も地方レヴェルの参加も、すべて含まれることになる。

しかしながら、本章ではこのような多様な政治参加のすべてに触れることはできないので、以下では、国政レヴェルと地方政治レヴェルに分けた上で、まず国政レヴェルから主要なものに限定してみていきたい。国政における政治参加の権利としては、憲法改正の国民投票、最高裁裁判官の国民審査もあるが、私たちにとっては「国政選挙」における投票が何よりも身近なものである。

2．国政選挙はどのように行われるか？

日本の議会は二院制を採用しているので、国政選挙としては「衆議院議員選挙」と「参議院議員選挙」とがある。「衆議院議員選挙」は1996年以来、「小選挙区比例代表並立制」という選挙制度で行われている。有権者は1人2票を持ち、総定数480人のうち300人を小選挙区から、180人を比例代表区から選出する。有権者は全国11ブロックに分けられた比例代表区では政党に投票し、小選挙区では候補者に投票する。小選挙区では最多得票の候補者が当選者となり、比例代表区ではブロックごとに各政党の得票数に応じてドント式で議席が配分され、各政党が届け出た候補者名簿の上位者から当選が決まる（拘束名簿式）。衆議院の選挙制度は小選挙区制と比例代表制の単純な組み合わせだが、比例代表の定数180に対して小選挙区の定数を300とすることで、小選挙区制の特性を強く反映した、多数党に有利な選挙制度になっている。

「参議院議員選挙」では、有権者はやはり1人2票をもち、総定数242人のうち96人を全国一区の比例代表選挙で選び、都道府県ごとの選挙区には人口に比例して2、4、6、8人ずつ割り振ることによって合計146人を選ぶ。ただし、参議院議員は任期6年で、3年ごとに選挙があり、そのたびに半数が入れ替わる

ので、1回の選挙では比例代表の48人と選挙区の73人を選出することになる。各選挙区では得票の多い候補者から定数分選ばれ、比例代表では各政党が届け出た当選順位のつけられていない名簿から有権者が候補者名か政党名かを記載する形で投票し（非拘束名簿式）、各政党の総得票数に応じてドント式で議席を配分し、ついで政党ごとに得票の多い候補者から当選者とする。参議院の選挙制度は、選挙制度の類型としては、比例代表制、小選挙区制（1人区の選挙区）、そしていわゆる中選挙区制（2、3、4人区の選挙区）の3種類の折衷型であるが、ここには確たる制度設計の理念もみられず、参議院の存在理由が問われるなかでその迷走ぶりの一端を表している。

　選挙権は日本国民で満20歳以上の者、被選挙権は衆議院議員については日本国民で満25歳以上の者、参議院議員については日本国民で満30歳以上の者と定められている。選挙権については、先進諸国ではたいてい満18歳以上となっており、日本の満20歳以上というのは稀なケースである。なぜ日本では満20歳以上のままなのであろうか。一般に若者は政治的関心が低く、投票行動を決定するだけの知識や判断力に欠け、投票率も低いといわれている。本当であろうか。現状がそうであるなら、教育にも問題があるかもしれない。高校までの教育で教科書を通して一通りの政治的知識が提供されているはずであるが、それが生きた知識として獲得されていないのかもしれない。しかし、原因の一端はたぶん若者側にもある。自分たちはちまたでいわれているように政治的関心も知識もないと思い込むことによって、政治に関心をもつ努力を怠っているきらいがある。ちなみに、札幌学院大学の学生を対象とした1998年の政治意識調査では、現行どおりの満20歳以上でよいとする回答が実に65％を占めた。若者の政治的無関心については、それは押しつけられた無関心であり、若者はなんらかのきっかけさえあれば政治的に活発になるという意見もある。他方、政治家の多くは、本音では若者はやや変革志向であるので選挙に参入しないでほしいと考え、当事者である若者の側に選挙権年齢引き下げの要求がないのをいいことにこの

問題を放置しているとはいえないだろうか。

■**Let's study!** (1)日本の若者は本当に政治的に無関心なのか、選挙権は本当に満20歳以上でいいのか議論してみよう！（Further Readings 丸楠参照）。

3．日本の選挙制度はこれでいいのか？

　以上にみたような日本の現行の選挙制度は、諸外国のそれと比べると、「選挙制度のデパート」といわれるように実に複雑なものになっている。諸外国の場合はたいてい小選挙区制（北米・アフリカ諸国に多い）か比例代表制（欧州大陸諸国に多い）か両者の混合制のいずれかである。ちなみにドイツの小選挙区比例代表併用制は、議席配分の点では明確に比例代表制である。

　ここでは二つの典型的な選挙制度の原理的特徴について一般に論じられている点を整理しておこう。「比例代表制」は各政党の得票数に比例して議席を配分する制度であり、死票を最小限に抑え、社会のなかの多様な世論を議会に鏡のように正確に反映できるが、小党分立を招き、連合政権になりやすく、政治的不安定をもたらしやすいとされる。「小選挙区制」（＝多数代表制）は小党を切り捨て、多数党に過剰な議席を配分する制度であり、死票が多くなり、社会のなかの多様な世論を議会に反映することはできないが、多数党に過大な議席を与えることで、二大政党化を促進し、政治的安定に寄与するという。さらに小選挙区制を支持する側からは、特に議院内閣制のもとでは安定した政権基盤を作ることが重要で、そのためには多数代表制が適切とする議論や、必要な時に政権交代を速やかに生じさせるためには多数代表制がよいとする議論も出される。比例代表制を支持する側からは、比例代表制を採用している欧州の国々では、たしかに多党制で連立政権が多いが、連立政権のすべてが政治的不安定とはかぎらないし、むしろ逆に安定度は高いという実証に基づく主張や、多数決原理は議会のなかで適用されるべきで、議会の前の選挙の段階で適用されるべきではないとする主張がなされる。ここでの両者の対立点は、公正な参加と政治的安定性のどちらを優先するかにある。

　複雑で理念があいまいな現行の

● **Further Readings**

丸楠恭一他『若者たちの《政治革命》』
　中公新書ラクレ、2004年
加藤秀治郎『日本の選挙』中公新書、2003年
小林良彰『選挙制度―民主主義再生のために』
　丸善ライブラリー、1994年

選挙制度を維持するのがいいか、あるいはもっと別の望ましい公正な選挙制度にしていくのがいいか、私たちはこれをただ政治家の党利党略に任せるのではなく、主権者として自ら議論していく必要があろう。参考までに、1996年の日本の総選挙の政党別得票率をドイツ型の比例代表制に当てはめて議席を算出し、二つの制度の議席配分の状況を比較してみると図表5-1、図表5-2のようになる。

図表5-1　1996年10月20日の総選挙の結果

	小選挙区議席(得票率)	比例区議席(得票率)	合計
自　民	169(38.0)	70(32.8)	239
新　進	96(28.0)	60(28.0)	156
民　主	17(10.6)	35(16.1)	52
共　産	2(12.6)	24(13.1)	26
社　民	4(2.2)	11(6.4)	15
さきがけ	2(1.3)	0(1.0)	2
民改連	1		1
無所属	9		9
合　計	300	200	500

(出所：図表5-1、2とも山口二郎『日本政治の課題』岩波新書、1997年、121頁より)

図表5-2　ドイツ型比例代表制（小選挙区比例代表併用制）によるシミュレーション

	小選挙区	比例区	合計
自　民	169	1	170
新　進	96	50	146
民　主	17	66	83
共　産	2	66	68
社　民	4	29	33
さきがけ	2	0	2
民改連	1	0	1
無所属	9	0	9
合　計	300	212	512*

注）前提として、比例区は全国での集計。また、得票率が5%以下の政党には議席を与えないとする「5%条項」を適用した
＊超過議席は12(比例で議席を獲得しない政党及び無所属の当選者は、自動的に超過議席になる)

Let's study!　(2)日本の選挙制度はこのままでよいか議論してみよう！
(56頁 Further Readings 小林・加藤参照)

＊Ⅲ．地方政治における政治参加

1．地方選挙はどのように行われるか？

　地方レヴェルで典型的な政治参加は、自治体の首長と議会の議員の選挙である。地方自治体は二元的代表制を採用しており、その首長も議会の議員も住民の直接投票で選出される。首長も議員も任期は4年だが、議会には解散もある。議会の議員定数は、地方自治体の人口規模に応じて設けられた上限の範囲内で各自治体が定める。近年、財政支出抑制のため定数を減らす自治体が増えている。都道府県市町村の首長選挙は、いうまでもなく当該自治体の区域を単位として実施される。都道府県議会の議員は各都道府県を分割した選挙区から選ばれ、市町村議会の議員は当該市町村の区域から選出される。ただし、政令指定

都市では区単位の選挙区から選出される。

選挙制度という点では、市町村議会選挙の場合は原則として大選挙区単記投票制である。他方、都道府県議会選挙の場合は大選挙区単記投票制と小選挙区制とが無節操に混在しており、また過疎地域の特例選挙区が優遇されることで投票価値の不平等が拡大するなど、問題が山積している。4年ごとの4月に全国の地方自治体で一斉に行われる首長と議員の選挙を「統一地方選挙」と呼ぶ。しかし首長選挙は、首長の任期途中での辞職も多く、実際には単独で実施されるようになってきている。

選挙権は国政選挙と同じで満20歳以上の住民だが、被選挙権は都道府県知事のみ満30歳以上で、市町村長と都道府県市町村の議会の議員は満25歳以上である。ちなみに、国政選挙はともかくとして、地方選挙では永住権を持つ外国人にも参政権を認めるかどうかが一つの争点になっている。

2．住民の政治参加にはどのようなものがあるか？

地方自治体の住民の政治参加の権利としては、①議会の議員と首長の選挙権・被選挙権がもっとも身近なものであるが、他にも②条例制定改廃請求権、③事務監査請求権、④議会解散請求権、⑤議員の解職請求権、⑥首長ほか主要職員の解職請求権、⑦ある地方公共団体にのみ適用される特別法についての住民投票権（憲法95条）、⑧請願・陳情、⑨住民監査請求、⑩住民訴訟などが認められている。このうちの②③④⑤⑥がいわゆる「直接請求制度」であり、地方政治における代表民主主義の制度の欠陥を是正し、住民の要求がより直接的に反映することを目的として認められたものである。その他にも、審議会への参加、公聴会での意見陳述、意見書提出などの方法がある。こうした従来型の手法に加え、近年では、インターネットの普及、政治参加への意欲の高まりに伴い、様々な政治参加の方法が開発・実験されている（Further Readings 室井参照）。

3．住民投票の現状はどうか？

さて、地方政治のレヴェルで近年もっとも注目を集めているのは、特定の争点について住民の意思を問う「住民投票」である。1996年8月に新潟県巻町では東北電力の巻原子力発電所建設をめぐって町民の賛否を問う初めての住民投票が行われ、同年9月には日米地位協定の見直しと米軍基地の整理縮小に関す

る県民投票が沖縄県で実施された。翌97年には岐阜県御嵩町で産業廃棄物処理場の建設の賛否を問う住民投票が、2000年には徳島市で吉野川可動堰の建設の是非を問う住民投票が実施された。これらの事例にみられるように、原発、基地、迷惑施設、公共事業などが大きな争点となって各地で住民投票運動が展開されてきた。

　わが国の現行法制は、憲法第95条の特別法の住民投票のほか、議会解散・議員解職・首長解職（すなわち、リコール）の住民投票を認めているが、特定の争点や事業について住民の賛否を問う住民投票を用意も想定もしていない。したがって、住民が地域の特定の争点について住民投票で決めたいと思えば、そのつど、＜住民投票条例制定の請求→請求の成立→首長→議会が住民投票条例を可決→条例に基づき住民投票を実施→首長は投票結果を尊重＞というおそろしく手間と暇のかかるプロセスをたどらざるをえない。しかし、こうしたプロセスを経て、実際に住民投票にまで到達し、住民投票運動が所期の目的を達成するケースはごくわずか（10％程度）であり、ほとんどが議会の否決にあって頓挫してきた。上に紹介した四つの事例はわずかな成功例のうちの代表的なものである。

　ちなみに、市町村合併をめぐる住民投票については特に2002年以降、急増している。その大半は首長および議員の提案によるものであり、住民の直接請求によるものは依然として議会で否決されるケースが多いが、この種の住民投票の急増という最近の動向については別途分析することが必要であろう。

4．今、なぜ住民投票なのか？

　では、なぜこのような厳しい状況のもとでも特定の争点や事業の賛否を問う住民投票（以下単に「住民投票」と記す）を求める運動が高まってきたのであろうか。その背景としては、何よりも地方議会の機能不全・形骸化を挙げることができよう。地方議会の活性化が叫ばれて久しいが、今でも地方議会では一般に、議員側が条例案を作成し提案することは稀で、ほとんどの提案は行政側からなされ、それについて議員は自ら情報を集めて学習したり、行政側に鋭い質問したり、真剣に中身を議論したりということもあまりなく、異議なく承認するケースが大半である。行政をチェックするどころか、それにお墨つきを与えるにすぎない機関に堕している。議会構成も依然として伝統的で保守的な、利益誘導政治に呼応する旧中間層に偏っており、都市化に伴って増えた新中間層や女性

の声を反映しづらい傾向にある。こうしたことを背景として議会の意思が住民の意思と乖離したり、時には首長の恣意的で強引な行政と住民の意思とが対立したりする事態が後を絶たず、議会や首長の決定への住民の不信が最終的に特定の争点をめぐる住民投票の要求となって表出したのである。

5．住民投票をめぐってはどのような議論があるか？

さて、こうした住民投票に消極的な側から様々の反対論が提起されているが、その主要なものをみておこう。一つは、議会の意思よりも住民投票の結果を尊重するのは議会および代表民主制の否定につながるという「議会否定論」である。しかし、地方政治は間接民主制を基本としつつも直接民主制（直接請求制度）でそれを補完する構造になっており、住民は議会にすべてを白紙委任しているのではなく、議会が住民意思を反映するのに失敗すれば、直接民主政によってそれを是正する必要がある。住民投票を求める運動が各地で起こっているのは、すでに述べたように、議会が形骸化し、民意の反映に失敗したことの現われであるともいえる。

二つには「地域エゴ論」。原発・基地・空港・産廃処理場などのいわゆる迷惑施設の設置を地域が拒否するのはエゴであり、それを容認していたら、全国のどこにもそうした施設を設置することができなくなるという批判である。またこの批判と連動して、一地域の住民が国策を否定することができるとすれば、国策など成り立たなくなるという批判がなされる。だが、迷惑施設から恩恵をこうむる地域（たいていは中心部）が、自分の地域内にそれを作らず、他の地域（たいていは周辺部）に押しつけるのはエゴといわないのであろうか。決定したから議論の余地なく従えというのではなく、推進する側はきちんとした手続きを踏みつつ、なぜここなのかを誠意を持って当該地域に説明し、理解を得るよう努力することが求められるのではなかろうか。

第3は「衆愚政治論」、すなわち、大衆は情緒的で操作されやすく、非理性的な存在であるので、住民に決定を委ねると（住民投票を採用すると）暴走し、衆愚政治をもたらす危険があるという、古代以来のお馴染みの議論である。だが、現代社会における高学歴化や情報化が住民の知識と判断力を一般に向上させており、また住民は高度に専門的な判断を要する問題については専門家の協力を得て学習会を重ねるなどして知識の蓄積を図っている。地方自治は民主主

義の学校といわれるように、住民投票を求める運動のなかで、住民はさらに鍛えられ成長してきているという側面もある。

　📖**Let's study!**　(3)すでに触れた「エリート民主主義」と「参加民主主義」の議論も参考にしつつ、地域の重要問題を住民投票で決めることの是非について討論してみよう。

6．住民投票の意義と今後の課題

　地方政治においては代表民主政を補完するものとして直接請求制度がおかれていたが、それは事実上、住民の限定的な参加しか認めない不十分なものであることが明らかになった。この間の住民投票およびその請求運動は、直接請求制度の想定や限界を一歩突き抜ける形で、地域における重要な争点や事業の是非について住民自身の投票によって自ら決定しようとするものであり、それが機能不全にあった地方議会にかなりの緊張感をもたらし、さらには国政にも少なからず影響を与えたという点で、大きな意義を持ちえたといえよう。また第2に、現代社会における高学歴化と情報化を背景に、すでに住民は相当な知識と判断力を持っているが、住民投票を求める運動に参加し議論に加わるなかで、一段と自治意識および問題解決能力を高めてきた。繰り返しになるが、住民投票を求める運動が現にいわゆる民主主義の学校としての役割を果たしてきたことを強調しておきたい。

　しかしながら、このような住民であっても彼らの判断が常に正しいとはかぎらない。先に触れた衆愚政治論は、住民は住民投票に際して非合理的な決定を下しかねないと考え、住民への不信を顕わにする。衆愚政治論の指摘するような危惧を払拭し、住民がある争点や政策について適切な判断を行いうるためには、まずその争点や政策についての正確な情報を収集し、それに基づいて「熟議」することが不可欠となる。各自治体の行政情報や議会情報については「情報公開」制度を利用して収集するとともに、当該争点の理解のために高度に専門的知識が必要な場合は専門家の協力を仰ぎ、自ら学習会を重ね、フォーラムなど公開の場で徹底的に議論し合うことを通じて、すなわち「熟議」を行うことによって初めて、当該争点についての正しい判断をなしうるのである。「熟議」は、住民のフォーラムのみならず、審議会、地方議会、国会等あらゆる議

COLUMN★

「熟議」とは何か：「熟議」：英語の deliberation の訳語。「熟慮」「討議」「審議」とも訳されるが、ここでは「熟慮」と「討議」の2つの意味を併せ持つ「熟議」という訳語を採用した。1980年に「熟議民主主義」(deliberative democracy) としてアメリカで初めて提唱され、ハーバーマスの議論にも触発されて、以来爆発的な議論の盛り上がりをみせる。代表的な論者としては J. S. フィシュキン、C. R. サンスティン、J. エルスターなどが挙げられる。熟議民主主義の登場の背景の一つとして、80年代のアメリカの州民投票において少数者の権利侵害をもたらすような提案がいくつか可決されたことが指摘されている。その反省から十分な情報に基づく「熟議」の重要性が主張されたという経緯がある。(Further Readings 篠原参照のこと)

論の場において民主主義を活性化するために今まさに求められている。

　もう一つ住民投票に関わる課題を挙げるとすれば、地方議会それ自体の活性化はいうまでもなく、自治体の政治・行政過程への様々な住民参加の制度をいっそう整備・充実させることによって、日常的に民意を汲み上げることができるような仕組みを構築するということである (Further Readings 室井参照)。そうしてこそ住民投票は最後の手段としてより大きな意味を持ちうるといえよう。

　最後に、住民にとってもっと利用しやすい合理的な住民投票制度をどう設計するかという課題を挙げなければならない。一つの方法としては、高浜市のような常設型の住民投票条例をあらかじめ制定して、署名数要件を満たせばただちに住民投票を実施できるようにしておくことが考えられうる。もっとも、その場合でも現行法のもとでは投票結果をもって首長や議会を拘束することはできない（「諮問型」住民投票にとどまる）ので、住民に最終的決定権がある拘束型住民投票がより望ましいと考えるならば、現行法の改正をも視野に入れた住民投票の法制化が不可欠となろう (Further Readings 今井参照)。

（西尾　敬義）

● Further Readings
篠原一『市民の政治学』岩波新書、2004年
上田道明『自治を問う住民投票』自治体研究社、2003年
室井力編『住民参加のシステム改革』日本評論社、2003年
今井一『住民投票』岩波新書、2000年
新藤宗幸編著『住民投票』ぎょうせい、1999年

Chapter 6 人と人との つながりを大切に
——地域組織と大学生活——

＊Ⅰ．注目される地域・市民活動

　1995年1月17日早朝に起きた阪神淡路大震災は、死者6,433人、倒壊家屋192,706という未曾有の大惨事となった。現代の大都市を襲ったこの災害が与えた衝撃は大きく、それだけにわれわれに残した教訓も多岐に及んだ。教訓の一つに、地域社会のなかで人と人とが支え合って生活していくことの重要性を再認識させた点がある。

　震災前に町内会・自治会活動などを通じて住民同志の結びつきが強かった地域ほど、救援活動や避難所生活がスムーズに進められた。たとえば、まちづくり推進会を中心とした活動で知られる神戸市真野地区では、地元住民の協力により倒壊したマンションから3日間で10人の生存者が救出された。また、かねてから町内会・自治会としてのまとまりがよかった地域では、避難所の運営も住民により自立的に進められた。つまり、それまでに地域のなかにどのような社会関係を築いてきたかが、緊急時に大きな意味をもつことが明らかになった。これにより町内会・自治会活動の意義が再確認され、これ以降、既存の地域組織を再評価する動きが顕著になる。

　その一方で、新しい活動が注目を集めることになる。ボランティアと呼ばれる人々の多様な活動である。ボランティアが社会に広く根づいているアメリカなどとは異なり、日本社会ではそれまでボランティア活動が市民権を得ていたわけではない。にもかかわらず、阪神淡路大震災の際には、延べ1,377,300人（1995年1月〜1996年1月）ものボランティアが、復興のために立ち上がった。行政サイドもパニック状態というなかで、ボランティアの活動は力を発揮し、「ボランティア元年」と呼ばれる社会現象を生み出した。また、ボランティアが一挙に集中した初期の混乱状態のなかから、自然発生的にそれらをコーディ

> ● Further Readings
> 内閣府『平成12年版 国民生活白書 ボランティアが深める好縁』ぎょうせい、2000年
> 岩崎信彦他編『阪神・淡路大震災の社会学』1〜3、昭和堂、1999年
> 金子郁容『ボランティア』岩波新書、1992年

ネートする組織が形成されてくる。このような一連の動きを通じて、市民セクターの潜在的能力が証明され、その後のNPO活動の活性化に繋がっていく。

　以上のように阪神淡路大震災を契機に、一方では、町内会・自治会といった伝統的組織の活動が再評価され、他方では、ボランティアやNPOといった新しい市民活動が注目されるようになる。そこで本章では、これら新旧二つの地域組織について言及し、大学・大学生との関わりについて考察していく。

Let's study! (1)各自のこれまでのボランティア体験について話し合ってみよう。ボランティア活動の意義や日頃感じている疑問などについて議論してみよう。

II．町内会・自治会活動と地域社会

1．町内会はこうして生まれた

　町内会の起源は、明治期に大幅な町村合併が行われた際、合併前の旧町村を行政の補完組織として存続させたことにあるとされる。その後、これを国家の行政機構の末端として系列化する動きが顕著になり、戦時体制下の1942（昭17）年には大政翼賛会の下部組織に位置づけられる。このように町内会は行政の末端組織として戦時体制を支える役割を担わされた。そのため、戦後、GHQによって禁止命令が出され、1948年から占領が終了する1952年までその活動は禁止された。

　禁止命令が解かれると3ヵ月以内に8割の町内会が復活した。したがって、占領下においても住民の互助組織として実質的な活動は継続されていたと考えられる。ただし、復活の際、戦争協力組織としてのイメージを払拭するために名称を変更するケースも多数みられた。それゆえこれ以降、自治会や区といった名称が増加し、呼び名は多様化する。

　このように明治期に生成された町内会・自治会組織は、現在もなお多くの地域において存在し続けている。たとえば、総務省の調査によれば、2002（平成

14)年11月時点で全国の各都道府県には町内会や自治会などの地縁組織が296,770存在している（総務省「地縁による団体の認可事務の状況等に関する調査」2003年）。また、全国の政令指定都市、中核都市、特別区といった都市部でさえ、その加入状況が7割を超えている自治体が80％に達している（(財)日本都市センター「自治体におけるコミュニティ政策等に関する実態調査」2001年）。いかに、町内会・自治会組織が、都市・農村を問わず全国津々浦々に組織されているかが理解できる。

2．町内会・自治会をめぐる評価

ところで、この町内会に関する評価として、もっとも一般的なものに前近代的集団説（鈴木榮太郎、磯村英一、秋元律郎）がある。ことに戦後の早い段階には、町内会は行政の末端組織として戦争に協力し、労力奉仕・寄付・各種行事への参加を強制するなど住民を抑圧する前近代的、反民主主義的な組織とみられていた。したがって、近代化が進めば、当然、解体・変質すべきものと考えられた。

しかし、現実には町内会・自治会組織は消滅することなく現在まで存続してきた。しかも、保守的組織とみられたこの組織が、1970年代に活発化する住民運動の母体となるケースも多数みられた。こうして町内会・自治会組織がもつとされた前近代的な性格は、決して本質的なものではないことがしだいに明らかになる。しかも、様々な問題点が指摘されながらも、これだけ多くの地域で存在し続けているという事実は、やはり住民自身がその存在意義を認めていることを意味する。実際、各種の調査によれば、町内会・自治会組織はあった方がよいという人が回答者の7、8割を占める。

こうして1980年代以降、町内会・自治会をより積極的に評価しようという傾向が顕著になる。たとえば中田実は、町内会を共同利用と共同管理の組織と捉え、そこに地域共同管理の主体を見出そうとする。こうした積極的評価の方向は、阪神淡路大震災以降さらに強まる。

3．今を生きる町内会・自治会

町内会・自治会の組織上の特徴として、まず地域的範域が限定されている点が挙げられる。一つの地域には一つの町内会が存在し、その地域の全世帯を加入対象とする。加入は世帯単位で、原則として任意加入であるが、実際には半強制的な面もみられる。

活動面ではその包括性に特徴がある。住みやすい地域社会の形成を目標に、親睦、防災・防犯、環境整備、社会福祉、行政情報伝達、冠婚葬祭の手伝いなど、実に幅広い活動を行う。こうした町内会の活動に対しては形骸化している、行政の下請け機関化しているといった評価が一般的にある。実際、そうした傾向は否定できないが、札幌学院大学社会情報学部の調査によれば、包括的活動のなかでも、除排雪作業、道路・街灯等の維持管理、資源回収活動・ゴミ処理への協力、町内の親睦・精神的なまとまりといった、主として生活環境の整備に関する活動に対してその必要性を感じている住民が多い（札幌学院大学社会情報調査室『江別市の生活と意識についての調査研究』1995年）。

　また、近年の再評価の動きにおいても、防災、まちづくり、子どもの健全育成、環境保全、社会福祉といった地域が一体となって取り組む活動に対する期待が大きい。特に、これから超高齢化社会を迎えるにあたり社会福祉面での期待がかかる。社会福祉活動には、行政をはじめ様々な団体が関わるが、町内会・自治会組織の場合、地域内の全世帯に目配りが可能であるという点が重要である。他の諸団体の場合、受け手側がアクションを起こすことによってサービスが開始されるため、アクションを起こさない、あるいは起こせない人達がサービスから漏れる可能性が大きい。それを防ぐセーフティー・ネット（安全網）としての役割が町内会・自治会には期待されるのである。そのためにも、非民主的で硬直化していると言われる組織運営のあり方を見直すことも必要である。

4．大学生にとっての町内会・自治会活動

　大学生にとって町内会・自治会活動は縁遠い存在であろう。せいぜい幼い頃に参加した子ども会の活動が思い出される程度である。しかし、日々の生活のなかで、気づかないうちにこうした活動の恩恵を被っていることは知っておく必要がある。たとえば、普段大学へ通う時に通る生活道路の街灯は、なぜ暗くなればいつも灯っているのだろうか。街灯の電球が長い間切れた状態になっていることはまずない。それは町内会・自治会の担当者が、電球を替えたり、行政に連絡したりしているからである。生活道路の電灯にかかる電気代の一部を町内会・自治会費で負担している地域も少なくない。その他にも、公園の維持管理やゴミ収集所の掃除なども町内会・自治会が担当する場合も多く、それを利用する者はその恩恵を受けていることになる。

大学生のなかには親元を離れて一人暮らしをする者も多い。国勢調査では、こうした一人暮らしの世帯を準世帯と捉える。世帯に準ずるものと考えられており、町内会・自治会の加入対象世帯でもある。このように地域の一構成員として期待されていることを自覚し、地域社会で生活していく上での最低限のモラルを守り、恩恵だけを受けるフリーライダー（ただ乗りする人）にはならないように心掛けたいものである。

● **Further Readings**
東海自治体問題研究所編『町内会・自治会の新展開』自治体研究社、1996年
倉沢進・秋元律郎編著『町内会と地域集団』ミネルヴァ書房、1990年
中川剛『町内会』中央公論社、1980年

Let's study! (2)身近な町内会・自治会活動の現状を調べてみよう。町内会・自治会組織がかかえる問題にはどのようなものがあるだろうか、話し合ってみよう。また、フリーライダー問題について考えてみよう。

＊Ⅲ．NPOをもっと知ろう！

１．NPOが増加してくる背景

さて、先に指摘したようにNPOへの関心の高まりは、阪神淡路大震災を直接的契機としたものであった。しかし、それだけであれば一時的な盛り上がりに終わったであろう。NPOがこれだけ注目されてくる背景には、現代社会が新しい社会経済システムを模索しているという時代的状況があった。すなわち、「1990年代に入ってから低成長が続き、世紀末の閉塞感が漂うなかで、利潤動機に基づく市場原理と政府の計画原理のいずれもが行き詰まっているという認識が広がってきたこと」（山内、2004：66）がその背景にあった。バブル経済の崩壊以降、経済は混迷し、政治的腐敗や汚職など目をおおいたくなるような状況のなかで、突破口の一つとしてNPOなどの市民セクターが注目を集めたのである。「第１のセクター」としての政府・公共部門、「第２のセクター」としての企業に対して、市民セクターは「第３のセクター」と位置づけられる。

２．NPOとは？

NPOとはNon-Profit Organizationの略で、民間非営利組織と訳される。その特徴として、①利潤を配分しないこと、②非政府であること、③組織として

の体裁を整えていること、④自己統治していること、⑤自発性の要素があること、が挙げられる。

このうちもっとも重要で、かつ誤解されがちなのが①の利潤を配分しないという点である。わが国の場合、NPOの活性化がボランティア活動の広がりとともに生じたこともあり、NPO＝ボランティア団体と混同されることが多い。しかし、NPOは各種事業を行うことも、有給の専任スタッフを雇うことも可能である。ただ、事業を行って得た余剰利益を外部に分配できないという「非分配制約」の縛りがあり、余剰利益を各団体のミッション（使命）を実現するために再投資するよう方向づけられている点で営利企業とは異なる。実際には、ボランティア団体として活動している組織から営利企業にきわめて近い活動をする組織まで、NPO活動の内実は実に多様である。

また、NPOの存在自体は決して新しいものではない。高度経済成長期に誕生した消費者団体や環境保護団体などの市民団体も、先の定義に従えばNPOである。要するに、1990年代半ば以降、これらの市民団体をNPOと性格づけることが一般化したのである。

3．NPO法人化と活動分野

ところで、高度経済成長期にはその活動が社会的認知を得ていたとはいえ、当時市民団体が法人格を取得することは容易ではなかった。たとえば、財団法人化するためには、設立時に数億円の基本財産が必要とされた。したがって、市民団体は、法人としての権利を行使できず、活動する上で様々な制約が課せられた。団体名義で事務所を借りたり、預貯金口座を開設したりすることさえできず、団体としての社会的信用を得にくい状況にあった。

それゆえ法人化に対する要求は早い段階からあった。実際にそれが実現するのは1998（平成10）年の特定非営利活動促進法（NPO法）の制定による。NPO法人の認証は1998年12月1日に開始され、認証第1号は北海道富良野市の「ふらの演劇工房」であった。その後増え続け、2004年6月末現在17,424団体が法人格を取得している。

NPO法人の活動分野は、当初は12分野であったが、2003年にはさらに5分野が加わり17分野となる（表6-1）。①保健・医療又は福祉の増進を図る活動（57.2%）、②社会教育の増進を図る活動（47.3%）、③NPO団体の運営又は活動

に関する連絡、助言又は援助の活動（42.3%）、④まちづくりの推進を図る活動（39.5%）などが多くなっている。法人化する主な理由は、「対外的な信用が高まるから」、「営利目的でないことを理解してもらえるから」、「委託事業が受けやすくなるから」、「契約が団体名義でできるから」というものである。

図表6-1　活動分野別のNPO法人数 （複数回答）

活 動 分 野	法人数	割合(%)
保健・医療又は福祉の増進を図る活動	9965	57.2
社会教育の増進を図る活動	8239	47.3
まちづくりの推進を図る活動	6876	39.5
学術、文化、芸術又はスポーツの振興を図る活動	5449	31.3
環境の保全を図る活動	5092	29.2
災害救援活動	1190	6.8
地域安全活動	1530	8.8
人権の擁護又は平和の推進を図る活動	2718	15.6
国際協力の活動	3947	22.7
男女共同参画社会の形成の促進を図る活動	1627	9.3
子どもの健全育成を図る活動	6768	38.8
情報化社会の発展を図る活動	766	4.4
科学技術の振興を図る活動	367	2.1
経済活動の活性化を図る活動	956	5.5
職業能力の開発又は雇用機会の拡充を支援する活動	1105	6.3
消費者の保護を図る活動	421	2.4
前各号に掲げる活動を行う団体の運営又は活動に関する連絡、助言又は援助の活動	7364	42.3
総　　数	17424	100.0

（出所：http://www.npo-homepage.go.jp/data/bunnya.html）

　ただし、すべてのNPOが法人格を取得しているわけではない。日本の場合、税制面での優遇措置がきわめて限定されたものであり、かつ取得のための手続きや取得後の行政への年次報告の負担が大きいため、あえて法人格を取得しないで活動を続ける団体も多い。したがって、NPO法人の背後には、その数倍のNPOが存在すると考えられる。このように法人格を取得しないNPOのことを、「草の根NPO」と呼んで両者を区別することもある。われわれがNPOという場合は、「法人格をもつNPO」と「草の根NPO」の両方を指すことが一般的である。

4．大学生にとってのNPO

　ところで、近年、大学や大学生とNPOの関係は強くなっている。一つは、大学が地域と連携していく際のパートナーとして、もう一つは、大学生の就職・就業体験先としてである。

(1) 地域に開かれた大学とNPO

　大学が地域とのつながりを重視する傾向が顕著になってきている。これまで

COLUMN ★

NPO法人・北海道グリーンファンドの活動：NPO法人のなかには社会的に大きな影響力をもつものも少なくない。1999年7月に法人化された北海道グリーンファンドもその一つである。自分たちの手でクリーンな発電所をつくりたいと考え、風力発電所の建設を目指した。風力発電所建設のために必要な2億円の費用は、グリーンファンド会員と一口50万円の出資者を募ることで集めた。前者は、会員が毎月支払う電気料金の5パーセントを「グリーンファンド」として上乗せして支払ってもらい、その部分を基金として運用するというユニークな方法である。一口50万円の出資者も短期間に多数集まり、2001年には日本初の市民風車「はまかぜちゃん」が北海道浜頓別町に建設された。風力発電による電力は北海道電力が購入し、浜頓別町内の約900世帯に供給している。利益も順調に出て、予定通り配当も行われている。2003年には第2号となる「天風丸」が秋田県天王町に建設されている。

単に原子力発電などに反対を唱えるだけではなく、自分たちでクリーンなエネルギーを生み出していくという活動は、市民運動の新しい可能性を示すものとして注目されている。(詳しくは、北海道グリーンファンド監修『グリーン電力——市民発の自然エネルギー政策』コモンズ、1999年 及び http://www.h-greenfund.jp/ 参照)

大学の地域貢献といえば市民向けの公開講座の開催などが主であった。大学教員はあくまでも教える側であり、地域住民は学ぶ側という関係におかれていた。しかし、近年は大学側が地域のなかに入り込み、地域の人たちとともに地域活動に取り組む事例が増え、その過程で地域住民やNPOとのネットワーク化が進んできている。

たとえば、札幌学院大学の教員・学生有志が、地元の江別市野幌商店街の人たちと協力して、「ほっとワールドのっぽ」というフリースペース(空き店舗利用)を拠点に行っている活動もその一つである。主な活動は、古着物を小物などに再生する「のっぽ縁側サミット」、土曜日に子どもたちと活動する「サタデーのっぽ」、月に一度、地域の人が食事をともにする「月一迷店」、地域のお年寄りの昔語りを撮影し記録する「ノッポロを聴く」などである。活動グループの一つにまちづくり活動を仕掛けるNPO「まちづくりグループACE」があり、学生たちも多数参加している。

また、名古屋学院大学では大学が地元商店街振興組合の協力を得て「カフェ&雑貨　マイルポスト」をオープンさせ、学生主体で経営し、かつその場を

実学教育のサテライト教室として活用している。たとえば、「まちづくり公開授業」を開催したり、起業家型人材育成プログラムを実施している。こうした活動を支える組織として「名古屋学院大学まちづくりNPO人コミュ倶楽部」が存在する。マイルポスト開店後、商店街の交通量が確実に増加したという調査結果もあり、地元商店街にもプラスの影響を与えている。

　このような試みは、学生を積極的に地域のなかへ送り出すことで、多様な教育機会を保障しようという意図がある。と同時に、地域住民の方々のパワーもお借りして、地域のなかで学生を育てていこうという狙いもある。教育機関のみではなく、多様な社会関係のなかで教育していくことの重要性が認められてきている。

　さらに、NPOからもより積極的な働きかけがなされつつある。「あらゆるNPOは教育力を持つ」をスローガンに、NPOと大学を軸として「産官学民」の地域プラットフォームづくりが提唱されている。地域プラットフォームづくりとは、「プラットフォームという『舞台』『基盤』の上に、地域の多様な分野、セクターによる新しい協力関係を築き、新しい教育力形成を基礎にした、コミュニティサポートを確立するための実践である」とされる。たとえば、千葉県の「常磐線NPOプラットフォーム」は、江戸川大学、千葉工業大学、麗澤大学などとNPOサポートセンター、生協、行政、企業、商店街が協力し、新しい地域連携を目指して活動を開始している。

(2)NPOと就職・就業体験

　もう一つ、就職・就業体験先としてのNPOの存在がある。

　まず、大学生の就職先としてみた場合、その受け皿はまだ大きくはない。NPO法人の従業員規模はきわめて零細で、常勤・有給スタッフは平均1.3人にすぎない（経済産業研究所調べ、2003年2月）。常勤・有給スタッフの給与は一般的に低水準で、労働条件面では就職先としての魅力に乏しい。しかし、仕事のやりがいにこだわる大学生を中心に、就職先の一つとして関心を示す人が増えてきている。

　一方、ここ数年で大学生のインターンシップ先としてのNPOの役割が大きくなっている。インターンシップとは、数週間から1ヵ月程度の就業体験を行い、その経験を大学での学習過程にフィードバックするとともに、職業選択の幅を広げてもらうことを目的とするものである。その受け入れ先の一つとして

● **Further Readings**

山内直人『NPO入門　第2版』日本経済新聞社、2004年

内閣府『平成16年版　国民生活白書　人のつながりが変える暮らしと地域—新しい「公共」への道』ぎょうせい、2004年

『都市問題　特集 大学と地域』第95巻第4号、2004年4月

http://www.nopporosyoutengai.com/~noppo_np/
http://www.ngu.ac.jp/hitocom/index.html

NPOが大きな位置を占めてきている。もちろん、大学側からの働きかけもあるが、NPO側が積極的にインターンを受け入れ始めていることが近年の特徴である。

NPOの先進地といわれるアメリカでは、就職先としてもインターンの受け入れ先としてもNPOが占める位置は大きい。わが国では、NPOの歴史が浅く、行政のサポートも不十分で、労働条件も悪く、まだまだ課題も多いが、今後大学とNPOのつながりはますます強くなっていくことは間違いないであろう。

Let's study! (3)NPO法人の認証団体数と活動領域を調べ、その特徴を考察してみよう。NPOに対する日本とアメリカのサポート体制の違いを整理してみよう。また、出身地や現在住んでいる地域におけるNPOの活動状況を調べてみよう。

*Ⅳ．新たなるコミュニティに向けて

以上、地域組織と大学生活というテーマで話を進めてきた。講義とサークル活動とバイト中心の生活を送る大学生にとって、地域というのはもっとも関心の薄い領域の一つであろう。また一方では、インターネットの普及により「地図にないコミュニティ」（G.ガンパート）が広がっていることも事実である。しかし、それは人々のネットワークの築き方が、重層的で、多様になったことを示すものであって、決して、地域を足場とするコミュニティ活動がなくなることを意味するものではない。むしろ、介護問題、ゴミ問題、防災問題など、コミュニティ活動の重要性が増している領域も多い。

地域コミュニティでは多様な地域組織が活動し大きな役割を担っていること、また、そうした活動が自分たちの生活と関わりをもつものであることを、多少は理解して頂けたであろうか。この小論が日々の生活のなかで地域の問題に関心を向けるきっかけになれば幸いである。

(小内　純子)

Chapter 7... NGOや市民は世界の平和に いかに関わるべきか

＊Ⅰ．世界平和に貢献したい！

「世界の平和構築の役割を担うことができるのは、やはり国家・政府だけなのですか。NGO（非政府組織）や市民などは、平和構築のための主体となりえないのですか。」

戦争の世紀ともいわれる20世紀において、人類は悲惨な無数の戦争を経験した。そして、冷戦が終結し、21世紀になった今日においても、世界に真の平和は訪れていない。いやむしろ、2001年9月11日にアメリカを襲った同時多発テロ以降、われわれは、以前よりも安全保障上の不安感を持つようになってきている。しかし、世界のNGOや市民は、今日の混沌とした状況に決して絶望することなく、また国家だけに平和構築の役割を担わせることなく、自ら地道な、そして力強い活動を展開している[1]。

本章では、こうしたNGOや市民と世界の平和との関わりについて考察する。その際、今日では、「国家の安全保障」(national security)のみならず「人間の安全保障」(human security)が必要となっていることについて検討した上で、後者を実現するために大きな役割を担っているNGOの活動に特に着目していく。NGOは、世界各地で様々な問題に取り組んでいるが、ここでは、対人地雷全面禁止条約をめぐる活動を具体的な事例としたい。そして最後に、NGOや市民の活動が、いかに世界の平和に貢献しうるのかということについて考えていくことにする。

＊II．国家に安全保障をすべて任せるべきなのか

1．「国家の安全保障」の限界

　戦争の形態には様々なものがあるが、従来その多くは、国家間戦争という形態をとってきた。そして、20世紀における第一次世界大戦、第二次世界大戦は、交戦国があらゆる資源をすべて用いて戦う「総力戦」であった。そのため、両世界大戦によって想像を絶する戦禍が引き起こされたのである。しかし、冷戦終結後、国家間、特に大国間の戦争の可能性は、低くなってきている。イギリスの国際政治経済学者スーザン・ストレンジは、その理由を以下の点に求める。まず彼女によると、国家間の競争の性格が20世紀中に根本的に変わった。過去において諸国家は、領土をめぐって、また領土内の富を創出する諸資源をめぐって熾烈な戦いを繰り広げていたのに対し、現在その多くは、世界経済の「市場のシェア」を求めて厳しく競争し合うことになった。さらに、冷戦後の世界では、1989年以降の旧ソ連内の紛争や、その後のルワンダ、カンボジア、ソマリアなどの諸紛争にみられるように、内戦（civil war）が国家間の紛争よりも、国民や住民の個人の安全保障にとって、より深刻な脅威となっている。

　以上のストレンジの所論は、戦争形態の変容を理解する上で示唆的である。今日われわれは、国際システムの中心的問題として、主権国家間の暴力的紛争の存在を強調しすぎる見方を修正することを迫られているのである[2]。

　さらに、グローバリゼーションが進展するなかで世界は、様々な「新しい安全保障の課題」に直面している。この課題には、内戦・地域紛争、民族・宗教紛争、人口・食料・エネルギー問題、地球環境、移民・難民、テロリズム、国際組織犯罪、麻薬、資金洗浄、海賊、人権、貧困、政治的抑圧、経済・社会的不安定性、対人地雷、インフォメーション・ウォーフェア、サイバー・テロリズム、グローバリゼーションと国際金融危機などといった広範な分野が含まれている[3]。これらの課題は、以前から存在してはいたが、グローバリゼーションの進展とともに一層深刻化しているのである。

　従来、安全保障とは主に、外部からの攻撃に対し、国境・国民・制度・価値観を含めた国家を守るという「国家の安全保障」と捉えられてきた。しかし今日、この「国家」を中心に据えた安全保障概念の再検討が求められるようになっているのである[4]。

2．「人間の安全保障」を求めて

　新しい安全保障の課題に対処するために、近年注目されるようになってきたのが、「人間の安全保障」という概念である。UNDP（国連開発計画）は、1994年版の『人間開発報告書』において「人間の安全保障」を初めて提起した。その主要な論点は、貧困や抑圧下におかれた人々の潜在能力や可能性を伸ばし、「人々の選択の幅を拡大する過程」である人間開発の観点から、「人間の安全保障」を確立する必要性にあった。「人間の安全保障」とは、この選択の権利を妨害されずに行使でき、将来も失わないと安心できるように、安定した雇用・所得・健康・環境・治安を確保し、人々の安全を守ることと定義された。さらに、同報告書によると、「人間の安全保障」は、おおむね次に挙げる七つの相互に密接に関係する安全保障から構成される。すなわち、①経済の安全保障、②食糧の安全保障、③健康の安全保障、④環境の安全保障、⑤個人の安全保障、⑥地域社会の安全保障、⑦政治の安全保障である[5]（コラム参照）。

　このように、「人間の安全保障」は、多義的な概念である。人間の安全を確保するという共通項に立ちつつも、安全の内容が何であるのか、さらには安全を確保するためにどのような方法をとりうるのかについては、人々のおかれた地域の地理的制約ならびに国家の性質などによっても異なってくるため、完全

COLUMN ★

『人間開発報告書』を読んでみよう：国連開発計画は、1994年版の『人間開発報告書』のなかで「人間の安全保障」概念を提起するにあたって、世界が直面する様々な問題について具体的に論じている。たとえば同報告書は、所得配分が国内的にも国際的にもかなり不平等となり、その格差がますます拡大している点を、次のように明らかにしている。1960年から1991年の間に、世界の高所得層20％の所得が世界の所得総額に占める割合は、70％から85％に増加した。しかし一方で、同じ期間に高所得層以外の所得が世界の所得総額に占める割合は、減少してしまった。最貧困層20％のただでさえ少なかった2.3％という所得比率は、1.4％まで落ちこんだのである。人類の人口の5分の1にすぎない経済的に豊かな層の大半が、先進工業諸国に住み、世界の5分の4以上の所得を得ながら、開発の機会を占有している。そして、この不平等は、貿易、投資、貯蓄、融資などにもみられるのである。私たちは、世界が抱えるこのような深刻な諸問題の現状を前提にしながら、「人間の安全保障」のあり方について考える必要がある。『人間開発報告書』は、日本語版も出版されているので、まずは報告書を読んでみよう。

> ● Further Readings
> 吉田文彦『「人間の安全保障」戦略——平和と開発のパラダイムシフトをめざして』岩波書店、2004年

には一致がみられていない。それでも、国家は、今でも人々に安全を提供する主要な立場にありながら、往々にしてその責任を果たせないばかりか、自国民の安全を脅かす根源となっている場合さえあるので、国家の安全から人々の安全、すなわち、「人間の安全保障」に視点を移すことが求められているのである。しかし、「人間の安全保障」は、「国家の安全保障」に取って代わるものではなく、これを強化するものであるといえる。「人間の安全保障」なしに「国家の安全保障」を実現することはできないし、その逆も同様であるように、両者は相互に補い合い、依存しているのである[6]。

「人間の安全保障」と「国家の安全保障」が相互補完的であるように、今日の複雑化し、ボーダーレス化した安全保障の課題に対処する一つの方策となるのが、国家、国際機関、NGO、民間企業、そして市民などの多様な主体が共にもてる力を出し合って、様々な問題領域において「良き統治」を目指すというグローバル・ガバナンスというアプローチであろう。それは、世界政府を欠く国際社会においても、多様な主体が共通の目的に向かって協力することで、国際システムの限界をある程度まで克服しうるという考え方である[7]。

次節では、対人地雷全面禁止条約をめぐる活動を事例としながら、グローバル・ガバナンスを構成する主要な主体であり、「人間の安全保障」を担う中心的主体であるNGOの活動について考察することにしたい。

Let's study! (1)「人間の安全保障」に基づく外交を展開しているカナダと比較しながら、日本の外交・安全保障政策のあり方について考えてみよう。

＊Ⅲ．NGOと「人間の安全保障」
――対人地雷全面禁止条約をめぐる活動を事例として

1．対人地雷全面禁止条約成立を目指して

対人地雷は、もっとも残酷な兵器の一つである。対人地雷は、一度埋設されると半永久的に効力を保ち、誰かが踏むまで地中で静かに待ち続ける（残存性）。また、対人地雷は、相手を選ばない。兵士と民間人、大人と子どもの区別もなく、踏んだ人の足元で爆発し続ける（無差別性）。そして、対人地雷のもたらす被害は、あまりに悲惨である（残虐性）。

対人地雷の残虐性を示すデータには、枚挙にいとまがない。赤十字国際委員会（ICRC）や国連の推計では、世界で1日に70人、1ヵ月に2,000人、年間24,000人が対人地雷によって死傷しているとされた。これは、20分に1人、1時間に3人が、けがをしたり、命を落としている計算である。また、対人地雷の被害者のなかで民間人が占める割合は非常に高い。たとえば、ナミビアでは被害者の88％、モザンビークでは68％、グルジアでは80％が民間人という統計がある。そして、被害者の大半は、農民や遊牧民など経済的に恵まれない人々であり、水や食料、焚き木さがし、あるいは農作業、家畜の世話、伐採など、不注意ではなく、生きるためにやむなく地雷原に足を踏み入れざるをえなかった人たちなのである。さらに、農耕地や放牧地として活用されてきた肥沃な大地が地雷によって使用できなくなることは、農業国の戦後復興にも大きな打撃を与えている。

対人地雷を全面禁止にし、被害の拡大を防ごうとする主張は以前から存在していたが、実現は不可能であるとして真剣に受け止められることさえなかった。しかし、対人地雷全面禁止条約は、1997年12月3日、122ヵ国によって署名され、1999年3月1日に発効した。同条約は第1条で、「締約国は、いかなる状況下でも対人地雷の使用・開発・生産・取得・貯蔵・保有・直接間接の移転を一切行わない。締約国は本条約の規定に従い、対人地雷の廃棄に取り組まねばならない。」とした。

この対人地雷全面禁止条約を実現させる原動力になったのは、国際的なNGOの連合体であるICBL（地雷禁止国際キャンペーン）であった。兵器の廃絶や政治運動とは無縁であった各国のNGOをICBLに結集させ、対人地雷の廃絶に向かわせたものは、「人道」という視点である。紛争後の救援活動でNGOの人々が目の当たりにしたのは、戦争とは関わりのない市民や子どもたちが、ボロ切れのように手足を吹き飛ばされ、失明し、満足な治療を受けることもなく、命を落としたり、一生を障害者として送らざるをえない、あまりに多くの悲劇や凄惨な現実であった[8]。

　それでは、ICBLには、どのような活動上の特徴があり、また、いかにして対人地雷全面禁止条約成立に貢献したのであろうか。

2．ICBLの活動

　世界各国のNGOが連合したICBLの活動には、次のような特徴が挙げられる。まず第1に、徹底した人道主義である。ICBLは、被害の深刻さを反映して対人地雷の「全面禁止」を設立目的とし、交渉過程においても「例外なし、留保なし、抜け道なし」というスローガンを打ち出した。そして、この目的を実現するために、対人地雷問題を軍縮問題としてだけではなく、政治的イデオロギーをこえた普遍性の高い人道問題と位置づけた。そのことで、地雷問題とは異分野の人権、女性、子ども、開発、難民などの分野で活動するNGOとの協力が可能となり、ICBLの拡大、存続、正統性の確立をもたらした。こうした分野をこえた団体の結集によって、ICBLは、特定の利害を代弁するロビイストではなく、より広範な普遍的価値を追求する存在として認識されるようになった。このことは、交渉過程でICBLが政府の「パートナー」として認められることにもつながったのである。

　第2に、各国のNGO間の連携である。地雷の全面禁止というグローバルな課題に対処するため、ICBL自らが、国境をこえた活動方針を立てることを求められた。そのためICBLは、できるだけ多くの国に拠点を築き、NGO間の連携を強化することによって、各国の政策を監視しつつキャンペーンを効果的に展開できるようにしていった。さらに、運営面でも地理的バランスを考慮し、欧米諸国を中心とした「北」だけではなく、地雷被害国の多い「南」の諸国をも含む国際的なキャンペーンであることを強調しようとしたのであった。

第3に、メディアの活用である。ICBLは、活動を広げていくなかで、いろいろなメディアの力を巧みに活用した。西欧諸国政府ならびに一般世論は、対人地雷問題に関してあまり認識がなかったため、被害の惨状などの情報を積極的に発信していく必要があった。たとえば、英国のダイアナ元皇太子妃を地雷原に案内し、メディアが地雷問題を取り上げるようにしたように、様々な機会を利用して世論に訴えかけた。

　第4に、現場での経験や専門知識の蓄積と活用である。NGOや個人が、それぞれの経験や知識を基にして、対人地雷の非人道性を指摘するとともに、軍事的有効性を主張する軍部などに次々と反論を展開したことが、対人地雷全面禁止条約の実現を目指す多くの政府を下支えするパワーとなった。政府に対して異議を唱えるだけではなく、専門性の高いNGOへと自己改革したことが、欧州諸国の対人地雷政策を変更させるきっかけを生み出した。

　第5に、国際機関や地域機関との連携である。地雷問題の現状を深刻に受け止め地雷の廃絶に取り組んでいた国連の諸機関や赤十字国際委員会、あるいはEU（欧州連合）諸国などとの連携は、ICBLの活動を正統化する一助となったのと同時に、条約成立への国際的気運を盛り上げていくことにもなった。

　そして、最後にICBLの活動の特徴として挙げられるのが、市民社会と価値観を共有する政府との協同である。大国の思惑で交渉が暗礁に乗り上げたのを見かねたICBLは、地雷の廃絶に理解を示していたカナダ、ノルウェー、オーストリア、南アフリカなどの中小国との協同関係を構築していった。国家とNGOの間の垣根をこえたパートナーシップの総和が、国際世論に対人地雷廃絶を強烈に働きかけるパワーの源泉ともなったのである[9]。

3．「オタワ・プロセス」の意義

　ICBLが中心となって、対人地雷全面禁止を目指す活動を推進していったが、その交渉方式は、「オタワ・プロセス」と呼ばれるユニークなものであった。「オタワ・プロセス」と呼ばれる理由は、1996年10月に、カナダの首都オタワで開かれた対人地雷全面禁止に向けた国際戦略会議で、カナダの外相ロイド・アクスワージーが、「来年の12月にオタワで再度会議を開催し、対人地雷全面禁止条約の調印式を行いたい」と呼びかけたことが、条約交渉を本格化させるきっかけとなったことによる。「オタワ・プロセス」開始前にも対人地雷を制

限する国際条約として、1980年に採択され、1996年に改正された「特定通常兵器使用禁止・制限条約（CCW）第二議定書」が存在したが、その内容は、ICBLや地雷禁止を推進する諸国が求めていた全面禁止には遠く及ばないものだったのである[10]。

　画期的な軍縮交渉の方式として世界から脚光を浴びた「オタワ・プロセス」の意義は、次の三つの点に求められよう。まず第１が、賛同国だけによる新たな軍縮交渉方式の確立である。従来の軍縮交渉は、国連や条約交渉の枠組みのなかで行われ、また常に総意あるいはコンセンサス（全会一致）が最優先されてきた。しかし、１国でも反対すると採択できない全会一致方式では、対人地雷の廃絶は実現が非常に困難であった。そのため、「オタワ・プロセス」は、全会一致方式と訣別し、国連の枠外において賛同国だけで、特定兵器の廃絶を目標とする話し合いの場を作ったのである。規範となるような、より質の高い軍縮条約作りを目指すためには、まずは賛同国だけで行動を起こすことが前提条件となったといえる。

　第２が、NGOと政府の協力である。それまで、難民支援や人権、環境分野での協力関係はあっても、特定兵器についてのNGOと政府のパートナーシップは前例がなく、「オタワ・プロセス」は、まさに画期的な試みであった。NGOの代表は、「オタワ・プロセス」の一連の会議にも専門家あるいはオブザーバーとして出席し、各国代表団同様に席を与えられ、発言も許された。「外交は政府の専管事項」とする伝統的な外交官からは反発もみられたが、NGOなしに「オタワ・プロセス」は存在しえなかったのである。

　そして第３が、カナダ、ノルウェー、南アフリカなどの中小国が中心となって一大勢力を形成し、NGOとともに交渉をリードしていったことである。たしかに、対人地雷全面禁止条約には、アメリカ、中国などは加盟しなかった。大国抜きでは軍縮条約の効力に限界があるものの、それらの諸国の賛同が得られなくても条約交渉が可能だということを世界に示しえたことは画期的であった。まず賛同国だけで軍縮条約を締結し、その後に、大国を引き込むことを目

● **Further Readings**
『グローバル時代の平和学』
　全４巻、法律文化社、2004年
足立研幾『オタワプロセス－対人地雷禁止レジームの形成』有信堂高文社、2004年
渡辺昭夫・土山實男編『グローバル・ガヴァナンス－政府なき秩序の模索』東京大学出版会、2001年

指すという「オタワ・プロセス」のアプローチは、成功をおさめ始めている。

以上のように、対人地雷全面禁止条約は、「オタワ・プロセス」というユニークな交渉方式によって締結されるにいたったが、同条約の規制内容には大きな問題も残されている。たとえば、規制が及んでいない武装勢力やゲリラなど国家以外の勢力の扱い、また、人と車両（戦車を含む）双方を狙う対車両地雷の規制のあり方などである。今後、これらの問題を解決しながら、条約履行の監視や加盟国拡大のための努力を一層行っていくことが必要である[11]。

対人地雷廃絶に向けた道のりはまだまだ厳しいが、その大きな一歩をNGOが中心となって踏み出すことができたことは、「人間の安全保障」を実現する上でも大いに意義があるといえよう。

📖**Let's study!** (2)対人地雷の廃絶をめぐるNGOの活動について、条約締結後も含めてより詳しく調べてみよう。また、NGOは、様々な分野で幅広く活動しているので、自分が関心のある分野を探し、そこから活動の意義と限界について分析してみよう。

＊Ⅳ．真の平和な未来を願って

「この攻撃に対するあなたの反応は、息子の死については、わたしたちに不快感を与えました。私たちに悪感情を与えたのです。つまり、わが政府は息子の思い出を、他の国の息子たちと親たちに苦しみを与えることの正当化の口実として用いているように感じるのです。今までにあなたのような無限の権力を与えられた立場にある人で、後にそのことを後悔した人もいます。」

この文章は、9.11同時多発テロによって息子を亡くしたある夫婦が、アフガニスタン戦争に突き進んでいこうとするアメリカのジョージ.W.ブッシュ大統領に宛てた投書の一部である。この夫婦は、軍事力によってテロリストと戦えば、「他の国で息子と同じように死んでゆく人」が出てくることに心を痛め、それゆえに「自分の息子が、他人を殺すことを正当化するための駒として利用されること」を決して望まないという気持ちをブッシュ大統領に対して訴えたのである。

9.11テロ以降、アメリカ政府は、軍事力を前面に押し出してテロリストと戦う立場をとり、アフガニスタン戦争、さらにはイラク戦争を引き起こした。そ

> ● Further Readings
> 渡辺治・後藤道夫（編集代表）
> 『講座　戦争と現代』全5巻、大月書店、2003-2004年

して、アメリカ国民の多くも当初は、ブッシュ政権の力によるテロとの戦いを支持したのであった。

しかし、9.11テロによる犠牲者家族のなかには、決して人数的には多くはなかったものの、アメリカ政府の軍事力によるテロとの戦いに公然と異議を唱えた人たちがいたのである。彼らは、「戦争に代わる道を選び、暴力の悪循環を断ち切るために」、NPOである「平和な明日を求める9・11家族会 (September 11th Families for Peaceful Tomorrows)」、いわゆる「ピースフル・トゥモロウズ」を結成した。

しかし、9.11テロ以降、アメリカ社会全体に対テロ戦争を容認する雰囲気が高まるなかで、戦争反対を訴える「ピースフル・トゥモロウズ」は、支持を得られないばかりか、保守的愛国主義的な批判・中傷に曝され、まさにマイノリティの立場に追い込まれたのである。それでも、「ピースフル・トゥモロウズ」を結成した家族たちは、屈することなく、精力的に反戦のための活動を続けている[12]。イラク戦争が泥沼化している現在、彼らの戦争を否定する主張こそが、真の平和を願う世界の市民の声を代弁しているといえるのではないか。

「ピースフル・トゥモロウズ」の活動は、国家の政策にただ従うだけではなく、市民が自らの意思で真の平和を求めていこうとするものである。また、ICBLのようなNGOは、国家の専権事項であった外交の意思決定に影響を与え、自らが外交上の重要な主体となり、さらに、人道問題という視座と、「市民意思が集積された国際世論を形成してこそ、大国を動かしうる」という共通認識から全世界で連携を強め、対人地雷全面禁止条約を成立させた[13]。

21世紀に入り「新しい安全保障の課題」に直面しているわれわれ市民やNGOは、世界の平和の問題を、国家にのみ任せるのではなく、「人間の安全保障」という立場から、自らが主体的に考え、様々な機会に意思表示をすることによって、平和構築を担う一つの主要な主体になるという自覚をもつべきではないだろうか[14]。

Let's study! (3)市民として、そして学生として世界の平和構築のために何ができるのだろうか。この点について、具体的な提案をしてみよう。

注

(1)世界のNGOや市民の活動については、目加田説子『地球市民社会の最前線—NGO・NPOへの招待』岩波書店、2004年を参照されたい。なお、日本では、NGOは国際協力活動を行う非政府組織に限定して用いる場合が多いが、国際的にはNPO（非営利組織）もNGOもほぼ同義である。岩内亮一・藪野祐三 編集代表『国際関係用語辞典』学文社、2003年、167、190－191頁。

(2)Susan Strange, "The Defective State," *Daedalus*, Spring 1995, pp. 55-74. このストレンジの論文の解釈は、鴨武彦「序章 主権国家を超えて—新しいパラダイムの展望」鴨武彦・伊藤元重・石黒一憲編『リーディングス 国際政治経済システム1 主権国家を超えて』有斐閣、1997年、5—6頁による。

(3)赤根谷達雄「序論 『新しい安全保障』論の台頭」赤根谷達雄・落合浩太郎編著『「新しい安全保障」論の視座』亜紀書房、2001年、7—8頁。

(4)人間の安全保障委員会『安全保障の今日的課題—人間の安全保障委員会報告書』朝日新聞社、2003年、28頁。

(5)UNDP（国連開発計画）『人間開発報告書 1994』国際協力出版会、1994年。 栗栖薫子「人間の安全保障—主権国家システムの変容とガバナンス」赤根谷・落合編著、前掲書、115—117頁。池尾靖志編『平和学をはじめる』晃洋書房、2002年、15頁。

(6)栗栖、同上論文、115、132—133頁。人間の安全保障委員会、前掲、10、13—14、29頁。

(7)赤根谷、前掲論文、15—17頁。

(8)長有紀枝『地雷問題ハンドブック』自由国民社、1997年、8—11、39、41、43、50、124頁。目加田説子「核軍縮に『市民』はどう関わるか—『オタワ・プロセス』方式応用の条件」『世界』1998年11月号、152頁。

(9)目加田説子『国境を超える市民ネットワーク—トランスナショナル・シビルソサエティ』東洋経済新報社、2003年、84—91頁。目加田、同上論文、154—158頁。

(10)目加田、同上論文、152—154頁。

(11)長、前掲書、122—123、128—138頁。

(12)デイビッド・ポトーティとピースフル・トゥモロウズ著／梶原寿訳『われらの悲しみを平和への一歩に—9.11犠牲者家族の記録』岩波書店、2004年、ⅴ—ⅵ、12—18、278—279頁。

(13)長、前掲書、123頁。目加田、『国境を超える市民ネットワーク』、20頁。目加田、前掲論文、153頁。

(14)紛争地域における平和構築のあり方については、篠田英朗『平和構築と法の支配—国際平和活動の理論的・機能的分析』創文社、2003年も参照されたい。

（橋口　豊）

Chapter 8 どう働く？ どう生きる？

＊Ⅰ．どんな風に働きたい？

「あなたは自分がどんな仕事にむいているか知っていますか。将来はどんな仕事に就くつもりですか。」

突然にそう尋ねられても返事に窮するかもしれない。だが、そういうことについて在学中に多かれ少なかれ頭を悩ませながら就職活動を行い、正社員という「身分」で長期雇用を前提に卒業後の4月から晴れて働き始める、学校から仕事へのこうした移行が従来の標準だった。

この標準が近年大きく揺らいでいる。高い失業率、パートや派遣など非正規雇用の増大、膨大な数のフリーター・無業者群、高い離職率、等々、若者の雇用や就業行動をめぐる話題はよく見聞きすることだろう。本章では、若年層の労働市場の動向を概観し、その背景のいくつかに触れて、最後に、いかなる対策が必要なのか、また自分達はどんな働き方を求めてゆくのかを考えてみよう。

＊Ⅱ．高失業率の時代、到来？──急増する失業者

1．大量解雇と新卒採用の抑制

経済のグローバル化、企業間競争の熾烈化、長期化する不況などを背景に大規模なリストラが相次いでいる。パートなど非正規雇用の解雇や残業規制で正規雇用の解雇を可能なかぎり回避してきた企業の行動が大きく変化している。大企業での何千人あるいは何万人という単位でのリストラ、希望退職への応募の殺到といった事態がこの間続いてきた。とりわけ製造業では、雇用の減少が著しく、1992年の1382万人をピークにその後は一貫して減少を続け2002年には1131万人（251万人の減）となっている。企業が海外に転出・進出し産業と雇用

の空洞化という事態が生じているのだ（2002年度の現地法人の従業者数は341万人で、10年で2倍ほどに達している（《経済産業省「海外事業活動基本調査」》）。

ところで、中高年とりわけ世帯主のリストラは生活の困難・危機とつながるために深刻な問題とし

> ● Further Readings
> 内閣府編『平成15年版 国民生活白書
> 　―デフレと生活 若年フリーターの現在―』
> 　ぎょうせい、平成15年
> 小杉礼子『フリーターという生き方』勁草書房、
> 　2003年
> 総務省『労働力調査年報』各年版、日本統計協会
> 木下滋ほか編『第2版 統計ガイドブック（社
> 　会・経済）』大月書店、1998年

て十分に認識されているが、新規採用抑制の憂き目にあっている若年層（ここでは15～34歳までを指す）の就職難も深刻である。たとえば、高卒者の求人数はピーク時である1992年の167万人から2002年には24万人にまで減少している。また大卒者に対する求人数も91年の84万人をピークに減少し、途中で若干の改善はあったが現在は57万人である（『平成15年版 国民生活白書』）。

こうしたリストラや新規採用の抑制のもとで失業者は増大した。かつてわが国は、他の先進諸国が高い失業率で悩んでいた時も失業率1、2％台を維持してきた。だが1985年のプラザ合意による円高不況で失業率は増加し、バブル期に改善されたかにみえたのもつかのま、90年代後半には、失業率は3％台に達し、2003年には失業率は5.3％、失業者数で約350万人という規模に至っている（この数は、札幌市の人口のおよそ2倍弱もの人数に匹敵する）。しかも一般に用いられている失業率には、「適当な仕事がありそうにない」などのために求職活動を断念したものは含まれていない。このいわゆる求職意欲喪失者をすべて含めて失業率を計算するとその値は10％を超えるのである。

Let's study! (1)失業者という言葉はよく見聞きするが、政府統計として用いられている「失業者（完全失業者）」というのは皆が考えているよりもじつは狭い範囲しかカバーしていないのだ。「失業者」の要件を調べてみよう。

2．学校から仕事への移行の標準の揺らぎ、社会問題化するフリーター

若年層の失業問題をもう少し詳しくみてみる。「15～19歳」の失業者は16万人で、失業率は12.8％、「20～24歳」ではそれぞれ53万人、9.3％と全体の失業率を大きく上回っている。また若年層全体（「15～34歳」）の失業者数は168万人

図表8-1　若年層の失業者はこんなに多いのだ
（失業者数及び失業率）

（総務省『労働力調査年報』より作成）

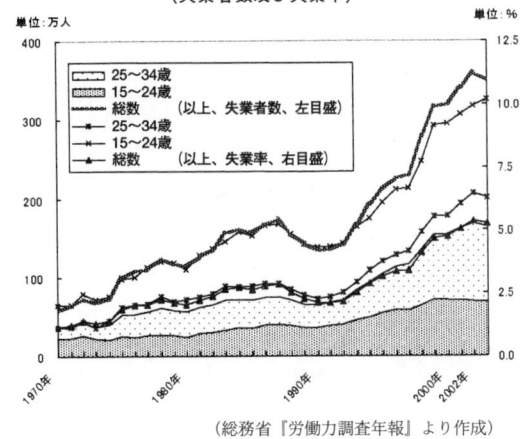

図表8-2　減り続ける、大学卒業直後に就職できているグループ

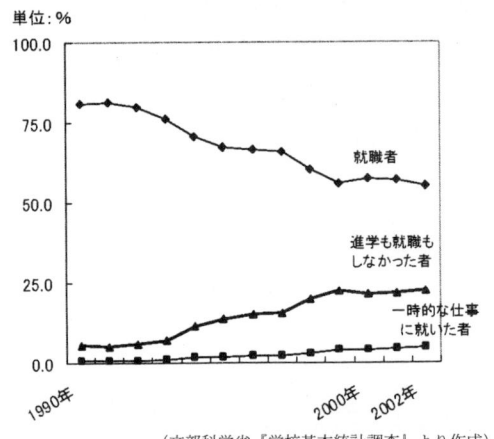

（文部科学省『学校基本統計調査』より作成）

で失業者全体の47％、すなわち半数もの規模を占めているのだ。

このテキストの読者には大学生が多いと思われるが、では大学生である自分達は卒業直後にはどの程度就職しているだろうか。8割？7割？そんなのは過去の話である。文部科学省の『学校基本統計調査』で大学生の卒業後の進路をみてみると、就職者は卒業者全体の55％にまで低下している。代わって増加しているのが一時的な仕事に就くケースや進学も就職も選択しなかったケースだ。この後者のいわゆる無業者については後述するが、高卒者の場合には卒業者全体の10％に、大卒者では同じく23％にも達し、10数年前と比べると、それぞれ2倍、4倍にも及んでいるのだ。

フリーターに社会的な関心が集まっていることも知っているだろう。フリーターとは就職情報誌による造語であり、現時点でも定義は統一されていないが、『平成15年版 国民生活白書』の「15〜34歳の若年（ただし、学生と主婦を除く）のうちパート・アルバイト（派遣等を含む）及び働く意思のある無職の人」という若干ひろい定義を採用すると、その規模は417万人にも及ぶ。これは、学生や主婦を除く若年人口全体の21.2％、つまり5人に1人がフリーター化しているという計算になるという。もはや新規学卒者の一括採用という従来の標準は壊れつつあるといえよう。

> **COLUMN ★**
>
> **これが失業ナノデスネ**:「在学中に20社近い会社の面接を受けたんですけれども、決まらなくて。でも実際に、こうしてハローワークに通ってみて若い人も含めて多くの人がいるのを見て、ああ、失業社会っていうことが言われているけれども本当に仕事がないんだなぁということを実感しました」というのは、ハローワークに仕事を探しにきていたA君。失業（仕事に就くことができないこと）は、収入を得ることができないという問題にとどまらない。労働を通じての社会的な参加の道が閉ざされること、職業能力を形成する機会をうしなうこと、さらには精神面に否定的な影響を与えることにもなる。失業者には抑うつ的な症状の発症や自殺企図という行為が多くみられるという諸外国の研究も紹介されている。A君も、就職活動が長引き、親からの無言のプレッシャーを受けたり友人が就職する中でしんどさや焦りを感じているようだ。失業期間が1年以上という長期に達する者がいまや失業者全体の3割を占めていることの深刻さをあらためて考えなければなるまい。

Let's study! (2)総務省の『労働力調査』など政府統計でわが国ではどんな属性のひとがどの位の規模で失業しているのかをまずは調べた上で、若年層に焦点をあてその雇用・失業の動向を調べてみよう。また、全国の状況だけでなく自分達の住んでいる地域についてもハローワークなどで資料をもらって調べてみよう。

＊Ⅲ．雇用が変わる！──減少する正規雇用と増大する非正規雇用

1．働き方いろいろ──進む労働力の流動化・就業形態の多様化

　失業の増大とあわせて顕著にみられるのはパート、アルバイト、派遣など非正規雇用労働者の増大である。1990年からの推移をみてみると（『労働力調査特別調査』）、1990年には非正規雇用（「正規の職員・従業員」以外）の比率は男性では8.8％、女性では38.1％だったのが、2001年には男性は12.5％、女性にいたっては全体の半数（47.9％）にまで拡大している。この間に雇用（役員を除く）は男女計で630万人増えたのだが、その76％が非正規雇用で、女性に限ると全体の90％が非正規雇用の増加だった計算になる。

　新規学卒者の入職時の就業形態をみても、男性では「15〜19歳」の33.4％、「20〜24歳」の9.0％が、同じく女性の場合には、それぞれ44.3％、6.8％が、パートタイム労働者として就業を開始している（厚労省「雇用動向調査」）。初職に就いて以降

に正規雇用への移行を果たすケースはもちろん多いが、いずれにせよ、若年層にとって正規雇用での就職（入職）はせばまっていることが確認されよう。

2．働き方の多様化か、不安定化か――派遣労働を代表として

　非正規雇用で何か問題があるの？　と思う読者も多いだろう。雇用の非正規化＝就業の多様化は、ライフスタイルの多様化した現代の人々のニーズに応えたものという喧伝のもとで進められているからそう思うのは自然だ。

　だが、非正規雇用を利用する企業側の最大の理由は人件費の抑制にあり（とりわけわが国では正規と非正規の賃金格差は大きい）、それゆえ経営側と働く側とのニーズは衝突する可能性を強くもっている。ここでは、働く側にとってのメリットとデメリットについて、近年著しくその規模が拡大している派遣労働を対象に検討してみよう（図表8-3参照）。

　派遣労働とは、通常の雇用の場合は雇用先と使用（就業）先とが一緒であるのに対して、雇用されるのは派遣元会社で、使用されるのは（複数の）派遣先会社であるという、通常の直接雇用に対する間接雇用（派遣元・派遣先・労働者の三面関係）を特徴としている。

　こうした有期雇用や企業横断的な働き方は、一つの会社に縛られない働き方を望む若者にとっては魅力的にみえるかもしれない。実際、手元にある求人情報誌の派遣労働の特集をみてみると、仕事と休暇が自分で計画できるといった理想のライフスタイルの実現、様々な職場を経験することでのスキルアップやキャリアプランの実行など、専門性を活かして一つの会社に縛られず自由に働くポジティブな派遣労働者（しかも若く美しい女性！）の姿が描かれている。派遣の急増には働く側のこうしたメリットがあるのではないかと考える読者も多いだろう。

図表8-3　急増する派遣労働者
単位：万人

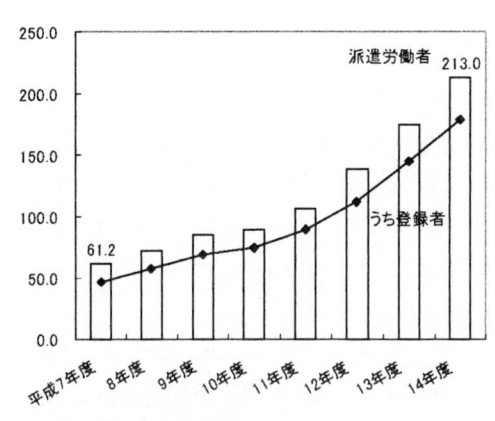

（厚労省「労働者派遣事業報告集計結果」
出所：日本人材派遣協会『人材派遣白書2004年版』より）

だが、派遣労働者に圧倒的に多いのは、「登録型」という短期の就労を繰り返ししかもその間に就労の断絶（休業期間）が生じることの多い働き方である（「常用型」は派遣期間が終了しても派遣元との雇用契約が継続される）。それゆえ、就業は不安定で、またその賃金水準についても、パートより高いとはいえ均等待遇の原則が義務づけられていないことからそう高くはなく、年収で250万円程度といわれている。社会保険の面でも不利である。こうした不利に加えて、雇用先と使用先との分離という派遣労働の特徴から生ずる使用責任のあいまい化や人権侵害ともいえるトラブル（容姿での選考・セクハラ、個人情報の流出）の発生などが派遣労働者や弁護士など関係者によって指摘されている。

Let's study! (3)派遣の他にも非正規雇用の労働条件・処遇をめぐるメリットとデメリットを調べてみよう。また非正規雇用が女性に多いのは何故かを、わが国に根強い性別役割分業（第9章参照）との関連で考えてみよう。

＊IV．雇う側・雇われる側どっちに原因？
—— 失業・非正規増加の背景

1．変化する企業の雇用戦略——雇用のポートフォリオ（最適編成）

ここで失業や非正規雇用の増加の背景について考えてみよう。まずは求人側である企業の雇用戦略の変化を取り上げる。経営者の団体である旧日経連（現在は経団連と統合し日本経団連）は1995年にだした『新時代の「日本的経営」』という報告書のなかで、いわゆる終身雇用（長期雇用）制度が経営環境の変動のもとで企業活力を損ない従業員にとっても能力発揮の面でデメリットになっているのではないかと問題提起をし、今後は、一元的な管理ではなく複数のグループに分けた管理を行うことを打ち出した。

具体的には、図表8-4のとおり、期間の定めのない従来でいうところの終身（長期）雇用を適用する者は(1)基幹的な労働力としての期待がかかっている長期蓄積能力活用型グループだけに限定して、残りは、(2)有期での専門知識の活用が期待される高度専門能力活用型グループと、(3)業務の繁閑への柔軟な対応が期待される雇用柔軟型グループに分けて、雇用や処遇及び能力開発を行うことを明言したのである。

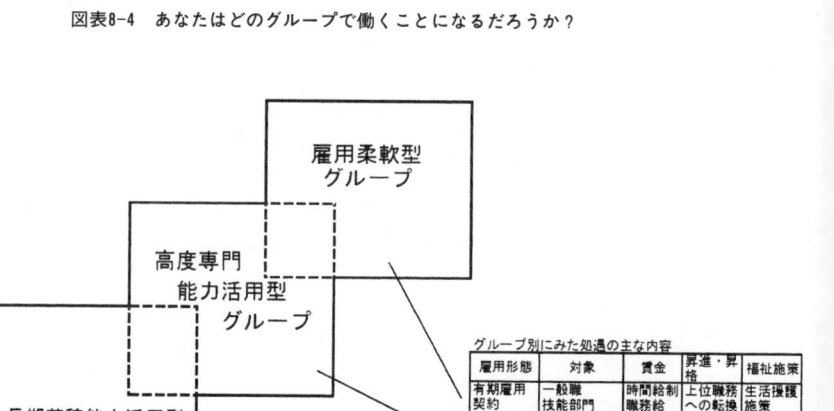

図表8-4　あなたはどのグループで働くことになるだろうか？

	雇用形態	対象	賃金	昇進・昇格	福祉施策
	有期雇用契約	一般職 技能部門 販売部門	時間給制 職務給 昇給なし	上位職務への転換	生活援護施策
	有期雇用契約	専門部門（企画、営業、研究開発等）	年俸制 業績給 昇給なし	業績評価	生活援護施策
	期間の定めのない雇用契約	管理職・総合職・技能部門の基幹職	月給制か年俸制 職能給 昇給制度	役職昇進職能資格昇格	生涯総合施策

（出所：日経連『新時代の「日本的経営」』p.32より作成）

なぜ経営側はこうした提案をしてきたのだろう。その主たる目的には、企業間競争の熾烈化などを背景とした総額人件費の抑制・削減の必要性が挙げられている。この目標にそって、リストラや新規採用の抑制による人員の極限までの削減、非正規雇用の活用（拡大）が図られている。それは、「必要の都度、必要な人材を必要な人数だけ採用する」という雇用のジャスト・イン・タイム化と呼ばれている。従来のような一つの企業で長期で雇用されるグループは狭まり、企業を超えた横断的な労働市場が形成され、労働力の流動化が推進されることになる。こうした雇用戦略が追及され始め現在に至っているのだ。

📖 **Let's study!** (4)経営側からだされたこうした提案は働く側にとって問題をはらんではいないだろうか、考えてみよう。またこうした経営側の意向を受けて進められているのが政府による労働市場の規制緩和（改革）政策である。その具体的な内容を調べてみよう。

2．若年層の職業観・就労意識(の変化)は失業問題の原因か——低い就労意識？

続いて、政府の指摘にもある求職側の要因についても考えてみよう。すなわち若年層の職業観や就労意識の変化が彼らの失業や非正規雇用の増大の原因であるという指摘を検討してみる。

たしかに、フリーターやパラサイト・シングルの存在は自立しようとしない若者を象徴するかのようにみえる。また、仕事に執着するよりも趣味や家庭生活を重視する意識も若年層には強いかもしれない。実際、若年層の離職率は高くその理由も「自発的」な離職が多い。すなわち若年層では、就職難のご時世であるにもかかわらず離職率が高く、就職したもののうち、中卒では7割が、高卒では5割が、大卒では3割がそれぞれ3年以内という早期に離職をするという、いわゆる「7・5・3」現象が指摘されている。しかも、若年層に多いのは、会社都合による非自発的な理由による離職ではなく「自発的」な離職だ。こうした事実もあって、若年層の雇用・失業問題を彼ら自身に起因させる見解、端的にいえば「今の若いモンが仕事に就けないのは怠けているから」という考えは根強い。実際、そういう考えに賛同する読者も少なくないのではないか。だがちょっと待って欲しい。

フリーターを対象にした調査では、積極的にフリーターを希望したものは限られており、希望の仕事に就けなかった結果現在の働き方を選択しているものが多い。正規雇用の希望も強い（前掲『国民生活白書』）。

また後者の「自発的」離職についても、ホントウに「自発的」と呼べるものばかりなのだろうか。たとえば、入職後から即戦力としての働き方が要求されて過重な労働負担に耐え切れずに辞めるケース（若年層の長時間労働・過労死問題について第10章も参照）は？　賃金・処遇の低い仕事に我慢できずに辞めたケースは？　仕事の内容にやりがいを感じられなくて辞めたケースは？……これらのケースは自発的離職にカウントされてしまうわけだが、求職活動の余地が著しく狭められた今日では、とりあえず的に不本意な就職を遂げそのことが職場に根づくことを困難にしているケースが少なくない。

そういう意味では、若年層の離職をめぐる評価のためには若年層が働きがいなどの面でどんな内容の仕事に従事しているのか、またどんな条件・待遇で働いているのかなど総合的な検討が必要ではないか。パラサイト・シングルという行動の評価についても然りである。

📖**Let's study!** (5)皆はフリーターやパラサイト・シングルにどういうイメージをもっている？　まずはそれぞれがもっているイメージを出し合って、彼らの就業・生活の実態やその意識について調べてみよう。

＊Ⅴ．就職難の時代に、働くことについて考える

　若年層の雇用対策は急務である。経営者団体や政府も、相次いで提言や具体的な対策を打ち出している。たとえば「若者自立・挑戦プラン」がその一つだ。「プラン」はこんなことをいっている。すなわち、今日のように若者が高い失業率の中で不遇な状況にあるのは本人にとっても社会にとっても損失である。そこで「当面３年間で、人材対策の強化を通じ、若年者の働く意欲を喚起しつつ、全てのやる気のある若年者の職業的自立を促進し、もって若年失業者等の増加傾向を転換させることを目指す」という目標を掲げ、①教育段階から職場定着に至るキャリア形成及び就職支援、②若年労働市場の整備、③若年者の能力の向上／職業選択肢の拡大、④若者が挑戦し、活躍できる新たな市場・就業機会の創出という四つの具体策を実現しよう、というのだ。

　たしかに、こうした、学校教育段階での就労の体験などは、自分に向いた仕事について考える機会に恵まれず漠然と就職（就社）をしていた若年層にとって意義深いものといえよう。今日では、就職も進学もせず求職活動も行わないNEET（Not in Education, Employment or Training）と呼ばれる若者の拡大が懸念されているが、彼ら自身も悩んでいるのだ。インターンシップ制度を導入する大学の急増の背景にはそうした事情も反映されているのだろう。また「プラン」で強調されている家庭・学校・行政機関そして企業の連携という考えも重要だ。不備や懸念もいろいろ指摘されているが、これまで若年層の就職をめぐる支援が必要なかったわが国でのこうした模索に期待したい。

　だがその上でなお、現役労働者をも視野にいれた対策もあわせて

● **Further Readings** 📚Books!

日本経済団体連合会『経営労働政策委員会報告 2004年版』日本経団連出版、平成15年

竹内常一・高生研編『揺らぐ〈学校から仕事へ〉労働市場の変容と10代』青木書店、2002年

玄田有史『仕事のなかの曖昧な不安　揺れる若年の現在』中央公論新社、2001年

日本経営者団体連盟『新時代の「日本的経営」―挑戦すべき方向とその具体策―』日本経営者団体連盟、1995年

追求される必要はないだろうか。それは私達がどのような働き方を望むのかということと関わってくる。たとえば、労働力の流動化や就業形態の多様化はもう前提になっているようだが問題はないのか。

> ● **Further Readings**
> 若者自立・挑戦戦略会議「若者自立・挑戦プラン」平成15年6月10日
> 村上龍『13歳のハローワーク』幻冬舎、2003年
> 坂井希・伊藤彰男『就職難に気が重いあなたへ 時代と生き方を考える』新日本出版社、2003年
> 竹内真一『失業時代を生きる若者 転機に立つ学校と仕事』大月書店、1999年

多様な働き方（非正規雇用）の設定というそれ自体は望ましいことも、正規雇用との大きな格差を残したままの現状では、選択した者に自立した生活を保障しえないだろう（第10章のオランダ・モデルの経験を参照）。また雇用の縮小のもとでは、現役労働者との雇用の分けあい、いわゆるワーク・シェアリングが必要ではないか。とりわけ、労働時間の長さもさることながらサービス残業（賃金の不払い残業）というおかしな慣行があるわが国では、現役労働者の労働時間の短縮でワーク・シェアが急がれる。ある研究所の試算によれば、サービス残業をやめて新規雇用に振り替えた場合に160万人もの常用雇用を生み出すことができるという。その他にも、安易な解雇の規制や雇用維持・拡大の努力が企業の社会的な責任として追求される必要はないか、また、政府の責任による雇用の創出や失業者の生活保障も必要ではないか。この分野における諸外国の取り組みの実態とあわせて考えてもらいたい。

これまで学校から仕事への移行が順調だった時にはあらためて考えることもなかったが、皮肉なことに就職が困難になったいま、働くことについて考える機会がいろいろ提供されつつある。こうした機会を積極的に受け止め、狭い意味での職業体験にとどめることなく、働くことの意味を問うという哲学的な探求や働く人の権利・ルールの学習などを、実際に働いている人々や地域の労働組合の協力を得ながら、実践してみよう。

Let's study! (6)若年層に対する雇用対策の内容や効果についてわが国と諸外国の双方を調べてみよう。また、失業問題の克服は単に雇用を増やせばよいというのではない。良質の雇用を創出する必要がある。皆はどんな条件・処遇で働きたい？　自分のアルバイトの経験などを出し合って考えてみよう。

（川村　雅則）

Chapter 9... 男女差別の現実

＊Ⅰ．差別だと感じる瞬間を経験したことがありますか

　男女間の処遇について差別を感じ、周囲に対してそれを訴えてみたことがあるという人は少数派であると思う。それぞれの立場も状況も違うことを前提として、それは主に以下の二つの理由からなのではないだろうか。

　一つは、遠慮があっていえないというケースである。男女間で「差別をうけた」と感じるのはたいてい女性のほうで、どういう表現であってもそれを口にすれば男性との間に、程度の差こそあれ、軋轢を生むおそれがあることを皆が経験から知るようになり、そのような事態を避けようとする。円滑な人間関係を望む大多数の人にとって、それはごく当然のことである。

　もう一つは、そもそも、「差別」を経験する機会がほとんどなかったという幸運なケースである。80年代は、社会的な性別役割分担（ジェンダー）を固定しないように、教育の現場が変えられた時代であった。多くの小学校、中学校では、出席名簿を男女混合に変える、絵の具入れや習字用具入れの色に関して男子は黒、女子は赤といった設定をやめる、等の様々な工夫をした。もちろん、地域差や実際に教育にたずさわった教師による違いはあったであろうが、何もなされなかった時代とは明らかに異なる。このような教育がなされてきた結果、学校において典型的な性別役割分担を課されることは少なく、そもそも深刻な男女差別はあまり存在しなくなっていたのではないだろうか。

　男女差別がないのなら問題はないし、たとえ差別があって誰にも訴えることができない場合でも、それほど深刻な差別ではないために本人にダメージが少ないのなら、重大な問題には結びつかない。実際に、大学生に対して毎年のようにヒアリングを行っているが、高校時代までに男女差別で嫌な思いをした、と答える人はごくわずかである。

では、ずっとそうなのか？といえば、そんな状態はそう長くは続かないと思ったほうがよい。学校を卒業し、職を得たときから、個人差はあっても「男女の処遇のあいだに格差」を感じ、それが「男女差別」だという認識に変わることも起こりうる。そのような事態を疑問をもって受け止められるかどうかによって、わたしたちの生き方はずいぶんと違ったものになるはずである。

＊Ⅱ．格差があればすべてが差別なのではありません
　　　──「合理的な格差」と「不合理な格差」

　前項で私は、「深刻な男女差別」という表現を何度か用いている。この「深刻な男女差別」とはどの程度のものを意味するのかについて、最初に説明しておかなければならない。私がこのように表現する差別は、法律上、違法となりうるような差別のことである。したがって本章では、このような「違法となりうるような」差別を「深刻な男女差別」と定義する。裁判を通じて違法と判じられれば、差別は是正されなければならず（労基法４条・民法90条・労基法13条）、その差別によってこうむった実質的損害（差額賃金等）および精神的損害（慰謝料）は賠償される（民法709条等）。本章では、前述のような損害を生む差別を検討の対象とする。

　では、「差別」とは一般にどういう状態を指すのだろうか？　同一条件のもとにある二者間の処遇に格差が存在する時、通常はまず、その格差は"合理的"か、それとも"不合理"であるかを検討する。格差に"合理的"な理由があれば、それは違法な差別であるとはいえない。一方で、格差に"合理的"な理由がない場合には、違法な差別である可能性が強くなる。"合理的"とは、正当な、と言い換えてもよい。

　以上の点に留意しつつ、具体的な事例を挙げて考えてみよう。
　①　大学卒業後、同時期に同じ大学卒の男性と女性が同じ条件で、ある会社に就職した。配属は同じ営業部で、二人とも営業職につき、働き始めた。最初の給料日に、二人の給料の間にはすでに数千円の格差があった。

② その後、二人の営業成績には差が出始める。女性は男性に比べて営業成績が振るわなかった。その結果、賞与（ボーナス）は男性のほうが高額だった。

③ 男性も女性もそれぞれの相手と結婚をし、結婚後も働き続けた。男性には世帯主として、家族手当が加算されるようになったが、女性のほうには加算されなかった。

④ 女性はその後、出産をしたため、産前休業（6週間）および産後休業（8週間）を取得し、ひきつづき、子どもが1歳になるまで育児休業を取得した後に職場復帰した。この間に男性は昇格していたが、復帰後の女性の地位は休業前と同じままだった。

同期入社した男性と女性が、同じように仕事を続けていく時の様々な段階を想定して具体例を作ってみた。これらの事例にみられる格差は、男女差別といえるものだろうか？　それとも"合理的な理由がある"単なる格差だろうか？

①の事例については、"合理的な理由のない"差別である確率が高い。なぜなら彼らの入社時までの条件はほぼ同じであるとみなしてよく、採用にあたっての労働条件も同じである。加えて、働き始めてからまだ1ヵ月という短期間であり、これは仕事を覚え始めた段階であるといえるので、その時点で仕事上の成績に大きな差があるとは考えにくい。無断欠勤や遅刻が多い等の問題点もみられず、勤務態度にも大差がなかった場合、この時点の処遇格差は、"合理的な理由なし"ということになると思われる。

②の事例については、仕事上の成績が営業成績のように、きわめて明確に数字に現れるような場合、両者間の職務能力上の格差は歴然とする。このような場合には、賞与に格差があったとしても、それを男女差別と判断するのは困難であろう。なぜなら賞与は通常、その賞与計算期間中の成績、勤務態度等を査定した成績が反映するしくみになっていることが多いからである。したがって、賞与に両者の営業成績を反映させ、格差を設けることは不合理であるとはいえない。しかし、そうであっても性別を理由にした差別が行われている可能性がないことについては、つねに情報の開示が可能であるのが望ましい。

③の事例については、この会社の家族手当支給基準あるいは同制度の運用が

男女差別的であると判断できる場合がある。これについては次項で詳しく述べたい。

---- ● Further Readings ----
熊沢誠『女性労働と企業社会』
岩波新書、2000年

　④の事例については、現状でいえば、違法な差別であるということは大変難しい。休業している間は仕事をしていないので、職務に関わるスキルが上がるとは思われないし、会社に貢献しているといえる状態ではない。となれば、休業をしない者とした者の間で、昇格等の処遇に格差が出たとしても当然であるという見方はできる。しかし、出産は女性にしかできないことであり、育児についてもいまや企業を含め社会がサポートすべきであるという認識が広まっている時代である。そう考えると、いちがいに"合理的な格差"であると考えるべきかどうかという疑問は残る。

　以上のように、違法な男女差別かどうかの判断にあたり、合理性の有無については「性別以外に、格差を設ける正当な理由が無いこと」をもって"合理性が無い"と判断する。

　男女差別は、このように様々なかたちで現れるが、これらが差別であることを立証するのは決して簡単ではないことに留意したい。右の事例のなかでも、②③に関しては個別的な条件によって差別であるとも差別でないとも判断される可能性がある。ただし、最近の裁判例および立法に関する動きのなかでは、②で挙げたような査定に隠されて男女差別的な要素が含まれている場合や、③のような、一見差別的ではなくても差別の可能性がある場合に関して、どのように男女差別であると理論構成していくかということに焦点が当てられている。

＊III．差別はかたちを変えてあらわれる──間接差別

　職場における男女差別を規制する法律は、1985年までは労働基準法第4条（使用者は、労働者が女性であることを理由として、賃金について、男性と差別的取扱いをしてはならない）が存在するのみであったところ、同年に男女雇用機会均等法が制定され、その後1997年に同法の大規模な改正が行われて、定年・退職・解雇だけでなく募集・採用・配置・昇進についても男女間の差別が禁止された。したがって現在は、明らかに差別であると誰もが分かるようなことはそうそうできるものではないという労働環境が実現している。だからこそ、あからさまな

差別は影をひそめると同時に、差別は巧妙なかたちで現れるようになっている。

たとえば、前項の②の事例として、業務上の成績を「査定」し、これを賞与に反映させる場合について触れたが、これも潜在的に存在する差別を分かりにくくする。両者の能力における明確な「格差」、会社への貢献度における「格差」等を賃金に反映させることは、一般に使用者の裁量の範囲内であるから、法律上も問題はない。しかし、このような能力別の評価があるためにみえにくくなる男女差別があるかもしれないことにも注意が必要である。差別が「査定」の影に隠されているかもしれないからである。

本項で取り上げる間接差別は、もう一つのみえにくい差別の典型であり、前項の③の事例である。欧米ではすでに認知されているタイプの差別であって、一見、性別に関係のない要因によって区別をされている場合であっても、その要因自体が、実は男女差別的である場合を指す。差別理論が進んでいるアメリカでは、1970年代初頭から disparate impact（差別的効果）法理として裁判上で形成された。

実際にアメリカで問題とされた事案に近い例を挙げて説明を続けたい。採用時に「身長が175センチ以上の者」という条件が課されていたとする。この条件が、その職種に対して絶対に必要な条件であれば、それは差別であるということにはならない。しかし、実は身長制限が必須条件ではないということが明らかになったとしたら、その条件を設ける合理的な理由が消えてしまう。その上で、同条件を満たすような人物を考えると、ほとんどが男性になってしまうことに気づく。女性にとっては非常に狭き門であるということになり、採用段階で、身長175センチ以上というハードルを設定することによって、実質的にほとんどの女性がその職業につくことのできる可能性を排除されてしまうことになるわけである。こうなると、「身長が175センチ以上の者」という条件設定自体が男女差別的であると分かる。これが間接差別である。

前項の③の家族手当支給に関しては実際に裁判があった。日産自動車事件・東京地判平成元年1月26日労民集40巻1号1頁、判時1301号71頁である。また、「世帯主か、非世帯主か」という基準が問題となったのが、三陽物産事件・東京地判平成6年6月16日労判651号15頁である。「世帯主」は、わが国の住民票上では、多くが男性である。もち

ろん、一人で暮らす人はその人自身が世帯主となるため、女性も世帯主となるし、それを妨げる規定はない。しかしいったん婚姻し、夫婦として世帯を持つようになっ

> ● **Further Readings**
> 相澤美智子「第3章 雇用差別」
> 『導入対話によるジェンダー法学』不磨書房、2003年
> 浅倉むつ子『労働とジェンダーの法律学』有斐閣、2000年

た場合の世帯主は、多くの場合男性とするのが一般的である。これは、慣習的な理由もあるが、従来の日本の賃金体系は、扶養すべき家族を持つ者に対して支援するための手当（家族手当、配偶者手当、住宅手当など）を付加される構造になっており、一般に生計維持者である男性が世帯主となった方が使用者からのこれらの手当をもれなく受け取るためには有利であるためでもある。このように、実際は男性が多くを占める「世帯主」という基準でもって、賃金の上昇幅を多く設定するような制度設計は、まさに間接差別的であるという見方ができる。しかし、わが国では間接差別はまだ法理論として成熟していないため、上のような処遇が間接差別であるという理由で、裁判上違法とされることはなかった。

このように、一見して性別には関係のない基準で一定の格差を設けているような処遇であったとしても、よく実態を把握することによって、実は性差別の効果がもたらされていると判断できるような場合がある。2004年6月に出された男女雇用機会均等政策研究会報告書においては、間接差別の一例として、総合職の採用時に全国配転に応じられることを要件とする場合もこの間接差別として捉えられる可能性があるとされた。日本の法律では、まだこのような間接差別を一般に違法であるとする規定はない。しかし、裁判によって判例法理が形成されていくことで立法よりも一歩進んだ差別禁止の動きがみられるし、このような研究会における検討が、次回男女雇用機会均等法を改正する際に間接差別禁止規定を加える原動力になるだろう。

Let's study! (1)どんな条件が間接差別になりうるか、考えてみよう。

＊Ⅳ．結婚しても働き続けたいですか──既婚者差別

　違法な男女差別とは、男性と女性の処遇間に格差があることが認められ、それについて性別以外に合理的な理由が存在しない場合に、認められるものである。しかし現在は、男女雇用機会均等法の制定・改正や裁判による判例法理の形成によって、あからさまな差別はなしえない労働環境が形成された。これは裁判によって男女差別を争ってきた原告らと法律家らの努力が立法へと結びついた成果であるといえよう。

　さて、今日では、男性と女性の労働能力に有意の差は認められないことはすでに共通認識となっている。では、男女の間には、労働能力の他にどんな差異があるというのだろうか。

　このことを考える時に、避けて通れないのが私たちのライフステージにおける結婚と出産である。結婚後の生活は、男性にとっても女性にとっても大きく変わるものである。一般に、男性は妻となった女性を養うために職場でより一生懸命働き、妻は二人分の家事をこなすのに忙しくなる。独身の頃にしていたフルタイムの仕事を辞めて専業主婦になる女性もいれば、自由な時間が多く取れるパートの仕事に変わる女性も少なくない。しかし、一歩踏み込んで考えてみよう。食事を作ること、洗濯や掃除をすることは、二人の生活にとって必要であり、生活をより快適なものにするために不可欠な仕事である。これを女性だけが引き受けるべきだと誰が決めたのだろうか。これらの家事を誰が担当するかということは、あくまでも夫婦の間で自由に決めてかまわないのである。

　最近の若い夫婦は、これまで女性たちが粛々と背負ってきた家事その他の負担をすでに決まったものと考えず、自分たちの新しいライフスタイルを作り出せる自由度を持っている。しかし、こうした自由な新しい生活を作っていこうという努力の前に、立ちふさがるのが社会における性別役割分担である。すなわち、職場で長期間継続して勤務するのは男性であり、家族を養うために所得はしだいに増加していくことが望ましく、既婚女性

最近では父親の保育園への送り迎えもよく見られる光景となった

は夫が生計を維持する役割を背負うから多くの収入は要らないはずであり、長時間勤務も逆に家の仕事をするためには本人の負担となるだけであるという、職場のジェンダーバイアス（性別役割分担の偏り）である。

　こうした職場におけるジェンダーバイアスを背景とした、一種の男女差別が存在する。これは既婚女性に対しての差別であり、未婚女性は差別を受けないので、一般に男女差別といえるのかという疑問もないわけではないが、既婚男性および未婚男性は区別なく差別されることがないということから、これも、男女差別であるといえるのではないかと思われる。

　既婚者差別は、一般に次のようなかたちで現れる。

　①　既婚女性への肩たたき（退職勧奨）
　②　既婚女性を正社員からアルバイトまたはパートの労働契約に変わるよう誘導する
　③　未婚女性は正社員として採用するが、既婚女性はパートとしてしか採用しない

　他にもいろいろなかたちが考えられるが、既婚男性にはこれらの処遇をしないことを前提にすれば（既婚男性は家族を養うべきと考えられているので一般に既婚男性にこのような処遇をすることは考えられない）、これらはすべて、男女差別の一形態であるといえよう。

　また、女性が出産し、子どもを育てるためには多くの時間を必要とするものである。現在は、育児は男性も負担すべきとして、男女労働者に対して育児休業を保障した育児介護休業法が存在する。同法は、介護が必要になった親や近しい親族のためにする介護休業についても両性が取得することを保障している。このように法律上は、子どもを育てる・両親の介護をするといった責任は、休業を取ることで男性も女性も同じように負担できるようになった。しかし、現実にこれらの休業を取得した場合に労働者が不利益な取り扱いを受けることが少なくなかったため、同法はこれを禁止するようになった（育児介護休業法10条・16条）。一方で出産に関しては、男女雇用機会均等法8条において出産したことを退職理由とした規定をおいてはならない

● **Further Readings**

副田隆重・浜村彰・棚村政行・武田万里子『ライフステージと法　第4版』有斐閣アルマ、2004年

木本喜美子『家族・ジェンダー・企業社会』ミネルヴァ書房、1995年

ことと、出産したこと又は産前産後休業をしたことを理由として、解雇してはならない旨の規定が設けられている。もともと出産は女性しかできず、育児に主として従事するのも今のところ多くが女性であるために、育児休業を取得するのもほとんどが女性である。したがって出産や育児に関連して職場の処遇で不利益をこうむった場合に、それは男女差別であるとの主張をする方途もあるとは思われるが、その必要性がそれほど強くないのは、これらの不利益取り扱い・解雇禁止規定が存在するからであり、わたしたちはこれらの規定によって守られるからである。ただし、出産に関しては、解雇以外の不利益取り扱いが禁止されていないため、十分ではないということはいえるであろう。

Let's study! (2)自分の両親や既婚の兄姉等身近な人に、男女間の家事や育児の分担状況を聞いてみよう。家事や育児、介護の分担を男女間ですることがどの程度可能か、また、分担するためには何がどのように変わるといいのか、について話し合ってみよう。(3)育児介護休業法の規定を調べ、男性が育児・介護休業を取ることができるか確認しよう。また、実際に男性が取れるか考えてみよう。女性は、パートナーである男性にどんなふうに家庭に関わってもらいたいか、考えてみよう。

*V. 今はもうできないはずなんですが
――男女別コース採用による差別

　前項では、男女差別が、もって生まれた性をどう生きるかという、個人レベルの自由を制約する場合もあることについて述べた。このように固定的な性別役割分担が当然のあり方だと考えるのはとても危険なことである。その役割分担の土台の上でいくら男女差別であるとの議論を行ったとしても、すでにその土台自体が傾いているのである。当然のことながら、バランスのよい解答は得られない。

　本項では、その固定的な性別役割分担がまかり通った時代に男女別の職務制度によって採用され、当初の労働契約で求められる仕事の内容が異なることを理由に男女別の異なる処遇に甘んじなければならなかった女性労働者たちの存在について述べたい。

　いわゆる「男女別コース採用」が争われたといわれる裁判は昭和60年代から

存在する。昭和30年代から40年代に事務職等で採用され、会社にとって補助的な職種でしかなかったために、勤続年数が長いにもかかわらず昇格が遅く、したがって賃金も上がらないという劣悪な処遇で働いていた女性労働者たちが訴訟に及んだ事例が、近年にいたるまでにいくつかみられる。

> ● Further Readings
> 日本弁護士連合会『司法における性差別』明石書店、2002年
> 浅倉むつ子・今野久子『女性労働判例ガイド』有斐閣、1997年

　これらの判例のなかで、一貫してみられるのは、「(このような男女別の採用は)当時の公序には反しない」という表現である。公序とは民法90条を根拠にしており、当該法律行為(この場合には労働契約)が公序良俗違反ということであれば、無効となる。無効となった部分は、労基法13条により、差別のない契約条件(男女差別の場合だと男性の契約)まで引き上げられるという法的効果がもたらされる。

　女性の勤続が長くなく、出産に伴う休業可能性があることから、女性を定型的で補助的な労働者としてのみ雇い入れることが通常であった時代背景を根拠としても、定年間近まで一貫して補助的な位置づけで、昇格が遅いために低賃金のまま据え置かれることが正当といえるだろうか。しかしこのような事例について、労基法4条が男女の賃金格差(ただし、種類の違う労働に対して異なる額の賃金を支払うのはかまわない)を規制するのみであった昭和30年代から40年代の採用の時期に遡って、男女別コース採用を民法90条違反とすることは困難なのが現実である。男女雇用機会均等法が制定されたのが1985(昭和60)年、募集・採用・配置・昇進についても男女差別を禁止規定に改正したのが1997(平成9)年であり、それ以前に開始されたこのような男女差別を是正することは非常に難しい。男女差別はたしかに存在したと認識しつつも、過去に遡って規制するための決定打がないことから、法的な観点からみてもっとも難しい男女差別の一つであるといえるのではないだろうか。

　📓 **Let's study!**　(4)男女別コース制が争われた判例を参照し(Further Readings中の『女性労働判例ガイド』が参考になる)、男女別コース制の実態と判決の傾向を話し合ってみよう。

*VI. 理解し合うことから

　このように、男女差別と一口にいっても、実に多様な男女差別が存在する。紙幅の関係上本章では触れられなかったが、従来から女性が多く選択する職域・雇用区分に対して相対的に低い処遇がなされているという事実もある。たとえば、介護労働におけるヘルパー、一般企業におけるパート・契約社員・派遣社員等である。圧倒的に女性が多いこれらの職域・雇用区分に関し、本人が自主的にそれを選択したのだという説明がなされることが多い。しかし、彼女らの職業の選択肢が十分に用意されているのか等の実態についてはあまり考慮されていないようである。今後「同一価値労働同一賃金原則」の概念がわが国の立法および解釈法上、さらに議論されていくことも、労働の価値評価に関する解決への一つの糸口となろう。

　男女間に不合理な格差があることを告発したために、両者が対立した状態に至るのは決して好ましいことではない。だからといって、不当な差別をそのままにしておいていいかといえば、そうではない。深刻な差別に対してあくまでもそれを是正させる姿勢を示してきた多くの人たちのおかげで、今はかなり自由に差別や性別役割分担について語り合えるような環境がもたらされていることを忘れてはならないと思う。

　男女を問わず身近な友人と、そして将来のパートナーとなる異性と、多くのことを語り合うなかで、ぜひ性別役割分担についても恐れず語り合ってほしい。お互いがどのように生きたいかを尊重し合える関係づくりを心がけることが、家庭における男女の関係のみならず将来の労働の場を含めた社会全体のあり方を変えることにつながっていくはずである。

　📖Let's study! (5)女性が多いと思われる職業を挙げてみよう。それらの職業の特徴について話し合ってみよう。身近にその職業に就いている人がいたら、実際の労働条件について聞いてみよう。

（菅野　淑子）

Chapter 10　過労死あるところに少子化あり

＊Ⅰ．過労死と少子化って関係あるの？

　読者はそんな疑問を抱くかもしれない。一見、何の関係もなさそうな二つの事象だが、実は、根っこのところでつながっている。
　本章では、わが国で蔓延している長時間労働がもたらす影響について、過労死と少子化という論点から検討することとしたい。

＊Ⅱ．現代の闇、過労死

１．過労死とはなにか

　過労死とは文字通り、「働き過ぎで死ぬ」ことである。英語でも KAROSHI と書かれる。英語には過労死に対応する概念・事実がないので、日本語がそのまま使われているのである。ORIGAMI や SUSHI、SUMO と同じである。つまり、英語圏の国あるいは先進諸国では、働き過ぎて死んでしまうほど労働者が働かされることはないということになる。ということは、過労死は、折り紙や寿司、相撲と同様に日本の誇るべき「文化」の一つなのか……。
　過労死は、働き盛りの中高年労働者が、長時間労働が原因で、脳や心臓の循環器疾患にかかり突然死することであるが、運よく命はとりとめても、脳に重い後遺障害が残ることも多く、深刻な社会問題となって久しい。加齢とともに誰でも血管など身体のあちこちが老化するのは避けられない。加齢によって高血圧や動脈硬化などの基礎疾患を起こしているところに、職場での様々なストレスが加えられ急激に悪化して起こるものが過労死である。長時間労働自体が最大のストレスであるが、不規則勤務、深夜勤務、過大なノルマ、過剰な責任などが重なるとストレスは増幅される。

基礎疾患を増悪させるリスクファクターとして、喫煙、過剰飲酒、食習慣・生活習慣も重要であるが、これらは本人によるコントロールが可能である。これに対し、労働によるストレスは自己制御不能ともいえる。「無理をしないように」と医者から注意されていても労働時間や労働内容を個人がコントロールすることは、経営者でなければ不可能に近い。

２．過労死と認められるには？──過労死の労災認定

　過労死が、工事現場などでの災害による事故死と同様、労働災害（労災）として認定されるようになったのは比較的最近である。

　過労死が労災となるかどうかは、労災保険法の労災認定基準をもとに労働基準監督署によって判断される。過労死についての最初の認定基準（昭62.10.26基発620号）では、倒れる前の１週間の労働に限定して判断された。つまり、この間１日も休まず、日常業務と比較して「過重な業務」を行い、倒れる直前には血圧を急上昇させるような「異常な出来事」にも遭遇していたという労働実態が証明されないと労災とは認められなかった。当初の基準のもとでは過労死の認定率は５％以下でしかなく、認定されなかった被災者の家族が、労働基準監督署の判断に対して不服申し立ての裁判に訴えることも珍しくなかった。

資料10-1　過労死の労災認定基準の概要
（「脳血管疾患及び虚血性心疾患等認定基準について」平成13.12.12基発1063号）

1　対象疾病は以下のものに限定される。
　①脳血管疾患：**脳内出血・くも膜下出血・脳梗塞・高血圧性脳症**
　②心臓疾患：**心筋梗塞・狭心症・心停止・解離性大動脈瘤**
2　過労の程度を測る「ものさし」としての３つの過重負荷が総合考慮される。
　①発症直前から前日までの間において、**「異常な出来事」**に遭遇したこと。
　「異常な出来事」とは、極度の緊張、興奮、驚がく等の強度の精神的負担や身体的負荷をひきおこす突発的または予測困難な異常な事態や、急激で激しい作業環境の変化をさす。たとえば、運転中に急に人などが飛び出す、吹雪の中での緊急の作業など。
　②**「短期間の過重業務」**に従事したこと。短期間とは、発症前おおむね１週間をさし、業務量、業務内容、作業環境等を考慮し、特に過重な身体的、精神的負荷があったことをいう。これは、同種の同僚にとっても過重となるものでなければならない。
　③**「長期間の過重業務」**に従事したこと。長期間とは発症前おおむね６ヶ月間の間をさすが、１ヶ月の残業が45時間を超えるに従い、発症と業務との関連性が強まる。残業が発症前１ヶ月に100時間、または発症前２から６ヶ月にわたり１ヶ月平均80時間を超える場合は関連性が強いと評価される。

図表10-1　過労死・過労自殺の労災認定件数（1987～2005年）

	87	88	89	90	91	92	93	94	95	96	97	98	99	0	1	2	3	4	5
過労死認定件数	21	29	30	33	34	18	31	32	76	78	73	90	81	85	143	317	314	294	330
過労自殺	0	0	1	1	0	2	0	0	1	2	2	4	14	36	70	100	108	130	127

基発620号　改正・基発38号（1週間より前も考慮）　過労自殺労災認定基準基発544号
電通過労自殺(東京地裁)判決　改正・基発1063号（長期の過重労働考慮）

（過労死件数は川人博『過労自殺』岩波新書、103頁、過労自殺件数は岡村親宜『過労死・過労自殺救済の理論と実務』旬報社、377頁をもとに平成18年5月31日厚生労働省発表「脳・心臓疾患及び精神障害等に係る労災補償状況（平成17年度）について」をもとに作成）

　年間3000時間以上もの長時間労働を行っている被災者も多く、裁判では、観察期間を1週間に限定せず、長期にわたる長時間労働が脳・心臓疾患に与える負荷が認められて労災と認定されることが多かった。判決を受けて、認定基準は数度の改正が行われ、2001年にようやく「長期間の過重業務」という要素が加えられた。これにより認定率はかなり高まった。

3．長時間労働・睡眠不足が死を招く——過労死の原因

　認定基準が示すように、時間外労働（残業）が多いと過労死の危険性が高い。前述のような労働時間が年間3000時間の場合、週休2日で年末年始の休日とお盆休みなどを考慮して、年間250日の労働日と仮定すると、労働時間は1日平均12時間、残業時間は1日4時間となる。労働省の調査では1日10時間以上働いた場合には3分の2の人が「翌朝に疲れが残っている」と答えている。12時間労働（拘束13時間）となると、往復2時間の通勤時間（大都市では4時間も珍しくない）、食事・入浴・身支度などの生活時間を差し引くと（妻が家事のほとんどを担っているとして）、睡眠時間は6時間がやっと、ということになる。過労死裁判の判例を読むと、1日6時間以上の睡眠が取れない日が長期にわたると「危ない」ことも分かってくる。別のいい方をすれば、睡眠が十分にとれていれば、過労死は起こりにくいのだ。

> ● Further Readings
> 岡村親宜『過労死・過労自殺救済の理論と実務』旬報社、2002年
> 川人博『過労自殺』岩波新書、1998年

📖Let's study!　(1)過労自殺が引き起こされるメカニズムを医学的に調べてみよう。

COLUMN ★

職業病の今昔：職業病にも、はやりすたりがある。長時間労働が原因の職業病でも、労働の質の違いによって現れる疾患は異なる。

重量物を扱う肉体労働では、ぎっくり腰などの災害性の腰痛が起こりやすく、長時間労働には耐えられない。機械化が進み取り扱うものも軽量化されると、より長時間の労働が可能となるが、反復作業を長時間繰り返すことによる疲労性の腰痛が現れる。この「じわじわ腰痛」が労災と認められるようになったのは昭和51年であった。

昭和30年頃から、電子計算機で作業をするキーパンチャー、タイピスト、電話交換手などの女性労働者の間に頸肩腕症候群という職業病が広がった。力はほとんどいらない軽い作業でも、腕と手先だけを使って長時間同じ作業を繰り返すのが仕事の特徴だ。腕・肩の痛み、手首・腕の筋肉が炎症を起こす腱鞘炎、自立神経失調症による吐き気・めまい・不眠などの症状が出る。この頸肩腕症候群は、昭和39年に労災認定基準が定められ、職業病と認められるようになった。

工場での機械化やオフィス機器の改良がさらに進むと、労働者は肉体をフルに使って仕事をすることはますます少なくなった。エアコンのきいたクリーンなオフィスで、軽いタッチのパソコンに向かう作業なら、何時間でも働けそうである。しかしながら、長時間労働は、体の深部でみえない影響を与え、循環器疾患を引き起こすのだ。労働者はせいぜい、血圧が高めだということくらいしか自覚症状はなく、自分の体内の異常には気がつかないで働き続ける。加齢によりすでに血管の劣化が起きている働き盛りの中高年は、こうして過労死するまで働いてしまう。

では、20代・30代で血管がまだ元気ハツラツな人が、長時間労働をした場合にはどうなるのであろう。血管は丈夫なので、かわりに脳細胞が疲労し、うつ病などの精神疾患にかかるのだ。うつ病にかかると、厄介なことに自殺願望を伴うことが多い。

腰痛や腱鞘炎などの筋骨格系疾患では、オーバーワークになると痛みという「休ませ信号」が発せられるため、死に至るまで働き続けることはしたくてもできない。これに対して循環器疾患や精神疾患はなんの前触れもなくやってくる、いってみれば「死に至る病」である。職業病の歴史をみると、人間が耐えられる労働時間には限りがあることが分かる。人間は機械ではないのだ。

最近、結婚しない男性が増えている。40代の男性の6人に1人が独身だ。男性並みに働くキャリア女性の未婚者も増えている。長時間労働は、「ツガイになる」という動物の本能にも影響しているのかもしれない。人間社会の再生産が脅かされているかもしれない。

＊Ⅲ．なぜ死ぬほど働かなくてはならないのか？

睡眠も十分にとれないほど長時間働かなければならないのは、なぜであろう

か。死ぬほどに働くのはこれまではほとんど男性であったが、その原因を考えてみよう。

1．法律上の問題

まず、労働条件の最低基準を定める労働基準法上の時間外労働（残業）規制のあり方の問題がある。労基法では労働時間は1日8時間・週40時間を超えてはならないと定められているが（労基法32条1項）、労働者の過半数代表と会社が協定を結べば、残業は自由に行える（労基法36条1項）。労基法は残業の限度時間を1週14時間・1年360時間と定めてはいるが、明確な禁止規定ではないことから、これを超えても刑罰の対象にはならない。

また、残業手当および深夜労働手当（午後10時から午前5時までの労働に対して支払われる）が1時間あたりの賃金の25％増し、休日労働手当が35％増しにすぎないことも残業の大きな要因である。つまり、手当が安すぎるのである。欧米先進国では、50％から100％増しとなっているため、常時残業が必要なほど仕事量が多ければ、人を増やす方が安上がりとなる。その結果残業はほとんど行われない。

日本では、さらに、裁量労働制（労働基準法38条3項・4項）などの弾力的労働時間制が認められるようになったことも長時間労働が減らない一因である。裁量労働制とは、1日8時間という労働時間規制概念を排除し、実際の労働時間にかかわらず一定時間働いたものとみなす制度であるが、目標を達成するためとして何時間でも働ける。適用は、研究、デザイン、マスコミなどでの専門的な職種と企業での企画立案などの中枢業務に限定されてはいるが、ホワイトカラーにも広げられる傾向にある。このように、労働法は長時間労働を規制する役割を十分に果たしてこなかった。

他には、税制や社会保障法も夫である男性の長時間労働を後押ししている。妻の年収が103万円以下だと所得税がかからず、130万円以下だと、妻の国民年金や健康保険などの社会保険料が免除される、141万円未満だと夫の所得税が軽減される。また、企業内福利厚生として、妻が専業主婦の場合には月に2－3万円の配偶者手当を支給する企業も多い。その結果、妻がおよそ150万円以上の収入をえないと夫婦の手取り総収入は、妻の年収が103万円の場合よりも少なくなる。103万円以下に抑えたほうが数十万円も「お得」ということにな

るのだ。妻はパートでそこそこに働いて、夫が頑張る、という片働きの構図が税法などによっても後押しされているといえる。

2．日本的企業風土

次に、日本独特の企業風土を挙げなければならない。終身雇用と年功制を基本とする日本型労務管理においては、男性は（女性は補助的業務に限定されてきた）、企業内でいくつものポジションを経験しながら昇進していく。したがって、ひとたび「ダメな労働者」というレッテルを貼られると、コースアウトとなり、出世はおろか賃金すら上がらない。下手をするとリストラかもしれない。そこで、労働者は上司の顔を窺いながら会社に忠誠を尽くす。上司がオフィスに残っているのに自分だけ定時に帰るなどということは考えられない。夜中まで残業をしないと終わらないほど仕事があっても、人を増やして欲しいなどとは言えない。不満を言えば、「君の能力不足だろう」ということになり、左遷されるかもしれないのだ。それゆえ、タイムカードを一旦打刻して退社したことにして仕事を続けたり、パソコンのデータを持ち帰って家で仕事をしたり（フロッピー残業）というサービス残業をすることは珍しくない。

また、休みをとろうと思ってもとりにくいという雰囲気も企業内では強い。法律で決められている有給休暇（勤続年数に応じて年に10日から20日間与えなければならない）でさえ、上司が休まないから部下の自分が休むわけにはゆかぬと、毎年何日分も捨てている。ヨーロッパではほとんどの人が夏になると3～4週間のバカンスを楽しみ、働く原動力ともなっている。日本では年休は男性労働者にとっては絵に描いた餅に等しい。

近年、賃金制度は、能力主義や成果主義の導入で変わりつつあるとはいっても、基本的にはいまだに年功制がベースになっており、一握りのヘッドハンティングされるような特別のスキルを有する人以外は、再就職ともなれば条件は悪くなる。したがって、なんとしてでも企業にしがみつくしかなく、会社人間となって必死で働くのだ。少なくともこれまでは、これが男性の典型的な企業での働き方だった。（女性は、もともとコースからはずされてきたので、会社人間になる必要はな

● **Further Readings**

木下武男『日本人の賃金』平凡社新書、1999年

野田進・和田肇『休み方の知恵』有斐閣選書、1991年

かったが、男女差別については第9章参照）。

3．性別役割分担意識——ジェンダー

最後に、ジェンダーによる性別役割分担意識の強さを長時間労働の原因の一つとして指摘しておこう。

「亭主元気で留守がいい」という言葉に象徴されるように、わが国では家庭には父親の居場所はないことが多い。何年も単身赴任をさせられたり、残業ばかりで家にいないことが多いから、家庭で父親の存在感がなくなっても不思議ではない。子どもたちも、塾や、部活動や、高校生にもなればアルバイトにと忙しく、子どもにとっても、家は「メシ、フロ」のため、父親は「カネ」のために必要なものにすぎない。家族はばらばらで、共に食卓を囲むことは日曜日ですら難しくなっている。ジェンダーによる性別役割分担意識がいまだに強く、妻も子どもも、夫が仕事中心の生活をしていることに疑問を抱かなくなっている。家族は皆で時間を共有するものという、家族の本質が見失われている。

ジェンダーフリーが進み、夫が家事・育児を積極的に引き受ける欧米諸国では、夫・父親の役割は外でパンのために働くことだけではない。

■Let's study!　(2)日本人の労働時間と欧米諸国の労働時間を調べて、比較してみよう。サービス残業はどれくらい行われているのかも調べてみよう。

＊Ⅳ．産まない理由、産めない理由

1．少子化の原因

わが国の出生率低下の傾向にはいっこうに歯止めがかからないことはよく知られている。以下では、少子化の原因について労働時間との関係に焦点を当てて考えてみる。

産業が発展し、労働者保護法や社会保障制度が整備されると、大家族がもっていた社会保障的な機能は不要となるため、先進諸国ではどの国でも核家族化・出生率低下が進行する。つまり、失業保険、公的年金、公的医療制度、公的介護制度などの社会保障がない社会では、いざという時には家族がセーフティーネットの役割を果たすしかない。家族・親戚しか頼るものがなく、乳幼児

死亡率が高い社会では、子沢山の大家族ほど安心ということになるのだ。一方、社会保障制度が整備されると、税金や社会保険料などの金銭的負担は増えるものの、いざという時に子どもや親戚に頼る必要はなくなる。そこで、家族の規模は小さくなり、手間・暇・金のかかる子育ては最小限にとどめようという意識が働くようになる。したがって、少子化は当然に起こる。

　働く女性が増えたから出生率が下がった、だから女性は家庭に帰るべきだという非難をこめた指摘があるが、結婚・出産を機に退職し、子どもが就学するとパートとして復帰するという人が多いわが国の女性の年齢別就業状況はM字型雇用カーブを描いており、働き続ける女性が多い欧米の台形型カーブとは異なる特徴を示している（図表10-2）。ところが、働き続ける女性が多い欧米のほ

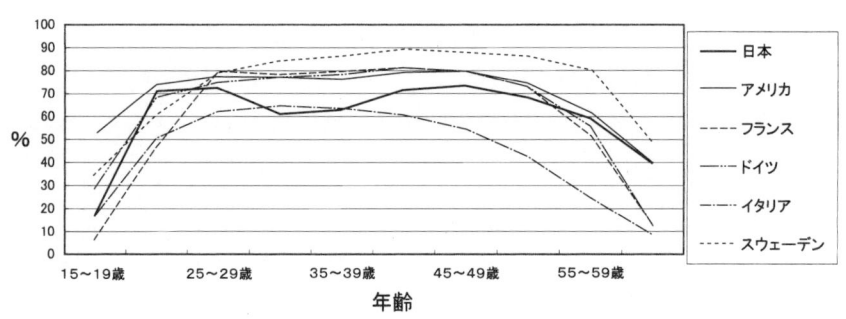

図表10-2　女性の年齢階級別労働力率（2000年）

（出所：『平成15年版厚生労働省白書』ただし、日本は2002年）

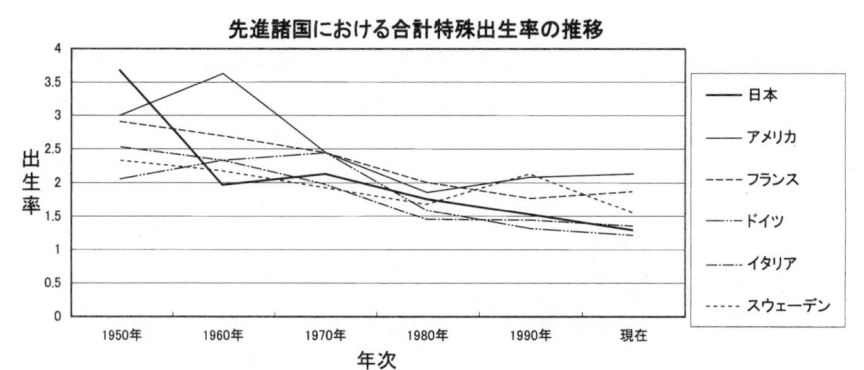

図表10-3　先進諸国における合計特殊出生率の推移（2000年）

先進諸国における合計特殊出生率の推移

（出所：『平成15年版厚生労働省白書』ただし、日本は2002年、スウェーデンは2001年）

うが、出生率が高いのであるから（図表10-3）、「働く女性が増えるから出生率が下がる」という非難は当てはまらない。

2．専業主婦が産まない理由

では、前述の、過労死するほど働いている夫（父親）を支える妻（母親）にとっては、子育てはどのようなものなのだろう。

専業主婦は、長時間労働や単身赴任でほとんど家にいない夫の分まで、家事・育児のすべてを一人で担わなければならない。子どもが幼稚園に入るまでは自由な時間はまったく持てない。その上、幼稚園入学前から受験競争に突入することもあり、母子ともども有名大学目指して大きなプレッシャー、ストレスのなかでの生活が続く。学校でのいじめや不登校の問題も子育てを不安にする。高い教育費が不安に追い討ちをかける。子ども一人に要する教育費は大学に進学する場合2,000万円必要といわれる。子ども二人では4,000万円となれば、マイホームと同じ金額である。

子どもを取り巻くこのような状況下では、いくら専業主婦といえども二人目の出産を躊躇しても不思議ではない。

3．フルタイムで働く妻が産まない理由

では、女性がフルタイムで働き続ける二人働きの夫婦の場合はどうであろう。フルタイムでも女性の賃金は男性の65％ほどでしかないとしても、家族の総収入としては片働き夫婦よりも多く、経済的理由が子どもの産み控えの第1の理由にはならないであろう。しかしながら、子育てには時間が必要だ。女性がフルタイムで働き男性と差別されない処遇を求めようとすれば、今の日本では男性並みの長時間労働や頻繁な転勤を意味する。男性並みに働きながらの子育ては不可能である。子どもは産まない選択をすることになっても不思議ではない。

仮に、男女差別を受け入れて、「男並みのフルタイム」とパートとの中間的な「短時間フルタイム」として働けたとしても、子育てのハードルは依然として高い。保育所や学童保育所の不足はいっこうに改善されていない。特に0歳児保育の不

● **Further Readings**
鹿嶋敬『男と女・変わる力学』岩波新書、2000年
木本喜美子『家族・ジェンダー・企業社会』ミネルヴァ書房、1995年

足が続いている。保育料も高い。

　3歳までは母親が子育てをしないと子どもがまともに育たないという「3歳児神話」も根強く残っており、フルタイム女性を悩ませる。

　そして、夫はいずれにしろ長時間労働で不在なのである。専業主婦が抱える悩みと同じ悩みを抱え、子育ての困難さは専業主婦以上になる。産み控えは当然だろう。

　📖**Let's study!**　(3)少子化は日本の社会や経済にどのような影響を与えるか、考えてみよう。

＊Ⅴ．もっと素敵な生活を！

　オランダでは、ワークシェアリングという、労働時間を短縮して、失業を減らし、育児や介護に要する社会的コストも削減するという政策が成功している。労働者の家族単位での収入は減少するが、家族と共に過ごす時間が増えて、育児や介護のための出費を減らせるので、結果的にゆとりのある生活ができるようになる。失業率の低下だけでなく社会サービスのための国家支出の削減により、企業への減税も可能となり、経済が活性化したことが注目されている。オランダでは、育児や介護のために、午前中は妻が働き、午後は夫が働くというようなカップルも珍しくない。

　労働時間を短縮して自由時間が増えれば、生活スタイルは大きく変わるだろう。いわゆる「スローライフ」が可能になり、家族が共に過ごせる時間が増える。夫婦と子どもという単位での家族をいきいきと再生させるためには、子どもの目に「羨ましい！」と映るような生活を大人が送れて、大人が「子どもに戻りたい！」と思うような生活が子どもに保障されていることが必要ではなかろうか。

● **Further Readings**
金子勇編『高齢化と少子社会』ミネルヴァ書房、2002年

　📖**Let's study!**　(4)家族とは生きて行く上で人にとってどのような存在なのだろう。考えてみよう。

（家田　愛子）

Chapter 11 困った時はお互い様
―― 社会保障制度の意義と機能 ――

＊Ⅰ．幸せに暮らすために

　私たちは皆、生涯、経済的に困ることなく、健康で幸せに暮らしたいと願っている。こんな生活が黙っていては手に入らないこともよく知っているので、就職して働き、貯蓄をし、あるいは健康に留意した生活を心がける。つまり、普通、私たちは自分が少しでも良い暮らしができるように努力している。

　しかしながら、長い人生の間には、私たちが努力しても避けることのできない辛いことがたくさんある。この「努力しても避けることができない」ことの代表が、病気になること、年をとること、障害を負うこと――高齢になると、だれしもなんらかの障害を持つことになる――、そして死ぬことである。そして、これら傷病、高齢、障害および一家の稼ぎ手の死亡は、それ自体でも辛い経験であるが、さらに本人や遺族が、このために経済的に困難な状況になることも少なくない。とりわけ、病気は貧困への最短パスポートといわれる。

　この辛い出来事を――これをリスク（危険）と呼ぶことにする――、私たちは個人の力で、あるいは家族の力で乗り越えることができるだろうか。ある程度は可能かもしれない。しかし、今日、上記のような事態に個人の力で対処することはきわめて困難になっている。なぜなら、私たちのほとんどは会社などから賃金を得て暮らす労働者であり、たとえば、病気等で働くことができなくなったら、賃金をそれまでのように受け取ることのできない存在だからである。つまり、私たちの経済的基盤が弱いのである。そこで、多くの国では国民が上記のリスクに遭遇した時、ただちに生活に困窮しないように、あるいは困窮してしまった時にサポートするシステムを、国家が責任をもって、作っている。それが社会保障制度である。この制度により私たちは安心して、病院へ行ったり老後を迎えることができるのである。

本章では、わが国の社会保障制度について概説し、その基礎的な事柄を学ぶ。そして、暮らしていく上で困ったことに遭遇した時に、あるいは困ったことにならないために自分や家族を助けるサポートシステムがあることを知ると同時に、そのためには、私たちに果たさなければならない責任があることを理解してほしい。

＊Ⅱ．社会保障とは

1．社会保障と憲法25条

　社会保障とは、一般に、国や地方公共団体がすべての国民に人間らしい生活を保障する制度である、と説明される。そして、この社会保障制度には医療や年金などいろいろな制度がある。それぞれの制度ごとに法律が制定され、これら社会保障制度に関する法律を総称して「社会保障法」と呼んでいる。

　わが国において、この社会保障の法的根拠となっているのが憲法25条である。憲法25条は生存権、すなわち、国家が「健康で文化的な最低限度の生活を営む権利」を私たちに保障することを定めた規定である。今日、数多くある各社会保障立法は同規定を根拠に発展・展開してきた。

2．社会保障の種類

　ゆりかごから墓場まで、人は生涯にわたり社会保障制度を利用する。たとえば、これは、現在、生まれるのも死ぬのも、たいていは病院であることからして分かるであろう。長い人生の様々なリスクに対応するため、社会保障制度の種類は多岐にわたる。わが国の場合、一般的に、社会保障制度は、社会保険、生活保護、社会福祉および社会手当の四つの柱によって構成されると理解されている。本章では前者三つについて述べる。

● **Further Readings**

厚生労働省『厚生労働白書　平成16年度版』ぎょうせい、2004年
西村健一郎『社会保障法』有斐閣、2003年
加藤智章・菊池馨実・倉田聡・前田雅子『社会保障法　第2版』有斐閣、2003年
岩村正彦『社会保障法　Ⅰ』弘文堂、2001年
日本社会保障法学会編『講座　社会保障法』全6巻、法律文化社、2001年

📖**Let's study!**　(1)「人生の辛い出来事」には、どんことがあるだろうか。そのような経験のある人、

あなたを救って励ましてくれたのは何か、あるいは誰だったのだろうか。そこには、社会保障制度もあれば、インフォーマルな支援もあるだろう。どんな時、何が、誰が、支えてくれるのか、考えてみよう。

＊Ⅲ．一人は万人のために、万人は一人のために
——社会保険

人はだれしも「お金」に困らないで暮らしたいと願う。そのため、私たちは働き、万が一に備えて貯蓄をする。自分でできることは自分でするし、また、そうしなければならない（生活自助原則）。ところで、前述のリスクに遭遇した時、たとえば、年をとって会社を定年退職すると収入が途絶えるが、しかし生活費はかかる。そのため貯金を使い崩していくと、どんどん貯金が減って、私たちは貧困の脅威にさらされ、そして時には生活に困窮してしまう。普通の人の場合、個人の力だけでは、高齢になっても安心して暮らしていくことには限界があることが分かるだろう。

そこで、先に掲げた四つのリスクがすべての人に平等に起こるものであるから、国民全員でこのリスクにあらかじめ備えよう、そして、誰かにこのリスクが生じたら皆で支えていこうと、「困った時はお互い様」を理念として社会保険が作られたのである。

1．社会保険とは

社会保険は、わが国の社会保障制度の主柱である。社会保障であるから国・地方公共団体がその運営責任を負っている。一方、民間会社も保険事業を行っている。このように民間会社が運営する保険を私保険という。

社会保険と私保険を比較することで、社会保険の特徴を明らかにしてみよう。

両者の共通点は、まず、保険関係である。いずれも保険者（保険を管理運用する者）と被保険者（保険料を納付し、給付を受ける者）で構成される。次に、どちらも「拠出無くして給付無し」が原則である。この被保険者が拠出する保険料により保険財源が形成され、制度が支えられるからである。つまり、原則、拠出要件を満たす者だけが、リスクが現実化した時にその「保険料のプール」から給付を得られるのである。

他方、両者の決定的な相違点はその加入に際して選択の余地があるか否かである。すなわち、社会保険は強制加入であり、私保険は任意加入である。
　社会保険が強制加入である理由は、逆選択の防止にある。逆選択とはリスクが小さいときには保険に加入せず、リスクが発生してから、あるいは発生しそうになってから加入することをいう。たとえば元気なうちは医療保険に加入しないで、病気になってから加入するような現象である。これを認めると保険財政がたちまち悪化し、制度の基盤を弱めてしまう。このような事態を防止するためにわが国は、強制加入制度を採用したのである。

2．社会保険の種類

　現在、日本には五つの社会保険がある。医療保険、年金保険、介護保険、労災保険および雇用保険である。ここでは、このうち前者二つの社会保険を取り上げる。

(1) 医療保険

　先にも述べたように病気は、貧困への最短パスポートであるといわれてきた。なぜなら治療費の支払いに加えて、しばしば収入が途絶えるからである。家計に与える二重のダメージである。そこで、安心して治療を受け、回復することを目的として医療保険制度が作られている。わが国の場合、医療保険給付には医療給付と現金給付がある。
　①　医療給付：被保険者は毎月、所得に応じた保険料を保険者に支払わなければならない。この保険料拠出の対価として、病気やけがの時、病院へ行って診察や治療、等を受けることができる。ただし、現在、治療にかかった費用のうち、患者＝被保険者は病院等の窓口で自己負担として3割を支払うことになっている。
　②　現金給付：前述の医療給付が治療費の負担を軽減するのに対し、医療保険制度の中の現金給付は収入の中断によるダメージを緩和する役割を果たす。たとえば、会社員の場合、病気やけがで働けなくなった日の4日後から、賃金の6割相当の現金給

> **COLUMN★**
>
> **ライフサイクルの変化——ゆっくり結婚、少なく産んで長生き人生へ**：初婚年齢は、1975年に、男性27.6歳、女性24.6歳であったのが、2002年には男性29.1歳、女性27.4歳に上がっている。また、少子化の指標である合計特殊出生率——一人の女性が生涯に何人の子どもを出産するかを示す数値——は、1950年の3.65人から2002年には1.32人に減少している。そして、平均寿命は1950年に男性が59.6歳、女性が62.97歳であったものが、2003年には男性78.36歳、女性85.33歳に大幅に延びている（出典はいずれも厚生労働省による人口動態調査）。

付を受け取ることができる。

(2) 年金保険——自助と相互扶助

わが国の年金保険制度は、老齢、障害および家計維持者の死亡を対象リスクとし、これらによって生じる所得の減少・喪失にあらかじめ備えるものである。年金の重要な機能が防貧であるといわれる理由である。もっとも、年金保険制度がなかった頃は、これらのリスクには自力であるいは家族のなかで対応してきた。換言すれば、個人レベルで対応するしかなかったし、また、そうすることができたのである。

しかしながら、産業構造の変化——自給自足型の農業社会から貨幣経済中心の産業社会へ——や、核家族化とライフサイクルの変化——早婚・多子・短命から晩婚・少子・長命へ——等により、家族の機能が大きく低下している（上記コラム参照）。今は上記のリスクが発生した時、個人や家族の力だけで所得の減少・喪失を克服することは困難な時代なのである。

戦後、わが国は本格的に年金制度を創設・整備してきた（国民皆年金の達成）。そして、制度の構造を社会保険方式とすることで、国民各自が自己の生活に対する自助責任を果たす要素も取り入れた。すなわち、不可避的に発生することがあらかじめ分かっているのならば、まずは、各人がそのリスクに備えることが当然である、という考え方である。

一方で、たとえば、現在の現役世代はすでに高齢となっている人を年金制度のなかで支えている。これは、年金制度のもう一つの重要な理念、相互扶助が制度の根底にあることによる。つまり、年金制度は、年をとる（障害を持つ、稼ぎ手を亡くす）のはお互い様、だから、一緒に支え合っていこうという合意によって成り立っているといってもいいだろう。

> **COLUMN★**
>
> **国民年金制度の空洞化現象**：わが国の社会保険は強制加入であると述べた。しかし、事実上、国民年金制度への未加入者あるいは保険料未納者が年々、増加し、大きな社会問題になっている。社会保険庁によると、本来の第一号被保険者は、平成13年現在、2207.4万人であるが、そのうち、未加入者が63.5万人、未納者が326.7万人になるという（全体の約18%）。これに免除者および学生納付特例者を加えると（375.2万人）、全体の約35%、3分の1以上が保険料を支払っていないことになる。
> これが空洞化現象である。

　昨今、年金制度の空洞化が言われる（上記コラム参照）。本来、保険料納付義務があるにもかかわらず支払わない人が増えている現象である。保険料を支払わない理由の主たるものは、将来、本当に年金が支給されるのか、あるいは制度そのものがなくなってしまうのではないか、といった不信、不安であるといわれる。

　しかしながら、先に述べたように年金制度は、私たちがお互いに助け合うという合意に基づいて作られている。その合意は保険料納付という形で表現される。つまり、保険料を払わないことは、この社会で誰とも助け合わないことを意味するのではないだろうか。

　📖Let's study!　(2)現在、年金制度は多くの問題を抱え、批判と改革が繰り返されている。先に述べたとおり、年金制度に対する不信感も高まり、保険料を納付しない人も少なくない。全員参加に意味のある社会保険から離れていくことを、どう考えますか。

　① 年金と大学生：わが国の社会保険としての年金制度、つまり公的年金制度は現在2階建て構造である。1階部分は全国民を対象とする基礎年金、2階部分は、会社員や公務員が加入する被用者年金である。

　ここでは基礎年金と大学生について簡単に説明しよう。基礎年金の根拠法は国民年金法である。同法は20歳以上60歳未満の者で日本に住所を有する者を被保険者と定める。したがって、大学生も20歳になれば国民年金の被保険者となり保険料納付義務を負う。しかし、大学生に保険料納付義務を課しても、酷だろうと、特別に保険料を免除する制度がある（学生納付特例制度）。

　免除申請を済ませ、保険料を払わないでいる時に、事故に遭い障害者となっ

た場合、障害基礎年金を受給できる。これは拠出なくして給付なしの原則からすれば、大きな例外である。ここにも、学生のうちは収入がないのだから保険料を払えないのは仕方ない、でも、学生時代にも事故に遭う可能性は誰にでもある、その時はみんなで彼／彼女を支えてあげよう、というお互い様に助け合うシステムが機能している。

② 基礎年金の種類：現在、基礎年金には老齢基礎年金、障害基礎年金および遺族基礎年金の3種類がある。

老齢基礎年金は現行法上、原則として最低300ヵ月以上の保険料納付期間がなければ、65歳に達しても年金が支給されない。しかしながら、障害や死亡というリスクはいつ発生するか不確定である。それで、この二つについては、原則、本来加入すべき期間の3分の2以上保険料を納付していたのなら、年金を支給することとしている。

したがって、国民年金の被保険者となってわずか3年後に障害者になった場合も、20年後に障害者になった人と同じように年金が支給される。しかも、年金額は支払った期間に関係なく、障害の程度によって決まる。さらに、先天的な障害を負っている場合、20歳になった時点で障害基礎年金が支給される。もちろん、この場合、保険料は納付されていない。このように、年金制度のあちこちに、困った時はお互い様の精神で助け合う仕組みが用意されている。

＊Ⅳ．「人間らしい生活」の実現のために――生活保護

高齢者や障害者になって、収入が減ることに備えて年金制度がある、と述べてきた。しかし、若くても健康でも生活に困ることがある。さらに、働いても、年金を受け取っても生活が苦しいこともある。

そこで、国はこのような困窮した国民を救済し、彼らの生存権を保障するために、すなわち、最低限度の生活を保障するために生活保護法を制定した。なお、「転ばぬ先のツエ」的な年金制度が「防貧」と呼ばれるのに対し、生活保護制度は事後的に対応するので、「救貧」といわれる。

1．生活保護の原則その1――権利としての生活保護

戦前の生活保護行政は恩恵的で、保護を必要とする者が自ら要求する権利は

認められていなかった。戦後、憲法の生存権規定に基づき制定された現行生活保護は、「無差別平等」「申請主義」の原則を採用した。

前者は、国民が生活に困窮した場合には、誰であれ等しく保護を受けることができること、そして、その貧困になった理由を問わないことを意味し、後者は、私たちが生活保護を権利として請求できることを意味する。

2．生活保護の原則その2——人生のセーフティネット

先述の通り、私たちには、自分のことは自分でしなければならないという、自助責任がある。したがって、生活が困窮した場合も、まず、自分で対処することが求められている。まず、働いて収入を得て、それでも生活費が足りないときは、次に、たとえば障害者なら障害年金、母子家庭なら児童扶養手当、等を受給できるかを検討しなければならない。八方手を尽くしても、どうしても生活費が足りないとき、初めて生活保護法が適用される。このように、生活保護の出番が最後であること、これを補足性の原則という。また、このことが生活保護が人生のセーフティネットあるいは最後の砦といわれるゆえんである。

3．生活保護制度の諸問題

現行生活保護法は1950年に作られ、その間、大きな改正は、ほとんど行われていない。そのため、法律制定当初とは事情が変わった今日、制度のあり方が問われる場面が少なくない。たとえば、現行法上、子女の教育について、支援を受けられるのは中学校教育までである。しかし、高校進学率が低かった50年前と比べて、今では高校進学が当然のようになっている。制度がカバーするのが義務教育まで、というのは時代にそぐわないのではないだろうか。

近年、生活保護制度に関わる様々な問題について、裁判所に解決を求めるケースが増え、重要な判決がいくつも出されている。判例を通して、生活保護制度が今日かかえる問題を考えてみよう。

📖 **Let's study!** (3)貧乏とは、なんだろうか。その原因はやはり、個人にあるのか、それとも個人の力の及ばないところでそうなるのだろうか。貧乏は恥ずかしいことだろうか。生活保護を受けることは恥ずかしいことだろうか。その意識は、払拭しきれないものだろうか。日本が一億総中流社会になったといわれて久しい。日

本はそれほど豊かな国になったのか。これを機会に、ちょっとまじめに、考えてみよう。

＊Ⅴ．支えあって生きてゆこう——社会福祉

　社会福祉は、暮らしていく上で、他の誰かの援助を必要とする人に対してサービスを提供する制度である。たとえば、夫婦共働き家庭の子どもへの保育サービス、体が不自由な高齢者への食事や入浴のサービスなどがある。

　わが国はこの福祉サービスの対象者を児童、高齢者および障害者として、それぞれについて法律を制定している。児童福祉法、介護保険法あるいは身体障害者福祉法などが代表的な立法である。

　社会福祉は、児童が健やかに成長できるように、あるいは高齢者や障害者が社会のなかで尊厳をもって生きていくことを、あるいは自立して暮らしていけることを支援する制度である。

Let's study! (4)自宅から学校まで車椅子で行くことを想像してみよう。何が最大の障害物だろうか。地下鉄やJRの階段か？　バスには車椅子で乗れるだろうか。最寄りの駅から学校まで、一人で車椅子を操作しながら行けるだろうか。一度、挑戦してみよう。そして、障害者の通勤・通学の便宜のためにどのような支援があるのか、調べてみよう。

＊Ⅵ．みんなの社会保障

　これまで述べたとおり、私たちの暮らしは社会保障制度と深く関わっている。誰もがこの制度の当事者であるといっていい。すなわち、社会保障制度が提供するサービスを享受することはもちろんであるし、制度のエネルギーである財源も私たちの保険料や税金で形成されているからである。

　それゆえ、社会保障制度がどのように作られ、どう改正され、それが私たちにどのような影響を及ぼすのかに無関心であってはならないだろう。本章では、紙幅の都合上、十分な説明ができなかった。各人が参考文献等にあたり、消化不良な部分を解消してほしい。

（片桐　由喜）

Chapter 12 クルマ社会を考える

＊Ⅰ．現代というクルマ社会

　「自動車の数が少ない限りにおいては、それを所有している人間は王様であった。彼は望むところに行き望むところに駐車できた。この機械は、まさに機械化の成功のために縮小せしめられた自我を再び拡大しようという補償的な手段として登場したのである。この自由と権力の感覚は、今日、低密度の地域や広々とした田園においてのみ現実であるに過ぎない。この逃避の手段の普及は、それがかつて約束したものを滅ぼしてしまった。」（ルイス・マンフォード『都市と人間』1963年　生田勉・横山正訳、草思社、1972年より）。

　今、私たちの周りはクルマであふれかえっている。諸君たちの誰もが、物心ついたときから家にクルマがあり、お父さんやお母さんが運転するクルマでどこかまで送ってもらったり、休日には家族でドライブに出かけたりした経験をもっているであろう。

　大学に入れば、自動車運転免許を取得し、ちょっとアルバイトをして好きなクルマを買いたいと考えている学生も少なくないと思う。最近は、ケータイにお金と時間がとられ、かつてほどクルマに興味があるわけではないという若者も増えているらしい。しかし、そうではあっても、現在ではほとんどの人が自動車運転免許をもち、クルマを所有し運転するようになる。

　テレビをつければスピードを誇示した最新型のクルマの宣伝が繰り返し流されている。「モノより思い出」というキャッチコピーのもと、「モノ」である「クルマ」を買えという。今でも経済成長を牽引するのは自動車メーカーであり、日本の自動車メーカーが世界の企業ランクの上位に登場すると、大きく報道されたりする。

　一方、私たちは毎日のように交通事故の報道も目にしている。もしかしたら、

君たちの周りでも実際に事故にあったという人がいるかもしれない。今、日本では毎年1万人近くの人が交通事故で亡くなっている。報道だけを目にする者は「自分には

> ● Further Readings
> 折口透『自動車の世紀』岩波新書、
> 　1997年
> 宇沢弘文『自動車の社会的費用』岩波新書、
> 　1974年

関係ない」と思い、当事者は「まさか自分が」と嘆き、周りの人も含め悲しみ、苦しむ。この「日常化された悲劇」に取り囲まれていても、私たち人類は決してクルマを手放そうとはしない。

　クルマは実に便利である。道さえあれば、好きな時に好きなところへ行ける。人間の自由を保障する最高の手段であるといってはばからない人までいる。しかし、今や私たちは事故の心配から片時も離れることができず、排気ガスとクルマであふれかえる渋滞道路でストレスをため、健康を害し、目的地では駐車場を争い合って確保しなければならない。また、そのクルマを保有し維持するために、多くの時間と労力とお金を消費しなければならない。

　この私たちにもっとも身近な自動車交通から、今の日本社会とか、自由に高速に移動できる「ゆたかな社会」とか、それを生み出した産業社会といったものを、どのように読み解くことができるのか、考えてみよう。

＊II．繰り返され、増大する悲劇

　——世界で今、どれだけの人が自動車事故で亡くなっているか、知っていますか？

　最近、スペースは小さいけれど、一つの衝撃的な報道があった。「中国自動車市場、熱気とリスク」と題された、現在の中国におけるモータリゼーションと交通戦争についての報道である（朝日新聞2004年6月15日付）。

　その報道によれば、今、中国はモータリゼーションの真っ只中にある。中国での自動車生産台数は2000年に209万台に達し世界第7位となったが、2003年には439万台に膨らみ、米国、日本に続いて世界第3位になったという。そして、その年には世界全体で50万人の人が道路交通事故死しており、そのうちの2割強にあたる10万4,000人が中国人であったというのである。

　世界人口は約60億5,000万人（2000年）であり、そのうち中国人口は約12億4,

000万人であるから、占める割合は20.5％となり、統計的にみればこのような割合になってもおかしくはないということもできる。

　しかし、この数字が意味するところは、単なる統計的な割合として換言できる問題ではないことは明らかであろう。これは、毎年小さな都市一つが消滅していることに匹敵する。「1日あたりに換算すれば毎日300人近くの人が命を落としており、それは大型の飛行機が毎日、墜落しているのに等しい」といって、中国の専門家が警鐘を鳴らしている。

　中国通信社の2003年の報道をみると、2003年2月24日発新華社電による数字として、2002年に中国で起きた各種事故は107万3,000件、死者は13万9,400人に上り、そのうち道路交通事故は77万3,137件（72%）、死者は10万9,381人（78%）であった（http://www.china-news.co.jp/society/2003/02/soc03022608.htm）。

　WHO（世界保健機関）が報告する数字は、もっと衝撃的である。世界の道路交通事故防止に関する2004年のリポート（World report on road traffic injury prevention；http://www.who.int/world‐health‐day/2004/infomaterials/world_report/en/）によれば、2002年に世界中で道路交通事故によって亡くなった人は120万人、負傷した人は5,000万人と推定され、これらの数字は、このまま何もしなければ、今後20年間にわたって65％増加するであろうという。そして、世界における疾病、事故などによる人々の人生の損失の度合いを推計したデータ（DALY；疾病調整余命、図表12-1参照）では、10大要因の上位3位は、1990年で第1位・下気道感染症、第2位・HIV/AIDS、第3位・周産期疾患であり、道路交通事故による人生損失は第9位であった。しかし、2020年には、第1位が虚血性心疾患、第2位はうつ病となり、それに続いて、道路交通事故が第3位に上昇するであろうとの予測が示されている。一方、問題の対策に巨額の研究開発資金が投入されているHIV/AIDSなどは、2020年には第10位に後退すると予測されている。マラリアなどは10位以外に後退するが、結核が再び登場する。人類に脅威を与える道路交通事故対策の研究開発に投下されている資金がきわめて少ないことが、図表12-1に示されている。

　自動車交通は、現代の世界社会を支える便利な文明の利器の一つである。これまで、自動車交通の

● Further Readings
上岡直見『持続可能な交通へ
　〜シナリオ・政策・運動』緑風出版、2003年
二木雄策『交通死—命はあがなえるか』
　岩波新書、1997年

利便性を享受できなかった中国のような国々も、国内の経済開発が進められ経済成長が進展すれば、急速にモータリゼーションが進む。しかし、そのシステムは大変複雑であり、そしてもっとも危険なシステムであるといわれる。そこに起こる世界的な悲劇は、あまりに日常的で遍在するものとなり、日々細かな報道はなされるが、大きな自然災害や他の重大事故、あるいはまた狂牛病や鳥インフルエンザ、SARS（重傷急性呼吸器症候群）のように大きく報道され、注目されることはない。世界全体の問題としては、事故であるから仕方がないこととして無視されがちである。世界で毎年120万人もの人が道路交通事故により死んでいるということは、大都市が毎年一つ消滅しているに等しく、数年もすれば世界大戦より大きな犠牲者が出ているということになる。私たち人類は、今日の自動車交通システムの問題について、もっともっと考えずにはおれないのである。

図表12-1　いくつかの疾病・傷害に対する世界の研究開発資金の推定額

疾病・傷害	百万US$	1990年 DALYの順位	2020年
HIV／AIDS	919〜985	2	10
マラリア	60	8	—
下痢性疾患	32	4	9
道路交通事故	24〜33	9	3
結核	19〜33	—	7

（出所：WHO "World report on road traffic injury prevention" 2004）

DALY；疾病調整余命（Disability-adjusted life year）疾病による損失生存年数に、早死による損失生存年数を組み入れることで測られる「健康ギャップ」

■Let's study!　(1)世界の国々の自動車の保有状況、道路整備状況、事故発生状況を調べてみよう。そして、地域的な違いがあるのか、考えてみよう。

＊III．モータリゼーションと道路交通事故——日本の経験

　日本のモータリゼーションは、高度経済成長期の1960年代に進んだ。第二次世界大戦後の戦後復興を終えた日本は、1950年代に入り、アメリカやヨーロッパの先進国へのキャッチアップを図るため、猛烈な勢いで産業復興を進める。50年代の高度経済成長前期には、産業素材を供給する重化学工業を発展させ、ついで高度経済成長後期といわれる60年代には、その素材を使ったより高度な加工組立型工業を発展させ、産業構造を高度化させた。

　高度経済成長に伴い日本国民の所得水準は上昇し、先進工業国レベルのゆた

かな生活を享受するために、様々な消費財を求めるようになった。高度経済成長期の生活水準の上昇を表現した「三種の神器」(冷蔵庫、テレビ、洗濯機)にみられるように、耐久消費財を中心とするモノの消費が「ゆたかな社会」の象徴となったのである。今、「新・三種の神器」といえばケータイにカー・ナビ、そしてノート・パソコンであるが、高度経済成長期の家電や自動車産業を中心とする高度加工組立型工業の発展に伴い、「3C」と呼ばれた「新・三種の神器」(カー(自動車)、クーラー、カラーテレビ)に代表される耐久消費財を所有し消費することが、ゆたかな生活様式の象徴となり、人々はこぞってこれら耐久消費財を求めたのである。

日本の「乗用車元年」といわれるのは、戦後初めての国産車が登場した1955年のことであるが、経済成長により国民の所得水準が上昇し、「クルマ」消費の大衆化が始まるのは60年代後半からであった。

日本の自動車保有台数と運転免許保有者数の推移をみたのが、図表12-2である。1965年に乗用車保有台数は218万台であったが、10年後の1975年には1,724万台と7.9倍に急増している。さらに増加を続け、1980年代後半から再び増加

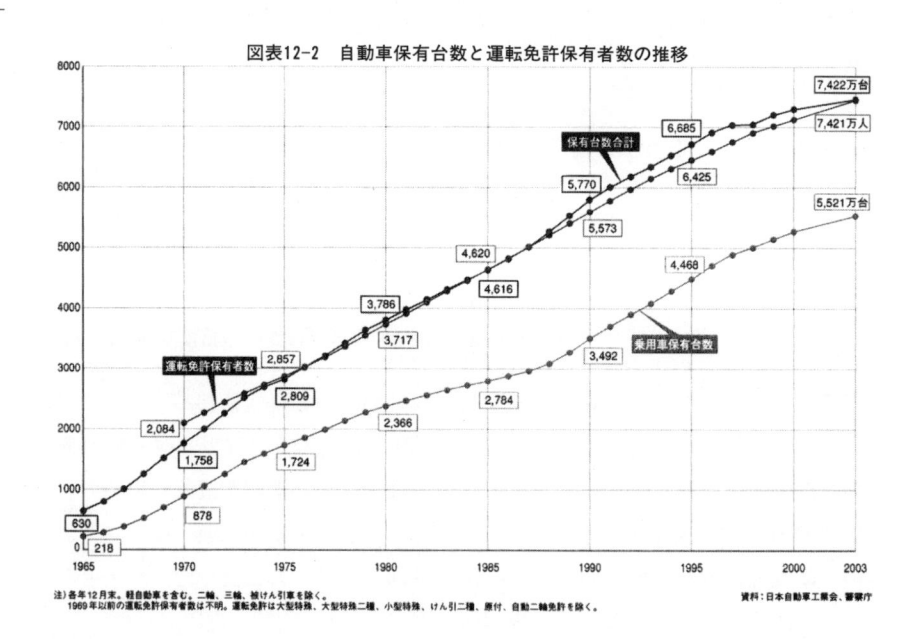

図表12-2 自動車保有台数と運転免許保有者数の推移

注)各年12月末。軽自動車を含む。二輪、被けん引車を除く。
1969年以前の運転免許保有者数は不明。運転免許は大型特殊、大型特殊二種、小型特殊、けん引二種、原付、自動二輪免許を除く。
資料:日本自動車工業会、警察庁

(出所:㈱トヨタ自動車ホームページhttp://www.toyota.co.jp/jp/about_toyota/gaikyo/pdf2003/p72-73.pdf)

傾向が高まり、1990年には3,492万台、2003年には5,521万台となっている。国民2人に1台の普及率となった。免許保有人口も、同様に増加を続け、1970年に2,084万人だったのが、2003年には7,421万人となり、免許保有率（18才以上の人口に占める割合）は70.3％と、全人口の6割の人が運転免許を保有するに至った。年齢層別免許保有率をみれば、20〜29歳で84.8％、30〜44歳の年齢層では90％を超えている（2003年）。

1950年代から最近までの、日本の道路交通事故による交通事故発生件数と死傷者数の長期的な推移が図表12-3に示されている。

1960年代のモータリゼーションの進展とともに、事故の発生、死傷者の数ともに急激に増加していることが分かる。1957年に7,575人であった死者数は、ピークの1970年には16,765人へと2.2倍に増加している。ケガも含めた死傷者数でみれば、1970年の997,861人へと100万人近くに急増し、この60年代は「交通戦争」と呼ばれる時代となった。60年代では年によって上下しているものの、

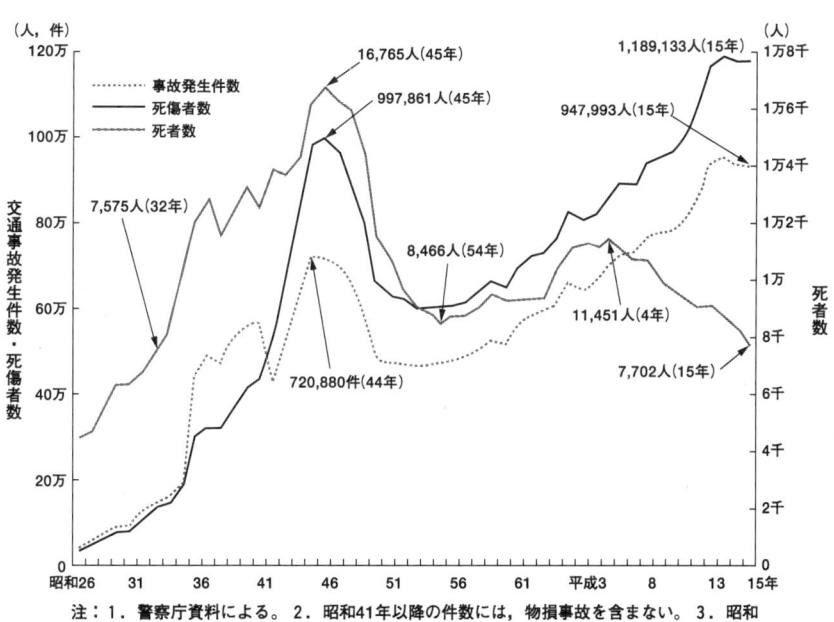

図表12-3 道路交通事故による交通事故発生件数、死傷者数及び死者数の推移

注：1．警察庁資料による。 2．昭和41年以降の件数には、物損事故を含まない。 3．昭和46年までは、沖縄県を含まない。

（出所：内閣府ホームページ、平成16年版『交通安全白書』；http://www8.cao.go.jp/koutu/taisaku/h16kou_haku/index.html）

毎年12,000人前後の死者が出ており、日本の人口1億2,000万人、中国の十分の一の人口規模であることを考えれば、11万人という死者を出している現在の中国は、まさに60年代の日本と重ね合わせることができるのである。

　当時の日本社会は、モータリゼーションに「追いつけぬ社会」であった。事故急増の背景としては、モータリゼーションの急速な進展に対して「道路整備の不足、信号機・道路標識等交通安全施設の不足、交通社会変化に対する人々の意識の遅れ」（『交通安全白書』平成16年度版）などがあったとまとめられている。

　こうした事態を踏まえ、1970年に「交通安全対策基本法」が制定され、道路交通環境の整備、交通安全思想の普及、安全運転の指導、救急・救助体制の整備などの施策が展開され、70年代に死者数は減少に転じた。1979年の8,466人まで低下したが、その後再び増加傾向をたどり、1989年には11,086人と15年ぶりに1万1千人台になったことが注目され、「第二次交通戦争」と呼ばれる時代を迎える。そして、1992年に11,451人と第二次交通戦争のピークを迎える。再び事態が深刻化したことを背景に、事故原因の科学的な分析が徹底され、車体構造の改善、道路環境の整備、救急医療体制の改善など様々な施策がとられ、死者数は減少傾向に向かい、2003年の7,702人へと7千人台に減少していった。

　しかし、事件件数と負傷者を含む死傷者数は1980年代以降、一貫して増加しており、年間約95万件の事故に119万人に及ぶ死傷者を出している。先にみた世界全体の傾向と並んで、日本もいまなおきわめて深刻な事態にあることには変わりがないのである。

> 📖 **Let's study!** (2)現在の日本の自動車事故について、年齢層別、地域別、事故態様別の状況について、調べてみよう。特に、18〜24歳の年齢層の自動車事故の問題について考えてみよう。

＊Ⅳ．なぜ、社会は追いつけないのか？
　　　——ゆたかな社会の「依存効果」と「社会的バランス」論

　先の中国モータリゼーションについての新聞報道では、もう一つ目を引く見出しがある。「交通戦争是正へ懸命——追いつけぬ社会」という別見出しがついている。上海市におけるマイカー急増に対応したナンバープレート規制をめぐ

る議論や、全国統一の排ガス規制の策定、保険制度の充実、自動車メーカーの社会的責任について述べられているが、事故と並んで大気汚染や騒音などの問題について、「受け入れる準備がないまま、中国はモータリゼーションの道をばく進」しているというのである。

> ● Further Readings　Books!
> ウォルフガング・ザックス著、
> 　土合文夫・福本義憲訳『自動車への愛　二十世紀の願望の歴史』藤原書店、1995年
> ジョン・ケネス・ガルブレイス著、
> 　鈴木哲太郎訳『ゆたかな社会　第4版』岩波書店、1985年

　では、なぜ、社会が準備をできぬままモータリゼーションは進行するのであろうか？　あるいはまた、モータリゼーションになぜ、社会が追いつけないのであろうか？　今の中国が抱える問題は、かつての日本、いや世界の自動車先進国が経験してきたことである。中国は、これら自動車先進国の経験を反面教師として学ぶことができなかったのであろうか。人命に関わる問題であり、そこに「後発の利益」というものを求めることができなかったのであろうか。

　この社会の問題を、巧みに説明した一つの議論によりつつ考えてみよう。

　J.K. ガルブレイスというアメリカの著名な経済学者が、一つの興味深い議論を展開している。ガルブレイスは、アメリカを中心とする現代社会の有りようを、モノの生産と消費という面から捉え、今日の社会を、特にモノの生産の重要性が重視される社会、そしてそのモノの消費が中心となって「ゆたかさ」が量られる社会とみる。モノが有り余るほど生産されて、そして消費されていく、それが今日の「ゆたかな社会」であり、その社会における問題を論じている。

　社会におけるモータリゼーションの進展とそこに生起する問題に関わっては、「依存効果」と「社会的バランス」という概念を用いて、先の「なぜ、社会は追いつけないのか」という問題について明快な説明を与えてくれる。

　「依存効果」とは、「欲望は欲望を満足させる過程に依存する」と定義される。私たちは、生きていく上で様々な欲望をもっている。そもそも動物としての人間は、食べなければ生きていけないわけだから、食欲がある。環境変化や外敵から身を守り、自己の生命を保存することも、本能としての生存の欲求である。生命の保存をさらに拡張すれば、それは子孫を増やすことであり、そのために性欲が存在する。

　人類は、これら自己保存の基本的な欲望から始まり、貧困から脱して生活をゆたかにし、それを享受するために様々な欲望をもち、欲望を広げる。その欲

望を満たすために、社会、知識、科学・技術、文化・芸術といったものを発展させてきた。そして今日、高度な産業を発展させ様々なモノ＝消費財を生み出し、生活をゆたかにしている。私たち人類は、モノを消費するための欲望を増大させてきたわけだが、その消費欲望を満足させる過程が、いわゆるモノを「生産」するということにほかならない。

　しかし、ガルブレイスは、今日のように産業が発展した社会においては、その社会の維持・発展のために、その消費欲望自体が、消費欲望を満足させる過程、つまり「生産」によって作り出されるようになるという。今日のゆたかな社会では、宣伝や広告によって作り出された欲望や見栄による欲望が増大する。自動車の所有が増えれば増えるほど、その所有者に負けまいとする人々が増大し、生産の目的が移動に必要な手段を得るという欲望の充足のためだけにあるのではなく、クルマに対する欲望自体が生産に依存して引き出されるようになるのである。そうなると、余分なもの、つまり高価な自動車を所有することそれ自体や、自動車のスタイル、スピードのための過剰な馬力などが社会の生産の増加の内容になっていくというのである。

　最初に述べた、自動車会社の広告をみれば理解できよう。「モノより思い出」といいつつ、その思い出を作るためには新しいクルマ＝モノが必要であり、それを買えと訴えかけてくる。少し、家の周りを歩いてみれば分かるであろう。都市部では、そこら中に中古自動車販売店が存在する。もちろん、いつかは売れていくのであろうが、それでも大量の自動車が在庫として、使われずに並べられている。それでも、次々と新車は開発され生産されていく。そして、多額の費用がかけられて、広告・宣伝され販売される。自動車の販売量が低下すれば、それ不況だとか、やれ経済成長にかげりが出たとか騒がれる。次々と、新しいスタイル、よりスピードの出るクルマ、より高級感のあるクルマが作られ、乗り換えられていく。私たちは、そのような「魅力的なクルマ」、その「魅力的な広告」を見て、欲望をふくらませる。

　さて、このように自動車メーカーなどの民間部門の私的生産が「依存効果」によって余分なものを増大させると、民間部門と公共部門の間にアンバランスが生じるという。

　自動車の生産にとっては、その材料となる鉄鋼産業や石油産業、ゴムやガラス産業、プラスチック産業などによる素材生産や工作機械産業などの、同じ民

間部門の産業発展が必要なように、自動車の増加にとっては、街路、高速道路、交通整理、駐車場、警察、病院などの公共サービスの必要性も増大する。

　民間部門のこうした種々の産業連関は、それぞれの企業が利潤を上げなければならないという一点において一致し、その技術発達などにおいてバランスをもって発展していくが、公共部門は、そうはいかない。私的な物事を優先させる意識が強い社会、モノの消費において「自由選択」を保障している社会、公的なサービスを展開する場合に大規模な財政負担を強いられる社会、そのような社会ではバランスをもって発展することは希である。というよりは、私的な活動や自由を極端に尊重する社会というものは、この「社会的バランス」をうまく保ちえないという問題を、そもそも内在している社会ということができるのかもしれない。

　したがって、人々の自由選択を是とし、消費の自由を前提とする社会でモータリゼーションが進む時、社会は後れを取り、そのアンバランスの一つの現れとして自動車事故の問題が社会的問題として現れてくる。「『自由な選択』とは、たとえ個々人のレベルでは合理的であっても、社会的なレベルで見れば非合理的な結果を招く」(W. ザックス『自動車への愛』1995年) ことに、私たちはもっと敏感でいなければならないのである。

　📖**Let's study!**　(3)自分たちの生活の周りで、商品を皆が自由に選択して消費していることで、社会に問題をもたらしていることはないだろうか、考えてみよう。

＊Ⅴ. ゆとりあるクルマ社会へ

　自動車交通事故が人類全体の災厄となっている。では、その対策は何か。それについて、さらにここで取り上げていくことはしない。これから、諸君達が、この問題を考え、自分たちの交通生活をどのように構築していくのか、そして今の世界社会というものをどのように理解するのか、その過程のなかで自ら調べ、学んで欲しい。

　現実社会では様々な考え方があり、様々な取り組みがなされている。ちょっと前には、交通戦争を目の当たりにして、大気汚染も深刻化し「反クルマ社

● **Further Readings**

イヴァン・イリッチ著、大久保直幹訳『エネルギーと公正』晶文社、1979年
ジェーン・ジェイコブス著、黒川紀章訳『アメリカ大都市の死と生』鹿島出版会、1977年

会」を訴える人々が増大した。『マイカー亡国論』、『クルマを捨てた人たち』、『自動車よ、驕るなかれ』という題のクルマ社会批判の書が注目を浴びた。

　自動車の生産制限をすべし、街から自動車を閉め出すべしと主張するラディカルな人々から、技術発達によって起こされた問題は技術によって解決されるであろうという素朴な技術信奉をもつ人々、あるいはただ運転者の不注意であるとしてこの状態を無視する人々まで、多様な考え方が存在する。その両極の間で、様々な取り組みが展開されている。道路拡張、立体交差など道路整備が進められ、街中の至るところに信号や標識が取り付けられた。安全教育は幼稚園の頃から徹底され、安全運転意識高揚のための啓蒙活動は、あらゆる生活場面を通じて行われる。救急医療体制の整備、自動車の構造そのものにおける安全技術の開発、自動車を使わない街づくり・新交通システムの開発、路面電車・バスなど公共交通復権の努力、交通需要コントロールの手法開発等々。

　今また、環境・エネルギー問題を中心に自動車交通のあり方が問題となり、「脱クルマ社会」が問われている。表現を変えても、クルマを消し去ることはできない。人々は、それでもクルマを利用し続け、その恩恵にあずかろうとするであろう。私たち人類は大変な袋小路に入り込んでしまった。

　移動の自由を求め、個人的交通手段であるマイカーを普及させた。しかし、すべての人々が移動の自由を得ようとすればするほど、道はクルマであふれ、身動きできなくなる。高速化し移動時間を節約しようとすればするほど、乗り物に縛られ、移動に多くの時間をとられ、多くの出費と我慢と事故の恐怖を強いられる。自由に高速に移動できるはずなのに、時間はますます足りなくなり、時間価値は高くつき、そのためますます忙しく働かなければならない。私たち人類は、移動の自由を求めて必死に歩んできた結果、本来的な人間の自由を失うという奇妙な世界に落ち込んでいる。

　であるからこそ、一人ひとりがこの問題を考え、自らの交通生活を見直し、そしてもっとスローで安全な社会を、真のゆとりと自由を感じられる社会を作り上げる努力をしなければならないのである。

　　　　　　　　　　　　　　　　　　　　　　　　　（山本　純）

Chapter 13 若者の健康管理を喫煙から考える

＊Ⅰ．健康な体をつくることを心がけることから始めよう

　栄養のバランスを考えて食事をしていますか。鏡に自分の顔を映した時に、肌がすべすべしてきれいだと思いますか。

　学生生活が終わると、多くの人たちは定年までの40年近くを職場で働かなくてはならない。そのために、今から心がけておかなくてはならないことは、健康でずっと働くことができる体をつくる努力をすることである。壮年期といわれる仕事に油が乗り切っているときに、病気で倒れることくらい、悔しくて残念で気持ちの持って行き場がないことはない。同情はしてくれても、誰もあなたの病気を代わってくれない。

　多くの女性は仕事だけでなく、20代・30代で子どもを生むことを経験する。その時に、肉体的にも精神的にも健康であることがものすごく重要なことである。

　人間の体は持って生まれた体質もあるが、誕生してからどのように体づくりをしてきたかが、元気で人生を歩めるかどうかを左右する。ブレスロー（BreslowJ., 1972）は、健康と生活習慣との関係を以下の七つの項目で規定し、これらの項目をいくつ実施しているか、その数が多いほど病気にかかりづらく、寿命が長いことを明らかにした。

　①適正な睡眠時間　②喫煙をしない　③適正体重を維持する　④過度の飲酒をしない　⑤定期的にかなり激しいスポーツをする　⑥朝食を毎日食べる　⑦間食をしない

　そこでこの章では、健康な体をつくるために、喫煙しないことの重要性を考える。

🔍 **Let's study!** (1)健康とはどのような状態をいうのか調べてみよう。

＊Ⅱ．なぜ、若者はたばこを吸うのだろうか

1．若者の喫煙が増えてきている現状

　戦中・戦後の一時期を除くと、そして禁煙の世論が盛り上がるつい最近まで、わが国における紙巻たばこの販売本数は一貫して増加してきた（図表13-1）。特に、高度経済成長が始まり第二次オイルショックまで販売本数の伸びは急激であった。1961年では総販売本数は1億3,443万本、15才以上の国民1人あたり年間2,030本を吸う勘定だった。その後も販売高は増加を続け、1977年には3億本を越えた。そして1996年の3億4,830万本（3,295本／1人）をピークに、1997年以降わずかながら減少傾向をたどり、2002年現在3億1260万本、1人あたり2,861本の消費である。

　たばこの総消費量は減少傾向にあるとはいえ、喫煙習慣のある人の割合は依然高く、男性43.8％と先進国の中では群を抜く。女性は9.1％と横ばい状況を続けている。しかし年齢階層で見ると、男女とも若者の喫煙は必ずしも減少傾向にはない。

　国民栄養調査では1986年から毎年喫煙率の調査を実施している。それによると20歳代の男性では平成10年以降でも60％前後で推移し減少傾向は読み取れない。一方、20代・30代の女性の喫煙率は過去10年以上にわたって増加傾向にある。1990年と2000年を比較すると20代では11.9％から20.9％と1.8倍、30代では11.0％から18.8％と1.7倍に増加した。

　若い人たちの喫煙率が高いことは、法律で喫煙が禁止（未成年者喫煙禁止法）されている未成年者も喫煙していることを窺わせる。平成7年総務庁の調査（「青少年と自動販売機に関する調査研究報告

図表13-1　紙巻きたばこ販売本数

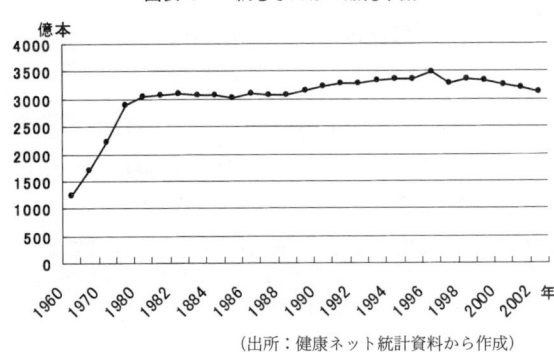

（出所：健康ネット統計資料から作成）

図表13-2　喫煙率の推移

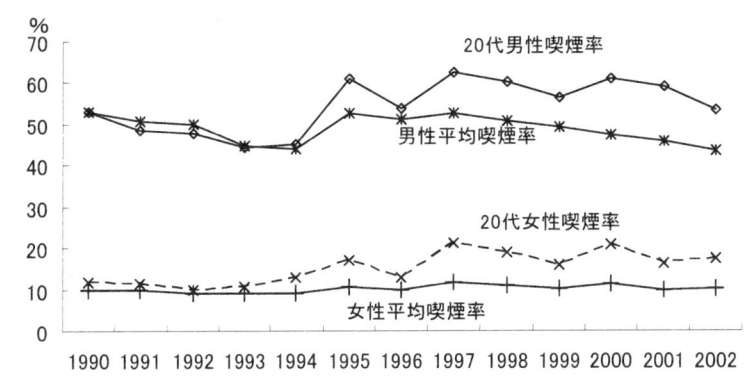

（出所：厚生労働省「国民栄養の現状」から作成）

資料13-1　未成年者喫煙禁止法（明治33年3月7日施行　昭和22年・平成12年改正）
第一条　満二十年ニ至ラサル者ハ煙草ヲ喫スルコトヲ得ス
第二条　前条ニ違反シタル者アルトキハ行政ノ処分ヲ以テ喫煙ノ為ニ所持スル煙草及器具ヲ没収ス
第三条　未成年者ニ対シテ親権ヲ行フ者情ヲ知リテ其ノ喫煙ヲ制止セサルトキハ科料ニ処ス
　　二　略
第四条　煙草又ハ器具ヲ販売スル者ハ満二十年ニ至ラサル者ノ喫煙防止ニ資スル為年齢ノ確認其ノ他ノ必要ナル措置ヲ講ズルモノトス
第五条　満二十年ニ至ラザル者ニ其ノ自用ニ供スル物ナルコトヲ知リテ煙草又ハ器具ヲ販売シタル者ハ五十万以下ノ罰金ニ処す
第六条　略

書」）では、男子中学生の2.6％、女子中学生の1.0％、男子高校生の19.4％、女子高校生の6.5％が毎日喫煙しているという。また、平成8年、平成12年に行われた「未成年者の喫煙および飲酒行動に関する全国調査」では、総務庁の調査を上回る結果が出された。喫煙の経験を持つ生徒は学年が上がるにしたがって増加し、平成12年調査では、男子は18歳までに半数以上が喫煙の経験をもち、女子は約37％であった。

「この30日間に1日でも喫煙経験のある者（月間喫煙者）」と「毎日喫煙する者（毎日喫煙者）」の割合をみると、毎日たばこを吸う者は、高校3年男子では4人に1人、高校3年の女子で12〜13人に1人の割合である。毎日吸わなくても1月に数回吸っている者の数となると、高校3年の男子では3人に1人、女子

では6人に1人という高い割合になる。

　未成年者の喫煙は、このようなアンケート調査に基づく統計データだけではない。医師である高橋（2002、2004）は、病院の禁煙外来を訪れる中学生、高校生たちの実例をなまなましく報告する。そして喫煙が中学校・高等学校における特異な生徒たちによる特異な情景ではなく、ごくごく普通の生徒たちが行っている行為であると記している。

Let's study!　(2)高校生の息子が煙草を吸っていることを知りながら、親は何も言いません。法律上、この親はどのように取り扱われるのだろうか。

2．たばこを吸い始めたきっかけは何か

　成長過程において、たばこに興味を持つことは誰もが経験することだろう。「たばこを吸うと、なんとなく大人っぽくなったような気がする」「映画やテレビでかっこよくたばこを吸っているので、ああなりたい」などと思ったことは、一度や二度はあったのではないだろうか。でも、たばこを吸い始める人と吸わない人が出てくるのはどうしてだろう。

　たばこを初めて吸った時に、とてもおいしいと感じたり、何の抵抗もなくすんなりと吸うことができたということは少ない。それでもどうしてたばこを吸うようになるのだろうか。これに答えることは難しいが、アメリカ・ブラウン大学のChild and Adolescent Letter (Vol.18,No.1 Jan. 2002)には、

- 親や兄弟姉妹がたばこを吸う家庭の子どもは、自らたばこを吸い始めることが多い。
- 友人がたばこを吸うと自分も吸うという、仲間の圧力が喫煙の要因となる。
- たばこを吸うことに対する仲間（非喫煙者）の非難を過小評価する傾向がある。
- たばこを吸う若者がたばこを吸う者を仲間に選んでいる。（たばこを吸う若者はたばこを吸う友人を持つことが多い）

といった現象がみられるという。若者がなぜ簡単にタバコに手を出すのか、その原因を明確にすることも難しいが、思春期の心理的要因が関係していることを認めている。「憂鬱な気分、集中力の欠如」

● **Further Readings**
高橋裕子『禁煙外来の子どもたち　その後』東京書籍、2004年
高橋裕子『禁煙外来の子どもたち』東京書籍、2002年

「ストレスを受けやすいこと」「身体イメージについての悩み」や「両親の無関心」「不十分な親子間のコミュニケーション」「家庭で物事を決定する過程で十代の子どもが参加することの少なさ」など家庭内のストレスが要因だと説明する。

また、高橋（2004）は、若者の好奇心に加えて、未成年者がタバコを入手しやすい社会的状況があることを指摘している。母親世代の喫煙者の増加、タバコのコマーシャル、自販機で簡単にタバコが買えること、有害性の知識不足そして若者がタバコを吸うことに対する社会規範の希薄化（たとえば、「学校に見つからないように吸えばよい」など）が挙げられる。高橋の禁煙外来を母親に付き添われて受診した中学1年生のN子さんとT子さんの場合にも、そのことが示されている。

> 「二人ともまだあどけなさが残る中学1年生である。ごく普通の家庭で育ち、成績も中くらい、部活もしているという。……二人がはじめて自動販売機でタバコを購入して吸ったのは8月末だった。『いつもお父さんが吸うのを見ていたし、どんなものかと軽い気持ちで吸ってみただけ』……それから1ヶ月もしない間に毎日数本のタバコを吸うようになっていたという」。

Let's study! (3)以下のことについて話し合ってみよう。
「おまえも吸ってみないか」「たばこ吸ったことがないのか、ためしに吸ってみろよ」と、親しい友人から喫煙を勧められたときの気持ちと断り方。

＊III．百害あって一利なし──喫煙の影響

1．ニコチン依存・習慣性

わが国には「一服する」という言葉がある。これは「お茶やたばこをのんで一休みする」（『大辞林』第二版。三省堂）ことだと説明される。一休みしたい時に、あるいはほっと一息入れたい時に吸うたばこの味は格別というわけで、喫煙の習慣はわが国では広く受け入れられてきた。しかし、喫煙は、百害あって一利なしとさえいえるほどの有害性を多くの研究報告は明らかにしている。それでもなお、一休みしたい時にたばこを吸い続ける人が多いのはなぜなのか。

たばこを吸うことをやめたいと思って何度も禁煙にチャレンジしたがやめられないという話をよく聞く。やめようとする意志さえあればやめることができそうであるが、なかなかそうはいかない。

たばこの成分であるニコチンは肺経路で血中へ移行し、約7秒で脳に達し脳の神経細胞と結びつく。喫煙が常態化するとニコチンは神経伝達物質（たとえば、セロトニン：リラックスした気分になる、ノルアドレナリン：覚醒・集中力が高まる）と同様の働きをするようになり、血液中に一定の濃度を保っていなければ、脳細胞の働きが不足し、いらいらや集中力が低下するなどのニコチン離脱症状が現れる。これがニコチン依存（資料13-2参照）、であり、脳細胞に生じる一種の病気（高橋、2004）である。これがたばこをやめられない原因の一つになる。また、ニコチンは脳内報酬系（脳の快感帯）に作用するために、つまり喫煙することによって、なんらかの快感を感じるがためにやめられないのだともいわれる。

　さらに、口寂しさから、あるいは手持ち無沙汰から気がついたら1日に何度もたばこを口にくわえているという習慣が身についてしまっている。これがたばこの習慣性である。

　禁煙しようという意志が弱いからたばこがやめられないのではなく、脳細胞の病気に罹患しているからやめられないのだ。個人差はあるが、病気を放置すれば治りづらくなるのは当然である。

　喫煙開始年齢が早いほど、短期間でニコチン依存になるといわれる。成人になってからの喫煙では、5年から10年でニコチン依存が形成されるが、未成年、特に15歳以下ではかなり早い。先に挙げたN子さん、T子さんの場合では、1

資料13-2　ニコチン依存度判定法（Fagerstrome Test for Nicotine Dependence）

質問	回答
起床後何分で最初の喫煙をしますか。	5分以内（3）、6～30分（2） 31～60分（1）、61分以後（0）
図書館、映画館など喫煙を禁じられている場所で禁煙することは難しいですか。	はい（1） いいえ（0）
1日の喫煙の中で、どれが一番やめにくいですか。	朝最初の1本（1）、その他（0）
1日に何本吸いますか	31本以上（3）、21～30本（2） 11～20本（1）、10本以下（0）
他の時間帯より起床後数時間に多く喫煙しますか。	はい（1） いいえ（0）
ほとんど一日中、床に伏しているような病気の時でも喫煙しますか。	はい（1） いいえ（0）

合計6点以上は高度のニコチン依存、4～5点は中程度の依存、3点以下は軽度の依存

ヵ月程度でニコチン依存になったという。私たちの体には、自然治癒力が備わっているから、人によっては治療を施さなくても禁煙が可能の場合もあるが、喫煙を続ければ続けるほど、治療が必要となるのである。

> ● Further Readings
> 高橋裕子『たばこをやめられないあなたへ』東京新聞出版局、2000年
> 健康日本21企画検討会「21世紀における国民健康づくり運動について」報告書、平成12年
> 伊佐山芳郎『現代たばこ戦争』岩波新書、1999年
> 宮里勝政『タバコはなぜやめられないか』岩波新書、1993年

2．喫煙は生活習慣病の要因

　健康で充実した生活をおくるのに、たばこはマイナスの効果しかもたらさない。2004年4月24日の朝日新聞に「タバコなければ、がん9万人減」という見出しで、厚生労働省研究班の調査結果が掲載された。それによると、喫煙者のがん発生率は、非喫煙者に比べて男性で1.6倍、女性で1.5倍高く、喫煙本数が多くなるほど発生率は高くなり、本数が多くなくても長期間吸っていると、同様に発生率は高くなるという。タバコが原因のがん発生率については、男性ではがん全体の29％にあたる8万人、女性では4％にあたる約8千人が、喫煙によってがんが発生したと推定された。タバコを吸わなければ、年間約9万人の人たちががんにならなくてすんだことになる。

　がんは肺がんだけではない。咽頭がんについては男性の場合、非喫煙者の32倍も死亡者が多く、食道がんや胃がん、肝臓がんなどの発生も多い。また、喫煙はがん発生の確率を高めるだけでなく、心疾患、動脈硬化、脳梗塞、高血圧など生活習慣病といわれる病気の発生因子であることは、周知の事実である。喫煙は妊婦への影響も大きく、早産は非喫煙者の場合に比べ3.3倍も高い。

　このように、喫煙は様々な病気を引き起こす原因の一つであり、喫煙をしなければ病気を回避できる人たちが存在することをもっと私たちは認識しなければならない（因みにがんで亡くなった俳優の石原裕次郎、作家の松本清張、柴田錬三郎、漫画家の石ノ森章太郎などは愛煙家であった）。

　Let's study!　(4)たばこの害は喫煙者だけではなく、受動喫煙者にも影響を与える。そこで、タバコを吸う母親のお腹にいる時の赤ちゃんに、また生まれた後の赤ちゃんに、どのような悪影響を及ぼすのか調べてみよう。　(5)未成年者の喫煙は、

成人になってからの喫煙と比べてタバコの有害性が大きいといわれる。
喫煙開始年齢と肺がん発生のデータを調べてみよう。

3．たばこと美容——スモーカーズフェースを知っていますか

　若い女性にかぎらず、多くの女性、いや男性だって最近は化粧品への関心は高い。化粧品を使用する大きな目的は、美しくありたいという願望であろう。しかしちょっと待って欲しい。いくら美しくなりたいと思っていても喫煙していたのでは、その願望は実現しない。たばこを吸っている人の顔をスモーカーズフェースというのを知っているだろうか。

　「顔全体に細かなしわがあって、ほおがこけてたるみ、鼻の脇から口元にかけての線やしわが深いのが特徴。肌荒れや吹き出物、開いた毛穴が目立つ。年齢の割に老けた印象を与える」（朝日新聞、2004年2月16日）のがスモーカーズフェースである。喫煙を続けていると、このような顔になるのであり、禁煙外来の医師は「喫煙者かどうか顔を見れば9割は見分けがつく」という。

　美しくなりたいと思い、エステに通い、高級化粧品を大量に使ってもたばこを吸っていたのでは、それは叶わないことであることはもうお分かりであろう。

　顔を美しく見せるのに歯も重要な役割を持つのは、皆さんも気がついていると思う。しかし、タバコはその美しさを半減させるのに気がついているだろうか。喫煙は歯を黄色くし、歯茎を黒ずみさせる。タバコを吸う本数が多いほど、そして喫煙期間が長いほど歯や歯茎の変色の面積が広がるという。ここでも美しさを気にしているならば、たばこは不要である。さらにこの新聞記事のなかに、ドライブが好きな若者にぜひ知って欲しい情報が記載されている。ドライブ中に喫煙すると、タバコの煙の中に含まれる有害物質ベンツピレンが肌につき、それに紫外線が作用して黒いシミになってしまうという。喫煙者とドライブする時、あるいは運転しながらタバコを吸う人は注意が必要である。

　このように美容の点からいってもタバコはマイナスの効果しかもたらさないのである。

＊IV．タバコを止めよう・非喫煙者のままでいよう

　意志が強ければ、タバコを止められるというものではない。ニコチン依存は

脳の病気だからである。この病気の治療法の一つであるニコチン置換療法（代替療法）を紹介する。

禁煙の継続を困難にするニコチン離脱症状を緩和するために、ニコチンを喫煙以外の形で投与し、投与するニコチンの量を徐々に少なくしながら、最終的にゼロにして禁煙を成功させる方法である。1999年から使用が認可されたニコチンパッチ（貼り薬）はニコチン置換療法剤で、現在世界的に広く利用されている。これは未成年者の禁煙には、大人以上に効果があるという。また、処方箋が必要でなく薬局で購入できるニコチンガムもニコチン代替療法剤であるが、ニコチンパッチよりも効き目は劣るといわれる。

ニコンパッチを使用して禁煙に取り組んだ人たちをサポートするシステムとして禁煙マラソンがある。禁煙マラソンは、インターネットを介しての禁煙支援システムであり、禁煙に成功した人たちが、禁煙に取り組んでいる人たちの苦しさを緩和するために、ボランティアで支援を行っている。2003年からは禁煙ジュニアマラソンが、携帯メールを通して禁煙のサポートを行い始めた。

2010年までに未成年者の喫煙をゼロにしたいと国は考えている。喫煙するのは簡単であるが、禁煙するには多くの苦しみを伴う。喫煙が招く健康被害を回避するためにも、非喫煙者のままでいることに心がけよう。

Let's study! (6)未成年者の喫煙者を少なくするために、そして非喫煙者で一生を過ごすために、現在のタバコの広告にはどのような問題点があるのか話し合おう（広告をいくつか集めてくる）。

（光武　幸）

資料13-3　喫煙指数（ブリンクマン指数）

喫煙が人体に与える影響は、吸い込んだたばこの煙の総量の関数として表される。

喫煙指数＝1日当たりの平均喫煙量（本数）×喫煙年数

この指数が700を越えると、肺がんや咽頭がんの危険性が大きくなる。

（出所：日本医師会ホームページ、山梨県敷島町役場ホームページより）

Chapter 14 エイズ(AIDS)と人権

＊Ⅰ．エイズを忘れかけていませんか？

「エイズを忘れかけていませんか？ SARSで亡くなった人は何人でしょうか？ エイズによる死亡者は百万人単位です。日本でも密かに、確実に感染者が増加しています。現状を認識し、人権問題として考えてみましょう。」

歴史的にハンセン病、水俣病、スモンなどにみられたように、当初原因不明の奇病として広がった、これら病気の当該患者の多くは病気そのものによる苦痛と同時に、憶測に基づく偏見と差別、医療費と収入が閉ざされることによる経済的困窮というという三重の苦痛にさらされてきた。HIVによるエイズ患者は死に直面して、さらに重い三重の苦痛を受けてきたのが実情である。様々な形態の偏見と差別に起因する人権侵害は、病原体とウィルスの特性が科学的に明らかにされた後もなくなることがなく、流行拡大の要因になっているとされている。特にエイズは、婚外性交渉、セックスワーク、同性間のセックス、違法禁止薬物の使用行為などと関連づけて流行が語られてきたために、社会規範の逸脱や先入観、排除パターンと結びついて捉えられることが多くなっている。

本章では、エイズに関わる偏見と差別のいくつかを取り上げ、問題の本質的な理解と対応について言及する。

＊Ⅱ．エイズのこれまでと今

1．エイズの発生と解明

エイズという病気が世界的に知られるようになったのは1970年の後半から1980年前半である。この病気は1950年代ごろに、アフリカ中西部に生息するツェゴチンパンジーから人間に感染したと考えられている。この病気は10年ほど

かけて、アフリカ中部のジャングルに住む人々の間から、内戦でこの地域を行き来する兵士やトラックの運転手、商人たちを介して、イスラム圏を除くアフリカ一帯へと感染が広がったとされる。その後、瞬く間に、ヨーロッパ、アメリカ、アジアにも広がり、2003年末現在、この病気の病原体となるウィルス（HIV：ヒト免疫不全ウィルス）の感染者は4,000万人、新規感染者は500万人、エイズによる死亡者は300万人と世界保健機構（WHO）が推定している。

　当初エイズは、原因不明の難病とされると同時に、ヨーロッパやアメリカでは、男性同性愛者などの特異的な性行動を持つグループに多発したことから不治の奇病と恐れられた。エイズを引き起こす原因については、医学関係者の懸命な研究と努力によって、HIVが特定され、病原体としてのウィルスの生物学的特性も解明された。研究などからHIVによって発症するエイズは、伝染力は弱いが性交渉を介して人から人に感染する潜伏期の長い性感染症（STD）であり、本来、非自己（病原体を含む）から自分を守るという免疫システムを破壊して、

図表14-1　HIV/AIDSに関する地域別推計値・特徴、2003年末現在

地域	HIV感染者・AIDS患者数	新規HIV感染者数	成人HIV陽性率（％）＊	AIDSによる死亡者数
サハラ以南アフリカ	2,500-2,820万人	300-340万人	7.5-8.5%	230-240万人
北アフリカ・中東	47-73万人	4.3-6.7万人	0.2-0.4%	3.5-5万人
南・南東アジア	460-820万人	61-110万人	0.4-0.8%	33-59万人
東アジア・太平洋	70-130万人	15-27万人	0.1-0.1%	3.2-5.8万人
ラテンアメリカ	130-190万人	12-18万人	0.5-0.7%	4.9-7万人
カリブ海沿岸	35-59万人	4.5-8万人	1.9-3.1%	3-5万人
東欧・中央アジア	120-180万人	18-28万人	0.5-0.9%	2.3-3.7万人
西欧	52-68万人	3-4万人	0.3-0.3%	2,600-3,400
北アメリカ	79-120万人	3.6-5.4万人	0.5-0.7%	1.2-1.8万人
オーストラリア・ニュージーランド	1.2-1.8万人	700-1,000	0.1-0.1%	100未満
合計	4,000万人 (3,400-4,600万人)	500万人 (420-580万人)	1.1% (0.9-1.3%)	300万人 (250-350万人)

＊成人（15-19歳）、2003年人口統計を利用して算出

　推計値の右側の（　）内の範囲に実際の数値が存在する。推計値・範囲は現在入手可能な最良のデータを基にして算出したものである。これらの数値は昨年の数値よりもより正確であるが、2004年中期に発表予定の推計値では、より一層の正確性を期する努力を行っている。

（出所：HIV/AIDS最新情報（（日本語版）） 2003より）

様々な病気を発症させてしまうという特性を持っていることが明らかにされた。

🔦**Let's study!** (1)HIV感染とエイズ発症との違いを確認し、感染症、広くは非自己から身を守るための免疫システムとその不全について調べてみよう。

2．アフリカ南部における流行拡大の要因

　現在推定されているエイズ感染者、新規感染者、死亡者の過半数は、アフリカ南部の人たちである。1990年代から爆発的に流行して、生産人口の半数がエイズに感染して存亡の危機にさらされている国もある。この地域では、両親をエイズで失った孤児が数百万人いるとされている。拡大の理由については、貧困と内戦、交易の急速な拡大、不十分な医療体制が指摘されている。特に、先進国の経済的基準とされるグローバリゼーションと内戦が貧困を助長し、貧困の拡大がエイズを拡大し、エイズが貧困を拡大するという悪循環が最大の要因とされている。

　市民レベルの草の根国際交流・協力活動を顕彰する「第14回毎日国際交流賞(2002)」の受賞記念講演で「アフリカ友の会」代表、徳永瑞子氏は、「アフリカの仲間たち」と題して、アフリカ大陸のエイズ感染拡大の原因である深刻な貧困を訴えている。徳永氏は、「……深刻なのは、子どもに食べさせるものがない母親が売春するケースが少なくないこと。売春には学歴も読み書きも必要ない。稼ぐ金は日本円でわずか100円ですが、小さなフランスパンが10本買えます。予防活動の一番の壁は『飢えはエイズよりも怖い』ということです。この言葉だけで、アフリカや他の第三世界のエイズ問題を理解できます。食べなければ、すぐに死が来ますが、HIVは感染しても死は10年後かもしれない。食べられないことがエイズより怖いのです。……」と述べている。

　売春の対象者の相当数は、内戦に関わった兵士とされている。英国エコノミスト（1999）によると、HIVの感染者の割合は、軍隊において特に高く、ジンバブエでは、兵士の80％が感染しており、アンゴラ軍では感染率50％と報告している。これら内戦は、競争力の弱いアフリカ産業のなかで貴重な外貨となる金やダイヤモンドの利権を巡る争いに端を発しているとされている。これらに加えて伝統的な男尊女卑が関係しているとされている。男尊女卑は男性中心の

社会が作り出してきた典型的な人権侵害であるが、先進国においても数十年前までは、あたりまえとされていた事柄であり、解決には時間を必要とし、法的整備も有効とされている。

　南部アフリカの状況は、強者（先進国）の論理・基準を弱者に押しつけた結果による経済的困窮が紛争と疾病を招き、事態をいっそう悪くするという人権侵害を伴った悪循環の一つと捉えられている。

　📖**Let's study!**　(2)アフリカ南部におけるエイズ流行の状況をより詳しく調べ、当面問題になっている治療薬の普及、エイズ孤児問題に関して、自分なりの解決策を提言してみよう。

3．日本における状況

　1990年代前後、ヨーロッパとアメリカの各国にエイズが流行した時、日本の患者、感染者はごく少数で、特定の集団の病気と捉えられてきた。しかし、先進工業国のなかで、近年、唯一急速に感染者が増加している。主要な増加は男女間の性交渉を通じた感染であり、婚姻関係のなかで妊娠時に発見されるケースも増えている。感染経路を同じくし、HIVの感染率を高めるとされる性器クラミジア症が「隠れた国民病」として大流行していることから、エイズはさらに増加することが予測されている。10年前、偏見と差別を取り除くために展開された『エイズとともに』の標語を、文字通り日常生活に取り入れていかなくてはいけない状況が作られつつある。

　日本においてエイズは、不幸な形で問題となった。日本におけるエイズ感染者、死亡者は血友病患者で占められてきた。血友病患者が必要とする血液製剤がHIVに汚染され、汚染の可能性が疑われたまま数年間使用されてきたという、人道的にも問題を有する薬剤を用いた治療によるものである。血友病患者は、まったくの被害者であり、社会的ケアを優先的に受けてしかるべきである。しかし、エイズという病名を公表したのは、勇気ある一部の人たちだけであった。

● **Further Readings**　📚Books!

財団法人エイズ予防財団『HIV/AIDS最新情報』（日本語版）2003年現在、2004年

赤枝恒雄『子どものセックスが危ない』WAVE出版、2002年

中島泉ほか『シンプル免疫学』南江堂、2001年

田中宇「エイズでアフリカ南部が存亡の危機」http://tanakanews.com/、1999年

血友病を患い、治療薬によってHIVに感染させられ、エイズということで心ない人たちから偏見と差別を受けながら、死期を早めるという四重の苦しみを受けてきた。本来、庇護を受けるべき人たちが逆に迫害を受けるという構図は、社会の未成熟を表している。

▅Let's study! （3）日本では、隠れた国民病として性感染症、特に「性器クラミジア」が大流行し、同時にHIV感染も拡大し、専門病院、スタッフの不足が伝えられています。なぜ性感染症の流行が拡大しているのか調べてみよう。また、HIVに感染し、その後拡大防止に取り組んでいる感染者の声を集めてみよう。

＊Ⅲ．「たてまえ」と「ほんね」──エイズに対する偏見と人権侵害

1．「たてまえ」と「ほんね」の狭間

エイズを通してみるかぎり、日本において人権擁護と人権侵害は、「たてまえ」と「ほんね」の根強い文化を象徴している。社会においてエイズにかかわらず病気を理由とした就業拒否は法的に禁止されている。政府および自治体は、エイズに関する偏見と差別を取り除くための啓蒙に、積極的に取り組むことが求められている。しかし、2000年に東京都の行政機関である警視庁が、警察官採用試験の合格者全員にHIV抗体検査を無断で実施していたという事件が明るみに出た。採用試験に合格していながら無断検査で陽性と判定されたある男性は、抗体陽性を理由に本採用を拒否された。本来、違法行為を取り締まるべき機関が、自ら違法行為を行い、その行為を職務の特殊性を理由に正当化している。警察にも事務機構を含めいろいろな仕事がある。HIVが陽性であっても、マジック・ジョンソンがバスケット選手を続けていたように、こなせる仕事はいくらでもある。自ら偏見と差別防止の啓蒙に努めるのであれば、率先してHIV感染者を採用して範を示す必要がある。「たてまえ」だけの人権擁護をかざし、実際には逆のことを行っているというケースが、しばしばみられるのが日本の行政機関の姿である。

現在、先進国においてはエイズを発症して死亡するという例は少なくなっている。一生飲み続けなくてはいけないが、発症を抑制する有効な薬品が開発されて功を奏している。法的には、医療費の給付制度も整備され、経済的負担も

軽減されるようになっている。HIV感染では、初期に風邪を引いた程度の症状がある以外は、本人にも自覚症状はなく、通常は同じように働き続けることができる。しかし、検査で陽性と判明すると、病気の実体より検査結果が一人歩きし、申請に行ったら「窓口で冷たい仕打ちを受けた」、市井の内科院では、「うちでは診ることができないので、専門病院に行ってほしい」、「上司に打ち明けたら、仕事を辞めさせられた」など、根強い偏見と差別が至る所で示され、さらに親しい人間関係にも破綻をきたしたという例が少なくない。

Let's study! (4)日本におけるエイズ死亡者の大半は血友病患者の人たちでした。このことを知っていましたか？ 血友病患者がHIVに感染させられ、死に至った詳しい経緯を調べてみよう。また、被害者でありながら、表だって訴えることができなかった社会的背景を整理してみよう。

2．同性愛者間のエイズについて

ヨーロッパやアメリカにおいては、同性間、多くは男性の間で性交渉をもつことは珍しくない。もちろん大多数を占めるキリスト教は、背徳的行為として厳しく禁止している。しかし、近年のヒトにおけるホルモンの研究、とりわけ形態的性と性ホルモンによる性の発現メカニズムは、必ずしも一致しないことが明らかになってきた。外形的には男性であっても、胎児の段階で男性ホルモンが十分に作用しない場合、脳が女性化してしまうことが示された。妊娠時に女性が、長く強い緊張や恐怖、不安を受けるとその状態を和らげるために、多量の女性ホルモンが分泌されて、男児の場合、相対的に男性ホルモンが不足する可能性があるとされている。また、近年問題となっている内分泌かく乱物質（いわゆる環境ホルモン）は、女性ホルモン類似物質として作用し、その影響は男児に強く顕れることが報告されている。

異性に対して性的に興味を抱かない男性同性愛者は、胎児期に余儀なくされた環境のなかで成長した人たちと認識されるようになってきた。多くの場合、彼ら自身に

● **Further Readings**
針間克己監修『性同一性障害30人のカミングアウト』双葉社、2004年
伊藤悟・虎井まさ衛編著『多様な「性」がわかる本』高文研、2002年
石原明・大島俊之編著『性同一性障害と法律』晃洋書房、2001年
櫻井よしこ『エイズ犯罪 血友病患者の悲劇』中央公論新書、1998年

第14章 エイズ（AIDS）と人権

責任を見出すことはできない。男性同性愛者間の性交渉は性器を傷つけることが多いために、HIVの感染率を高め、結果的に高率にエイズが流行したものと現在は捉えられている。同性愛者の多くは、戦争の世紀と化学物質があふれる時代に生まれた、性同一性障害に悩む、被害者といえるかもしれない。

Let's study! (5)性同一性障害について医学書を参考に調べてみよう。また近年、同性愛者の存在が社会的に容認されるようになってきた背景を考えてみよう。

＊Ⅳ．性の営みとHIV感染について

　一人ひとりの人間は、子孫を残すという男女における性行動の営みの結果として存在している。性の営みは、本能という強い後ろ盾があって成立するもので、生殖としての性を否定する者は誰もいない。しかし、われわれの周りには、無数の細菌、ウィルスが存在して、多くは共生関係にあるが、病原性を持つものも少なくない。ほ乳動物において、生殖器は細菌感染を防御する機構を備えているが、万全ではない。性交という行動には、細菌やウィルスを共有するというリスクも常に伴っている。HIV感染はこのリスクの一つといえる。HIVは生物的には非常に弱い生命体であり、外気に触れるだけで死滅するので、性交あるいは直接体内に侵入する機会がなければ、増殖することはできない。古来、出産は女性にとって計り知れない負担と痛みを伴い、生命の危険をも伴ってきた。本能および性行動に付随する「性の快楽」は、生命を継承するという行動に伴う様々なリスクを凌駕するために備わったものと捉えている識者もいる。

　本能および「性の快楽」を「子孫を残す」という本来の営みから切り離し、商品化したのが風俗産業とされるが、リスクは切り離すことができず、人格の否定と疾病の問題が常につきまとってきた。アフリカ南部で報告されている食料を得るための不幸な売春にもリスクは伴っている。伝統的な社会規範には、不特定多数の性交渉を道徳的に禁止したり、成長期の若年者（思春期）の性行動を抑制したりするなどの、性の営みに伴うリスクを回避するための様々な知恵が含まれていた。しかし、本能および「性の快楽」は、一時的に自我および超自我（道徳的自我）を凌駕する力をもち、正常な認識と判断力を喪失させるこ

ともしばしばある。

　本能としての性の営みが否定されることはない。HIV感染を予防することは不可能ではないが、感染する可能性はすべての人に内包されている。HIV感染を検査によって知ることになった感染者の多くは、発病による死の恐怖と強い自責の念に捕らわれて辛い思いをしている。偏見と差別は、感染者をいっそう苦しめると同時に治療の機会を奪ってしまう作用を及ぼしている。状況を考慮しない「自業自得である」、「そんな行為をするのが悪い」という自己責任論もしばしば耳にするが、憶測に基づく自己責任論は、解決に結びつくことがなく、事態を複雑にする。生まれてくる「赤ちゃん」がいるとすると、どのような行為の結果であれ、「赤ちゃん」は等しく祝福されるのが健全な社会といえる。エイズも特殊な病気とは考えず「病を患っている人」はどのような病気であれ、等しく看病を受ける対象であるとする原則をもつ必要がある。

> ● **Further Readings**　Books!
> 大貫美佐子監修『エイズ、21世紀の平和を考えるシリーズ5』ポプラ社、2003年
> AIDS文化フォーラム運営委員会『AIDS文化フォーラムin横浜報告書』2003年
> 国立大学保健管理施設協議会エイズ特別委員会『エイズ―教職員のためのガイドブック』1995年

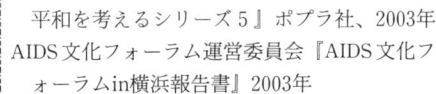

　Let's study!　(6)性の商品化と人権問題、自己責任論について考えてみよう。

＊Ⅴ．もっとエイズを考えよう！

　エイズは、歴史的に病気をもたない第三者またはコミュニティーが、病気で苦しみ、本来、保護・ケアされるべき有病者の人格を傷つけてきたという様々な病気のなかで、もっとも対応の難しい病気の一つである。発展途上国におけるエイズの流行は、貧困と強く結びついている。根元的な性と道徳的な性、商品化された性が混在する性行動のなかで感染を広げるエイズは、人権尊重のベースを見失った時、偏見と差別をもっとも受けやすい病気となってしまう。最大多数の最大幸福は、少数の弱い立場の人たちの人権を気づかずに侵害しているのが事実である。エイズに関わる人権侵害を認識・理解することは、人と社会の健全な関係を模索・構築することにつながると思われる。

（佐々木　胤則）

Chapter 15　ケータイの功罪と消費者

＊Ⅰ．ケータイは変わる、ケータイが変える！？

　ケータイは変わる、ケータイが変える……。もはやケータイの無い生活は考えられなくなった。ますます便利になるケータイだが、大事な何かを失っていないだろうか？そしてケータイに動かされていないだろうか？

　今やケータイの契約台数は8300万台を超え、国民の３人に２人は保有するようになった。

　若年層のケータイ保有率は高く、広告代理店の博報堂による調査（2003年11月調査）によれば、大学生の96.3％、20代社会人の91.4％、高校生の86.6％がすでにケータイを保有している（博報堂のサイトhttp://www.hakuhodo.co.jp/news/pdf/20040319.pdfより引用）。この中核的な利用者層を中心にして、小中学生の低年齢層や高齢者層の保有率も高まり、すそ野が広がってきている。

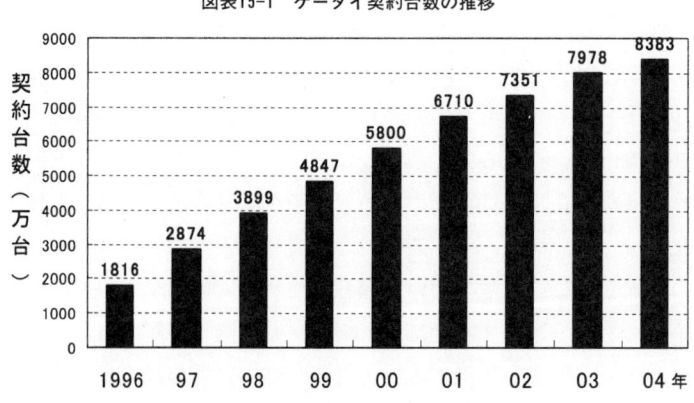

図表15-1　ケータイ契約台数の推移

年	契約台数（万台）
1996	1816
97	2874
98	3899
99	4847
00	5800
01	6710
02	7351
03	7978
04	8383

（出所：社団法人電気通信事業協会調査、http://www.tca.or.jp/japan/database/daisu/index.htmlより作成）

この保有率の高まりは、携帯電話の絶えざる機能開発の進展と比例している。当初は「電話」という限定された通信手段だったものが、電子メール交換やインターネットの端末としてのモバイル（移動式情報機器）やカメラとして提供されることで、新しい複合機能を備えた「新しい生活の道具」というニュアンスを含み、表記が「携帯電話」から「ケータイ」へと変化するようになった。

　このケータイの企業間の開発競争は留まることはなく、受信機能を高めることでテレビ受信が可能になっている。さらに、ICチップを組み入れることでプリペイドカードやクレジットカードの機能を持たせて財布の代わりを、またドアの鍵の代わりを果たすといった、従来の「携帯品」の機能をケータイに取り込む競争が展開されている。ますます「ケータイ」は、「携帯電話」から実体が離れていきながら変貌している。そして、そのケータイによって、私たちの生活や人間関係も確実に変化してきている。

　この章では、次の2点について考えてみたい。

　①ケータイは、もはや生活必需品である。便利で楽しいケータイであるが、ケータイにどのような問題がひそんでいるのだろうか？

　②私たちにとってケータイは便利な道具であるが、同時に企業にとってもモノやサービスを売る便利な道具にもなっている。では、消費者と企業との関係はケータイによってどのように変わってきているのだろうか？

＊II．ケータイが生み出す問題

1．初期のケータイ批判

　ケータイの普及過程の初期段階では、利用者のマナーの問題が指摘された。人ごみのなかでのケータイは騒音・雑音として迷惑であるし、心臓にペースメーカーを使っている人に対してはケータイの電波が誤作動を誘引するということで、使う場所のモラルが問われてきた。

　この批判は当初、中核ユーザーである若年層へ向けられてきたが、今では電話よりもメールを多く利用するようになったこと、利用者の学習効果からマナーモードの利用が日常化することで批判のトーンは弱くなってきた。また、中高年者層のケータイ利用が急増することで、「若者批判」としてのケータイが語られることも少なくなった。

図表15-2　ケータイの利用料金

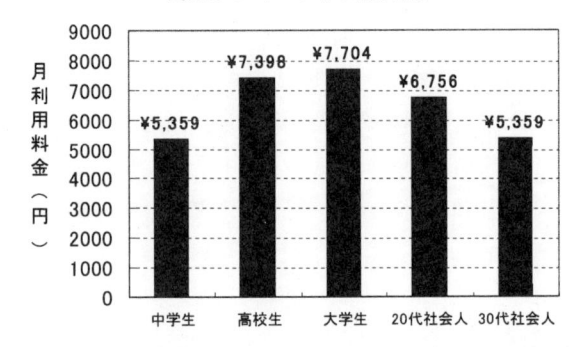

月利用料金（円）
- 中学生　¥5,359
- 高校生　¥7,398
- 大学生　¥7,704
- 20代社会人　¥6,756
- 30代社会人　¥5,359

（出所：博報堂の調査結果、http://www.hakuhodo.co.jp/news/pdf/20040319.pdfより作成）

　初期のケータイ批判には、若年層の高額使用料の問題もあった。月数万円の支払いが扶養家族の立場にある生徒・学生の支出として適切ではない、という批判である。しかし、最近では業者間の低価格競争による割引サービスの拡大、パケット料金の低下と電話よりもメールの利用頻度が高くなった結果、支払い料金の落ちつきがみられるようになった。
　もっとも、「ケータイ依存症」に陥っているヘビーユーザーの支払いが、依然として月数万円になっているという事態は変わっていない。

2．ケータイ依存症

　「ケータイ中毒」「ケータイ依存症」の命名者（椙山女学園大学加藤主税教授）は、次の行動に複数当てはまる人はケータイ依存症として重症であると診断する（『読売新聞』2004年3月30日付）。
　①ケータイを忘れると遅刻覚悟で家に戻る。
　②「圏外」の場所ではイライラする。
　③メールの返事がないとイライラする。
　④ケータイをトイレや風呂に持って行く。
　⑤ケータイを握ったまま寝る。
　このケータイ依存症の分析理論は発展途上にあって、様々な指標、項目による分析が行われている。簡単な5項目による分析以外にもオンライン・カウンセリングのpeacemind.comは、次の項目からケータイ依存症の診断をしている。
　インターネットで「ケータイ依存症」を検索してみると様々な定義づけをし

資料15-1　ケータイ依存症のチェックリスト

```
□ 勤務時間中や授業時間中にメールを打ったり、着信の確認をしたりする。
□ 携帯電話を使いすぎて請求金額にびっくりしたことがある。
□ 走行中の電車の中からでも電話をかけることがある。
□ 外出時に携帯電話を持つのを忘れるとひどく不安になる。
□ 誰からもメールが来ないと物足りなく、さびしく感じたり不安になったりする。
□ メールの返信がすぐに来ないと不安になったり腹が立ったりする。
□ メール着信の有無を立て続けに何度も確認してしまう。
□ 携帯電話のメールやウェブサイトを通して人と知り合ったことがある。
□ 電車の中など手持ち無沙汰だとつい携帯電話を手にしてしまう。
□ 携帯電話のない生活など考えられないと思う。
□ 特に用事がなくてもメールを出すことがある。
□ まるで会話のように延々とメールを出すことがある。
□ 夜中にふと目を覚ました時などに、着信の有無を確認することがある。
□ 実際に会って話すよりメールの方が話しやすいと感じることがある。
□ 地下街など電波の届かない場所へはあまり行きたくない。
```

(出所：http://www.peacemind.com/easycheck/check.php?title=keitai)

ているが、最大公約数的にまとめると次のようになる。ケータイ依存症とは、「生活の喜怒哀楽がケータイを通じたものになり、ケータイによってのみしか自己表現や自己実現ができず、ケータイが無ければ生活できない症状のこと」である。

3．メールによるコミュニケーション

パケット代が安くなって、電話よりもメールを利用する頻度は高まっており、1日10件以上のメールをするという割合は、大学生と中学生がともに35％、高校生が41％となっている（博報堂のサイトhttp://www.hakuhodo.co.jp/news/pdf/20040319.pdfより引用）。

ケータイのメールは気軽なコミュニケーションであるが、パソコンのメール、インターネットのチャットに共通する難しさがある。

メールなどのデジタルコミュニケーションは、対面でのコミュニケーションと大きな違いがある。それは、受信した人がその内容を自分の考え方や感情で一方的に解

● Further Readings
岡田朋之・松田美佐編『ケータイ学入門』有斐閣選書、2002年
小比木啓吾『「ケータイ・ネット人間」の精神分析』飛鳥新社、2000年

釈する危険性が高いということである。ケータイやパソコンの画面を見ながら、感情がエスカレートしてしまうこともある。

　ところが実際に面と向かって話をすると、そのような危険性は軽減される。会話のやり取りでの相手の表情の変化は、次にどう話すべきかの重要な情報となる。自分の言った何気ない一言で相手の表情が曇ったが、そんなつもりで言ったわけではないので誤解を解こうと別の表現をしてみる。話の途中で相手の声の大きさやスピードが変われば、何かあると気づくこともできる。そのように機敏に反応して望ましいコミュニケーションを図るというのが対面での会話では可能である。

　もっとも、メールでの顔文字や絵文字は、対面のコミュニケーションに近づける工夫である。顔文字などをメールの文章の句読点の代わりに使うと、微妙

COLUMN★

ケータイのヘビーユーザーは自分勝手!?：霊長類を研究している京都大学の正高伸男教授の『ケータイを持ったサル』（中公新書、2003年）では、現代の若者は「私は一日中「家のなか」感覚でいたい」という願望が強く、私的空間から公共の場に出ることを拒絶する「家のなか主義」であると分析する。地べたに平気で座る、歩きながら飲食する、電車の中で化粧をし、ケータイで会話する。ファーストフード店で自分と仲間たちだけで大騒ぎして楽しめる。それらは公共の場であるという感覚があれば本来はできないことであるが、公共の空間であることを認めず、むしろ私的空間としてしまうことであっさりとできてしまう。

　ケータイのマナーの問題は、この「家のなか主義」からの現象として捉えるとしてもそれは若者ばかりに限定される問題ではない。大人のマナーの悪さもまた「家のなか主義」を生み出し、黙認する土壌のあらわれだともいえるだろう。

　正高氏は若者のケータイの利用を分析すると、それはサル社会と酷似しているという。ニホンザルは相手が視界から消えた途端に社会関係を維持するためにコールしあうが、若者も頻繁に、あえて伝える価値のない情報を交信している。いつもだれかとつながっていないと不安でしかたがない現代の若者はサル化しているという。

　さらに、正高氏による女子高生を対象とした実験では、ケータイを所有していない非ケータイ族はきわめて利他的（まず相手の利益を優先）に振る舞うのに対し、ケータイ族は利己的（まず自分の利益を優先）になり、かつ相手の利己的判断に対し同じ反応で応酬する傾向が強いという結果となった。ケータイ族が増えれば増えるほど、自分本位で人と「関係できない症候群」が蔓延する、ということになる。

なニュアンスや感情を伝えやすくなる。しかし、そのような工夫があるものの、対面のコミュニケーションが未成熟な段階において、メールのようなデジタルコミュニケーションに依存しすぎると、トラブルや対人恐怖症を生み出しかねない、と指摘されてきている（2004年6月の「小6同級生殺人事件」は、ホームページへの書き込みが原因で起こった殺人だった。ネット上でのやりとりは「フレーミング（炎上）」と呼ばれる悪口や中傷の応酬が発生しやすく、深刻な対立に発展しやすい。この事件を契機に、デジタルコミュニケーションの難しさと弊害がマスコミで報道されるようになった）。

📖Let's study!　以下のことについて話し合ってみよう。(1)ケータイで不愉快な思いをしたことはないだろうか？自分が心がけているケータイ・マナーはどのようなものだろうか？　(2)「ケータイは命の次に大事」という若者がいれば「しょせんケータイ」という若者もいる。人によってケータイへの依存度が違う理由は何だろうか？

＊Ⅲ．ケータイによって囲い込まれる消費者

1．企業にとってのケータイ

戦後日本の経済成長は広告業界が牽引してきた側面があった。大手企業は大量生産・大量販売体制を構築し発展させるために、テレビ、新聞、雑誌といったマスメディアの広告を積極的に利用してきた。長期化する平成不況によって国内総広告費は横ばいの状態が続いているものの、2002年で約5兆7千億円、国民一人あたり約45,000円の広告費を支払っていることになる。2001年度の企業の広告宣伝費のトップはトヨタ自動車で、その金額は1,023億円にものぼる。

このマスメディアを利用した広告の見直しが、現在進められている。その理由は、若者の活字離れによって新聞や雑誌の広告に接する機会が減っているためであり、またテレビよりもケータイやパソコンの方が楽しく感じる若者の視聴時間が減っているため、マスメディアの広告効果が低下しているためである。

そして現在、企業は売るためのツール、媒体としてケータイに注目している。ケータイには企業に

● Further Readings
D2コミュニケーションズ『iモード・マーケティング＆広告』東洋経済新報社、2001年
博報堂『ケータイマーケティング』日本能率協会マネジメントセンター、2000年

とって売るためにプラスに作用するメディアの特徴がいくつも備わっている（宣伝会議編『モバイル・マーケティングの処方箋』宣伝会議、2002年、10〜11ページ）。

①ケータイは「常時30cm以内のメディア」：ケータイは持ち主と行動を共にして絶えず30cm以内に存在し、他人に貸されることのない本人だけが使うパーソナルメディアとなっている。企業からすると外出先へも情報を送ることのできる今までにない貴重なメディアであり、性別・年齢・所得・購買行動といった属性や場所、日時ごとに対応した情報を効果的に送ることができるメディアである。

②ケータイは「寝転んで使えるメディア」：企業広告の浸透効果はリラックスした状態のときの方が高い。ケータイは寝転んで使用することができ、身構えることなく気軽に広告に接してもらうことができる。

③ケータイは「暇つぶしのメディア」：ケータイによって交通機関や人との待ち合わせなどの隙間時間を活用することができる。何か楽しいことを探しながら見る暇つぶしメディアであるために、企業からすれば、伝えたい情報をコンパクトに凝縮して楽しい情報に仕立てることで、利用者からの素早い、そして大量の反応が期待できる。

④ケータイは「消費ポイント10mメディア」：購買直前に受けた情報刺激に商品選択が左右されるというリーセンシー効果をケータイは引き出すことができる。たとえばお昼に缶コーヒーのキャンペーン情報を送信して、10m先のコンビニ・自動販売機で、どうせ買うならキャンペーン実施中の商品を、と誘導することができる。

2．消費者ニーズを把握するためのケータイ

企業はモノやサービスを販売する前の企画段階で、市場調査であるマーケティング・リサーチを実施する。これはもともとアメリカで普及したマーケティング手法であり、日本に本格的に導入されたのが1960年代初頭である。終戦後の作れば売れる状況を反映して経営姿勢は「作れるものを売る」というものであったものが、経済が回復・発展することで「売れるものを作る」に転換しなければ売り上げが伸びない時期が1960年代に始まったのである。このマーケティング・リサーチの規模は年々拡大し、1983年600億円であったものが2002年には1,500億円となっている。特に急速に伸びているのが、ケータイを利用し

たりサーチである。従来のマーケティング・リサーチの方法は、手作業によるアンケートやモニタリングなどによって多くの時間とコストが必要であった。それがケータイを利用することで、きわめて短時間に膨大な反応がありコストも大幅に削減できるようになった。

　たとえば、2003年2月よりスタートした「小田急グーパス」は自動改札連動型の情報配信サービスであるが、会員登録者が定期券で改札を通過するとケータイにメールが配信される。会員にメリットのある情報とともにアンケート依頼のメールも配信するが、会員は電車の待ち時間を使ってアンケートに答えることができる。会員にとっても隙間時間を埋めながら、特典、プレゼントの楽しみもある。

　ネットアンケートの専門会社も増えてきており、依頼主には発注から72時間以内に2000人分の調査結果を報告することも可能になった。さらにカメラ付きケータイを利用したアンケートでは、回答者の自覚していない有益な情報が画像から読み取れるようにもなった。

3．優良顧客を探索するケータイ

　最近の消費の特徴を説明するものとして「パレートの法則」がある。下図のAランク顧客は、顧客数全体の2割にすぎないが収益の8割をもたらしてくれる「優良顧客」である。一方Cランク顧客は、顧客数は多いがほとんど収益に貢献しない、チラシなどを見てお買い得商品を追う「バーゲンハンター」である。効率的な経営のためにはバーゲンハンターも必要な顧客であるが、企業の存続の鍵を握っているのは優良顧客である。

　ポイントカード、会員カードを発行し、会員情報をデータベース化したり、招待、セールなどの優遇策を提供して企業は消費者を囲い込み、優良顧客を確保しようとする。この企業活動でもケータイは注目されている。

　たとえば、「洋服の青山」の青

図表15-3　パレートの法則

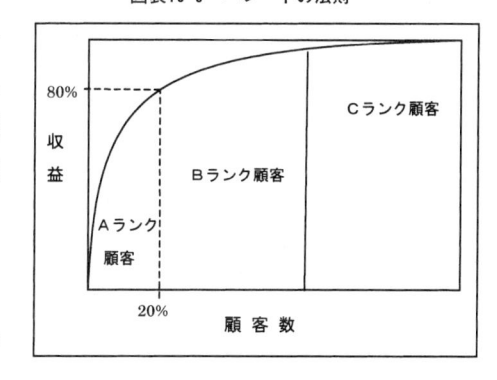

山商事はケータイによって学生の囲い込みを次のように図っている(『日経流通新聞』2003年8月28日付)。

①有望消費者への働きかけ：リクルートスーツの購入時期に割引券をメール配信。

②顧客化へ向けての働きかけ：合同企業説明会などのリクルート情報の提供で「頼りになる青山」を定着。

③優良顧客候補リストの作成：就職内定者にはお祝いの景品を贈る旨のメールを配信し、プレゼント希望の返信メールによってリストを作成。

④優良顧客化の実現：社会人となってからは優良顧客候補リストを用いて青山のクレジットカードへの入会を勧め顧客化。

このようにケータイを通して優良顧客を探索し、優良顧客を囲い込むという戦略によって、安売りチラシに頼る戦略からの脱却が試みられている。

📖 Let's study! (3)ケータイによってモノを買ったり、ケータイの情報によってどこかに出かけてお金を使ったという経験はないだろうか？あるとすれば情報の送り手にどのような工夫がみられるのかを調べてみよう。

*Ⅳ. 上手にケータイとつき合おう

ケータイを通して喜怒哀楽を感じるのはあたりまえになった。また、ケータイはいつも身近にあってメモリーには過去の自分が詰まっている。

それでもケータイはコミュニケーション手段の一つ、記録をするための一つの手段にしかすぎないんだという、気持ちの余裕を持って使わなければ、ケータイに振り回されてしまう。

そして、企業のケータイを使ったマーケティングでは、私たちは気づかない内に囲い込まれているという事態が生まれている。企業に誘導されるようにモノを買ってしまうということが、ケータイの便利さや楽しさに含まれるようになってきた。

ケータイのない生活はもう考えられなくなった今、どうやってうまくケータイとつき合っていくかが問われているようだ。

(碓井　和弘)

Chapter 16 地球規模の環境問題とは？

*Ⅰ.タマちゃん現る

　2002年8月7日、東京の多摩川に幼い1頭のアゴヒゲアザラシが現れた。このアザラシは"タマちゃん"と名づけられ、世間を楽しませ騒がせることになった。アザラシ類の幼獣は昔から北極圏において狩猟の対象となっており、撲殺され毛皮にされていた。何千何万という愛くるしいアザラシの幼獣が人間の生活のために殺されてきた過去があるのだ。また北海道では海獣たちと魚をめぐっての軋轢がある。もともと人間のものでも何でもない魚を食べられ被害を被っているとして、トドが駆除されたりしている。そうしたことを知ってか知らずか、都会の川に現れたアザラシの幼獣個体に対する人々の態度のなんとやさしいことか。この現象は人間には様々な価値観による行動様式が存在していることを示しており、それぞれの個人や企業や国家などが自由な振る舞いをすることによって生じる環境問題の解決困難さを、違った面で示しているように思われてならない。

　タマちゃんはその後、横浜の鶴見川に移動したことが確認された（8月25日）。鶴見川は2002年度の河川水質ワースト1位になっていて、アザラシにとっての環境の悪さが危惧され、何よりも食物があるのかどうかが心配された。鶴見川は河川水質ワースト5の常連である。図表16-1には1972年からの5年ごとのデータを掲げてある。この表では汚染の指標としてBOD (biochemical oxygen demand、生物化学的酸素要求量) が示されている。BODというのは有機物をバクテリアが分解するのに必要とする酸素の量であり、単位体積あたりの水中に有機物がどれくらいあるか（富栄養化の程度）を示す。1960年代の高度経済成長期に数々の公害問題が発生し、四日市ぜんそくやイタイイタイ病などの公害病が続発した。また、生活排水の河川への垂れ流しによる都市河川の汚染が問

図表16-1　水質ワースト5河川の変遷

(単位：mg/l)

順位	1972年		1977年		1982年		1987年		1992年		1997年		2002年	
	河川名	BOD値	河川名	BOD値	河川名	BOD値	河川名	BOD値	河川名	BOD値	河川名	BOD値	河川名	BOD値
1	綾瀬川	55.2	大和川	19.3	綾瀬川	16.0	綾瀬川	16.6	綾瀬川	22.7	綾瀬川	9.1	鶴見川	5.5
2	大和川	19.0	綾瀬川	19.0	大和川	13.6	大和川	13.6	大和川	11.1	大和川	8.7	大和川	5.5
3	猪名川	17.2	鶴見川	10.6	鶴見川	9.2	鶴見川	8.3	揖保川	11.0	鶴見川	5.8	綾瀬川	5.4
4	鶴見川	14.8	揖保川	6.2	揖保川	5.7	中川	6.0	中川	7.6	中川	4.7	猪名川	4.1
5	庄内川	12.0	多摩川	6.0	中川	5.6	揖保川	4.9	鶴見川	6.9	猪名川	4.6	中川	3.9

(http://www.mlit.go.jp/river/kankyou/suisitu/genkyou.htmlより作成)

● Further Readings
宝月欣二・吉良竜夫・岩城英夫編
『環境科学　自然・生物・人間のシステムをさぐる』NHK市民大学叢書25　日本放送出版協会、1972年

題となった。そのため下水道の普及が進むほか、富栄養化の元凶とされた合成洗剤の無リン化がなされる一方、合成洗剤排除の運動も起きた。こうした取り組みによる効果もあり、BODでみるかぎり河川の水質は30年前に比べると、ワースト1といえども随分と良くなっている。

　なおそれでも川の汚れがひどかったのか、タマちゃんが鶴見川で見られた期間は短かった。次の半年くらいの間に帷子川で頻繁に目撃された後、埼玉県の荒川において2003年の3月下旬に発見された。ここに1年ほど滞在していたが、2004年の4月中旬以降は誰もタマちゃんの姿を見ていない。この間、右目横に釣り針が刺さっている有様が報道され、捕獲して助けるべきだという意見がもち上がった。また、大きなウナギを獲って食べているところが映像にされた。これには、あんな川にウナギがいるのかと驚かされた。荒川の水質は関東地方ではワースト5に入るという。しかし前述のように、過去の状況に比べれば水質は格段に良くなっており、多種の魚が生息できるようになっているので、餌には不自由しないであろう。ある程度の富栄養化は魚の現存量を増加させる。鶴見川では再びタマちゃんを呼び戻そうと、河川のクリーンアップ活動がなされており、清掃に参加した小学生はゴミの多さに驚いている。ポイ捨てされた散乱ゴミは川へ移動し、海へと流れていく。そして、腐らないプラスチックは細かく砕かれ地球全体に拡散していく。これも各個人の自由な振る舞いによるものである。

　河川においてバクテリアによって有機物が分解されることを、「河川の浄化

作用」という。「水に流す」という言葉があるが、これにはきれいにするという意味あいがある。「河川の浄化作用」は単に薄められることではない。汚れが分解され消失するのである。河川の生物にとってある程度の有機物汚染は必要である。しかし、浄化作用の速度を上回る有機物の流入があれば有機物の蓄積が起こり、分解に要する酸素が不足してしまう。こうなると河川は悪臭を放ち、魚はおろか多くの生物がすめなくなってしまう。また、バクテリアの生育を妨げるような環境にしてしまえば、やはり浄化作用は低下する。

Let's study! (1)イヌイット（エスキモーと呼ばれていた民族）の伝統的な生活様式を知ろう。

＊Ⅱ．有害物質の垂れ流しがもたらしたもの──水俣病と喫煙

　水俣病は企業が有機水銀の含まれた廃液を長年水に流し続けた結果、流域の人々に発症した。企業側は容易に因果関係を認めようとせず、長い裁判となった。この時代には毒物でも水で薄めれば無害にできるという社会通念のようなものがあって、規制らしい規制も受けることなく、工場外部に有害物質を捨てていた。同様にガス状の排出物は煙突を高くし遠くへ飛ばし、拡散させれば問題ないとされていた。有機水銀はバクテリアによって分解され無毒化されることはない。水で薄めても、河川の生態系における食物連鎖によって濃縮され、魚の体内に蓄積する。こうした有機水銀に汚染された魚を長期にわたって食べ続けると、人間の体内でさらに濃縮され蓄積していく。これを「生物濃縮」という。新潟の阿賀野川流域で起きた第二水俣病の裁判において、その原因を明らかにし企業責任を問うのに大きな役割を果たした事象である。

　水俣病は企業が利益追求のために費用のかかる有害廃棄物の処理をせず、工場の外部に排出したことにより発生したものである。しかも過去の経験を活かすこともせず、違う企業であるが、同じことを繰り返した。そのために多数の悲惨な犠牲者を出した。そして責めを負うべき企業に賠償能力はなく、患者と企業の救済のために多額の税金が使われることになった。

　硫酸ピッチやタイヤなどの不法投棄に関する事件が時々ニュースになる。棄

> ● Further Readings
> 高月紘『ごみ問題とライフスタイル こんな暮らしは続かない』シリーズ地球と人間の環境を考える08、日本評論社、2004年
> 石渡正佳『産廃コネクション』WAVE出版、2002年

てるものによって不法となるのは、それを処理する方法が決められていて他の処理が禁止されているからである。水俣病発症当時(1950〜60年代)はまだ現行の「廃棄物処理法」のもとになった法がなく、工場排水の規制は甘く水俣病の原因となったメチル水銀化合物の放出は不法ではなかった。現在は「家電リサイクル法」その他の廃棄物処理に関する法が整備されている。だが法律が制定されても、毒物であろうとなかろうと廃棄物処理にかかる費用を省き、利益をよりあげようとする行為は後を絶たない。特に産業廃棄物の不法投棄との、まさに戦いは熾烈となっている。発ガン性があり、呼吸器疾患をもたらすディーゼルの排気ガス規制はいまだに強化されていない。

受動喫煙の害は、やっと最近になって広く認識されてきており、分煙と禁煙場所の拡大が進んでいる。またキャンパス内を全面禁煙にしている大学も増えている。ほんの20年足らず前(1990年代)まで、北大病院の診察待合室でさえ灰皿が置いてあり、喫煙者の自由が謳歌できる場所になっていた。喫煙者、すなわち毒物排出者の自由は、非喫煙者の大いなる不自由をもたらす。このようにして、加害の自由が野放しになっていた時代が長く続いていたのである。

> 📖 **Let's study!** (2)水俣病や四日市ぜんそくなどの公害訴訟について調べてみよう。

*III. ローカルからグローバルへ

多数の被害者を出して公害問題が一段落したあと、「地球規模の環境問題」という言葉がさかんに登場するようになる。その代表的なものを三つ挙げておく。

1. オゾンホールの脅威

1980年代に入り南極上空にオゾン層が破壊されている領域のあることが明ら

かになり、「オゾンホール」と名づけられた。オゾン層を破壊する物質はフロンであることが判明した。化学的に安定で人体には直接害のないフロンは冷蔵庫やエアコンの冷媒、プラスチックの発泡剤、スプレーの噴射剤などに広く使用されてきた。オゾンホールは年々拡大し、1990年には南極大陸より大きくなった。オゾン層は大気圏の上層にあって、地球に入射してくる紫外線を遮断する。

　地球が46億年前に形成され、原初の生命が40億年前には誕生していたと推測される。当初、生命は生物の関与なしに自然に生成する有機物やお互いの食い合いをし、無機物から有機物を合成できない生物（従属栄養生物）しかいなかった。このまま従属栄養生物ばかりでは生物の世界は存続できないところである。ところがタイミング良く、ふんだんに降り注ぐ太陽光のエネルギーを使い、無機物の二酸化炭素と水から有機物を合成（光合成）する生物が現れた。無機物から有機物を合成し自らの栄養とする能力をもつものを独立栄養生物というが、これには光合成をする生物の他に化学反応のエネルギーを利用して有機物の合成（化学合成）を行う生物がいる。光合成を行うシアノバクテリアは大繁栄し酸素をさかんに放出した。酸素は地球表面を酸化させ、空気中に蓄積した。酸素は物を酸化させる毒ガスである。無酸素条件下で生きてきて酸素の解毒作用をする酵素をもたないために、酸素があると生存できない生物（嫌気性細菌）のほとんどは絶滅してしまった。地球環境の大規模な改変である。この変化は当時の生き物にとっては環境破壊である。しかし一方では、発酵でとどまっていた有機物からエネルギーを取り出す代謝経路が最終的に水素を酸素に渡すという呼吸鎖へと拡張された。すなわち酸化力が強く毒ガスであった酸素を積極的に利用するようになり、逆にほとんどの生物は酸素なしでは生存できなくなったのである（好気性生物）。酸素呼吸によって有機物のもつ化学エネルギーは大量に利用し尽くされるようになり、多細胞生物誕生の準備を整えた。さらに大気中に蓄積した酸素は紫外線と反応しオゾン層を形成し、生物の陸上での生活を可能にした。紫外線は電離作用をもつ放射線の一種であり、DNAを損傷する。フロンは生物にとってのバリアーであるオゾン層を破壊する作用をもつのみならず、強力な温室効果ガスでもある。

2．森林伐採・ウシのゲップの関係は？？──地球温暖化

　人類は産業革命までの長い間、生活のために必要なエネルギーとしてもっぱら人力や畜力、風力、水力などの、今でいうところの自然エネルギーに依存してきた。化石燃料を利用し出した産業革命後も1950年代までは膨大なエネルギーを消費する地域や階級がまだ限られていたので、地球全体でのエネルギー消費は地球環境にまで影響するものではなかった。1960年以降の化石燃料消費の増大と炭素の大きな貯蔵庫である森林の減少は、大気中の二酸化炭素（CO_2）の濃度を高め続けることになった。CO_2は温室効果ガスの一つである。CO_2の増大は地球の平均気温を高めるものと推測され、実際に様々なデータは平均気温が高まっていることを示している。しかし、根拠なしにこの因果関係を否定しているエネルギー消費大国が存在する。

　地球は短波長の可視光線を太陽から受け取り、長波長の赤外線として廃熱を宇宙に放出する。この時赤外線の放出を妨げ気温を上昇させる作用をもつのが温室効果ガスである。温室やビニールハウスは廃熱を速やかに棄てさせない装置であり、「温室効果」という用語はこれに由来する。温室効果ガスには、前述のフロンの他、自然にはCO_2、やH_2O（水蒸気）、メタンガスなどがある。温室効果ガスがないと地球の平均気温は$-25°C$となり、このような温度では生命の存在にとってもっとも重要な水の循環がほとんど起こらない。温室効果ガスは適量に必要である。この適量を超えて温室効果ガスが排出されていることが問題なのである。地球温暖化により氷河が減少し、さらに海水が膨張して海水面が上昇する。そのため陸の水没や大きな気候変動、「異常気象」の頻発が予想されている。

　人間の肉体そのものが呼吸によりCO_2を放出する。体重が大きいほどそれに応じたCO_2を排出する。つまり、体重が重い人間ほど環境を駄目にする度合いが高いのである。個体の平均体重が大きいアメリカ人は牛肉をたくさん食べる。ウシを飼養するには牧草地を必要とする。牧草地は森林を伐採して作られた。ウシは草を食べ自らの血と肉に転換する。ウシは微生物の培養タンクである

● Further Readings
生野正剛・早瀬隆司・姫野純一編著
『地球環境問題と環境政策』 MINERVA TEXT LIBRARY 24、ミネルヴァ書房、2003年
池谷和信編『地球環境問題の人類学』世界思想社、2003年

反芻胃(ルーメン)と腸をもつ。この培養タンクからはメタンガスがゲップとして出る。肉食を主とするアメリカ型の生活は四重に地球の温暖化を進めることになる。何でも自動車で用をすませ体を動かさず、ハンバーガーなどのファーストフードに依拠する生活によって、肥満となり、自己維持のためにより多くのエネルギーを消費する。肉食のために森林が草地と化し、森林に貯蔵されていた CO_2 が大気中に放出される。そして膨大な頭数のウシがメタンを放出する。前述の"エネルギー消費大国"は、いうまでもなくアメリカである。アメリカの人口は世界人口の約１／30であるが、温室効果ガスは世界の総量のうち１／４弱を排出している(図表16-2)。一人あたりに換算すると19.8トンとなり、日本(9.4トン)の倍以上排出している。

図表16-2 世界の温室効果ガス排出量に占める各国の割合

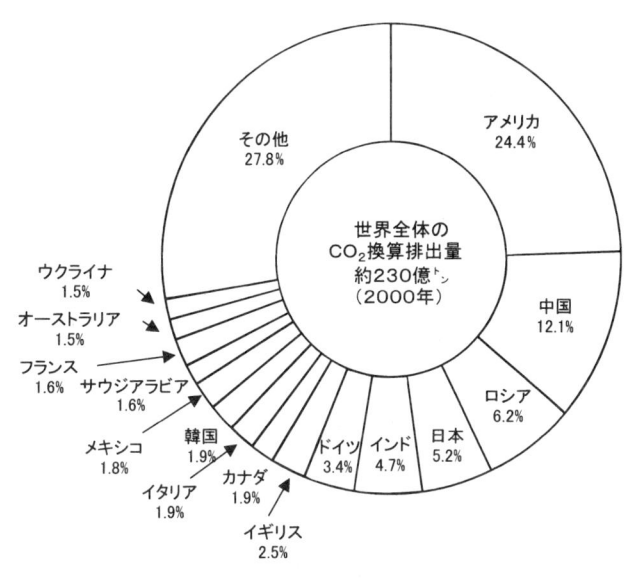

世界全体の CO_2 換算排出量 約230億トン (2000年)

アメリカ 24.4%
中国 12.1%
ロシア 6.2%
日本 5.2%
インド 4.7%
ドイツ 3.4%
イギリス 2.5%
カナダ 1.9%
イタリア 1.9%
韓国 1.9%
メキシコ 1.8%
サウジアラビア 1.6%
フランス 1.6%
オーストラリア 1.5%
ウクライナ 1.5%
その他 27.8%

(出所：オークリッジ国立研究所)

1997年12月に国連気候変動枠組条約第三回締約国会議(COP3)が京都で開催され、議定書が採択された(京都議定書)。その後アメリカが途上国には実質上排出規制のないことに不満を示し、経済成長の妨げになるとして離脱した。日本は1990年比６％減を掲げたが、とても達成できそうにない。アメリカや日本、他の先進国がアメリカ型の生活をやめることなしに、中国やインドそして発展途上国におけるアメリカ型生活様式の普及を妨げることはできない。

３．海洋汚染

前述のように生活排水や産業排水は河川を汚染し、汚染した水は海へと流入

> ● Further Readings
> 環境省編『環境白書』各年度版、『循環型社会白書』各年度版
> 吉田文和『循環型社会 持続可能な未来への経済学』中公新書1743 中央公論社、2004年
> 田中紀夫『飽食のエネルギー 現代文明の落とし穴』日本経済評論社、2001年
> 武田邦彦『環境にやさしい生活をするためにリサイクルしてはいけない』Play Books 青春出版社、2000年
> 中村修『なぜ経済学は自然を無限ととらえたか』日本経済評論社、1995年
> 室田武『君はエントロピーをみたか？』朝日文庫 朝日新聞社、1991年

する。有機物は干潟のような場所があれば生物によって食べられたり、分解されたりする。干潟をなくすことは自然の浄化装置をなくし、生物の餌場と生活場所を奪うことである。これに加え人間の活動は様々な物質、特に石油に由来する化学物質を海に蓄積させている。このなかにはかつて広く使用されていた残留性の強いDDTなどの塩素系農薬や、強い毒性をもつPCBがある。廃棄物の海洋投棄はロンドン条約によって規制されているが、不法投棄が後を絶たない。日本も過去にさかんにこれを行ったことがある。近年ではロシアが旧ソ連の原潜から出る放射性廃棄物を日本海に投棄したことは記憶に新しい。また意図的ではないが、ナホトカ号が重油流出事故を起こし、日本海を汚染させ多大な被害を与えた。

さらに石油文明は毒物のみならず、プラスチックのゴミを地球全体にまき散らしている。漂着プラスチックは廃棄物に由来するものに限らない。ルートはまだよくわかっていないのだが、プラスチック製品の原料である小粒状のレジンペレットが世界中の海に拡散し海岸の砂中に蓄積しつつある。

🔖 **Let's study!** (3)その他地球規模の環境問題として、熱帯雨林の減少、生物多様性の減少、砂漠化、酸性雨などがある。これらについて調べてみよう。また、日本のエネルギー消費とエネルギー資源についても調べてみよう。

＊Ⅳ．環境論栄えて環境滅ぶ

以上のような地球規模での環境問題といえども、結局は個人や各企業、国家の勝手な行為、つまり自由主義に起因しており、日本における1970年代の公害問題と同じである。しかもグローバルなだけに規制は困難であり、そして先進

国は今のエネルギーと資源を大量に消費し、毒物と廃棄物、廃熱を大量に出す生活様式を変えようとしないのである。

　環境問題は多岐にわたりしかも互いに関連している諸課題を抱えている。たとえばここではほとんど取り上げることできなかった環境ホルモン、資源、エネルギー、食糧問題などがある。その他、廃棄物に関してもあまり触れられなかった。昨今環境学研究が盛んになり、この分野に理系・文系を問わず多くの研究者が参入してきている。文献は教科書的なものを含め膨大にある。発行された夥しい書籍や雑誌をみていると、これらの「紙」には資源とエネルギーが費やされているのだ、そして自分も加担しているのだと、つくづく思い知らされる。「環境論栄えて環境滅ぶ」かもしれないのだ。

　　　　　　　　　　　　　　　　　　　　　　　　（桜井　道夫）

第 II 部

学びのスキル

絶対に必要な技！

Chapter 17 レポート・レジュメ作成の心構え

＊Ⅰ．大学生活で要求される表現手段

　この章から19章にかけて、レジュメの作り方とレポートの書き方を扱う。両者はともに大学生活で要求される表現手段である。レジュメとはゼミナールで発表を行う際に参加者に配付する資料のことである。ハンドアウトと呼ばれることもある。レポートには、様々な種類のものがある。講義内容を把握しているか確認するために先生方が学生に課すもの、ゼミナールで行った発表を文章化させることを目的としたもの、指定した文献の内容を報告させるものなど。
　レジュメの作り方、レポートの書き方という各論に入る前に、両者に共通する心構えを示すことにする。

＊Ⅱ．レポート・レジュメに欠かせない要素

　レポート・レジュメは学術的な言説である。どのような種類のものであるかに関わりなく、学術的な言説に対して要求されるのは、次の3点である。
- **問題設定とそれに対応する答え**が存在すること
- **検証可能**であること（論拠となる事実の**データソース**を明示していること）
- **オリジナリティー**があること

　レジュメはゼミでの口頭発表を補助する機能を持つ文書である。口頭発表であれレポートという文章であれ、学術的な言説である以上この三つの要素が要求される。

＊Ⅲ．問題設定と答えを含んでいること

　大学のゼミや講義は、どれだけ身近な事柄を扱っている場合でも学術的な言説である。それは、話し手が先生の場合でも学生の場合でも変わらない。あるテーマについての言説が学術的なものであるためには、**明確な問題設定とそれに対する答えを含んでいなければならない**。そして、答えは分析のかたちをとるのが一般的である。これは、先生の講義や学生の発表といった口頭での発表だけの話ではない。レポートや論文といった文章にも当てはまる。

　ゼミの発表やレポートではテーマを設定されることが多い。あるテーマについて論じなさいとかあるテーマについてレポートを書きなさいというのは、「あるテーマについて問題設定をして自分の意見を述べなさい」と同義だと考えてほしい。

　あるテーマについて問題設定をするには、そのテーマについていろいろな角度から分析してみるとよい。たとえばテレビをテーマに論じることを要求されたとしよう。テレビの様々な側面について思いつくかぎりのことを紙にメモしてみよう。テレビを介しての情報伝達のあり方（他のメディアとはどんな違いがあるのか）、生活への影響（テレビがなければ生活はどう変わるか）、思考や嗜好への影響（テレビの放送内容が視聴者の消費行動に与える影響にはどんなものがあるのか）など思い浮かぶ言葉をメモしていくうちにテレビについて問題設定することができるはずだ。

　明確な問題設定とそれに対する答えが存在するという特徴は、**学術的な言説**の構造をも規定している。学術的な言説は、通常以下に示す3部構成になっている。

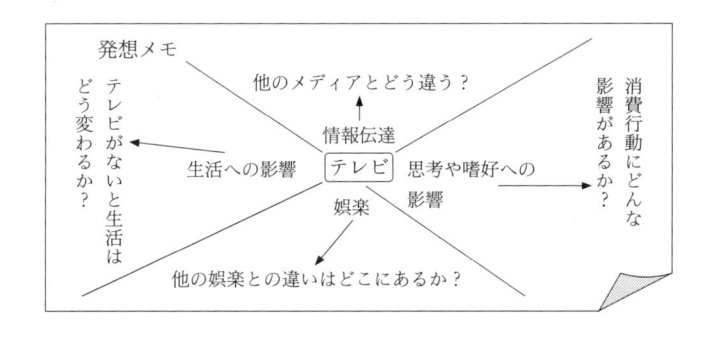

```
発想メモ
　　　　　他のメディアとどう違う？　　　消費行動にどんな
テレビが　　　　　　　　　　　　　　　　影響があるか？
ないと生活　　　　情報伝達
はどう変わ　　生活への影響 [テレビ] 思考や嗜好への
るか？　　　　　　　　　　　　　　　　影響
　　　　　　　　　　　娯楽
　　　　　　他の娯楽との違いはどこにあるか？
```

序論：何をテーマとしてどんな問題設定をするか。どんな分析を行うのか。
本論：分析方法の紹介、データの提示、分析結果の提示など。
結論：分析内容のまとめ

　上に示したのは、最小限の区分である。本論はさらに細かいパートに分かれることもある。本論がどのような構成になるにせよ必要なのが、**序論**と**結論**である。序論ではレポートや発表で扱うテーマを紹介し、どのような問題設定をするか紹介する。また、**本論**や結論で展開する分析や主張について紹介しておく必要がある。

　問題設定も分析もない発表やレポートは、高い評価を得ることができない。これは、先行研究の紹介を行う場合でも同様である。先行研究を紹介する場合でも、単にその内容を紹介するだけでなく、その文献についての評価を述べる必要がある。もちろん、その評価は、好みに基づくものでは説得力がない。なぜそのような評価を下すのか、先行研究の内容を分析した上で展開する必要がある。

＊IV．データソースが明示されていること

　ジャーナリスティックな言説とは異なり、学術的な言説ではデータソースを明示することが要求される。たとえばある都市の人口に言及する場合、その数値を何によって調べたのか文中および参照文献欄で示す必要がある。自分で調査や実験を行って得たデータを紹介する際にも、どのような条件下で調査や実験を行ったのかを示すことが要求される。

　データソースを明示する方法の詳細については、第18章で詳しく述べることにする。

＊V．オリジナリティーがあること

　レポートやゼミにおける発表を評価する上でもっとも重視されるのがオリジナリティーである。オリジナリティーを出すためには、他人発の情報と自分発の情報を明確に区別する必要がある。また、発表や文章が単なる事実や先行研究の紹介にならないように注意してほしい。自分の分析や意見がなければオリ

COLUMN ★

気をつけよう：インターネットの掲示板などで、大学のレポートをウェブページの切り張りで作ったら単位が来た、などという書き込みを見かけることがある。君たちの先輩にも同じことをいう学生がいるかもしれない。しかし、そんなことを真に受けてはならない。無断引用や盗作は、社会に出れば法的な問題に発展しかねない行為だ。先生方は気づかないだろうなどと高をくくらない方がいい。君たちが調べられることは先生方も調べられることなのだから。

ジナリティーのある発表・レポートとは見なされない。

　他人の研究の無断引用や盗作は、社会通念上悪いことであるだけでなく、発表や文章のオリジナリティーを台無しにする点でもよくない。君の発表した内容が、他の人の研究から無断で借りてきたものなら、オリジナリティーがまったくないことになるからだ。

　先行研究の紹介を行う場合でも、その文献についての評価を述べるべきだと書いた。先生に指定された文献をゼミで報告する場合、君の個性はその文献に対する評価の部分で現れる。その文献の分析の問題点は何か、その分析から自分の研究に利用できる点は何か、そういった観点から評価を行うとよい。「この文献にはこんなことが書いてありました」と言うだけではダメだ。「だからどうなのか」（君の意見）という部分がレポートにもゼミの発表にも要求されている。

　第18章と第19章では、レポートの書き方と発表におけるレジュメの作り方について実例を示しながら、説明することにする。ここでは、自分で調査・実験をして報告するタイプの例として「猫の名付け方に関する一般化」をテーマとするレポートと発表の一部を示し、先行研究の紹介の例として「猫の名付けにおける動物名称回避仮説」という文献の報告の一部を示す。なお、いずれの例も筆者が便宜上でっち上げたものである。内容は真に受けないでほしい。ここで読者に知ってほしいのは、レポートやレジュメの形式的な側面である。

　Let's try! 「フリーター」というテーマを与えられたものとして問題設定をしてみよう。

（佐々木　冠）

Chapter 18 レポートの書き方

*Ⅰ. レポートを書くにあたっての注意点

　この章では、レポートを書くための手順、内容、形式に関して注意すべき点を示す。ここに示す諸注意は、標準的なものであって、特に何も指定されていない場合に適用されるものである。君の受講している講義でレポートの書式が指定されていて、以下に示す内容と矛盾する場合は、講義で指定された書式を優先してほしい。

*Ⅱ. 手順（いきなり書くな）

　レポートを書く手順から始めることにしよう。よいレポートを書くためにはいきなり文章を書き始めないことが大切である。文章を書き始める前にやるべきことがある。

1. 課題を確認する

　まずやるべきなのは、君に課されたレポートで何を要求されているのかを確認することだ。何について（テーマ）、いつまでに（締め切り）、どのような規模（字数指定）で書くことを要求されているのか確認し、**メモしておこう**。

2. 文献リストを作り、先行研究を集める

例18-1　メモの例

```
テーマ：名付けの言語学的分析
締め切り：7月20日（前期最後の講義）
字数指定：3000字以内
```

　要求されていることを確認したら、扱う題材と分析方法を考えよう。扱う題材が決まったら、それについて研究した**先行研究をできる限り集めよう**。

先行研究を把握することは、なぜ必要なのだろうか。君の研究がオリジナルなものであるためには新しい知見が含まれている必要があるからだ。新しい知見が含まれているかどうかは先行研究との関係で決まる。先行研究ですでに明らかにされていることをもう一度述べても意味がない。これは、先行研究で扱われている題材を扱うべきではないということではない。すでに多くの研究で扱われている題材でも、これまでと異なる視点で追求すれば新しい知見を得ることはできる。

　先行研究を調べるには、インターネットや図書館で検索するほか、そのテーマで専門的に研究している先生に相談するのも有効だ。特に、新しい研究は、各種データベースに反映していない場合もあるので、先生に相談した方がよい。まず新しい研究を一つ取り上げて、そこで引用されている文献から自分のレポートに必要な先行研究の文献リストを作るとよい。論文の末尾にある参照文献欄のなかで自分の研究対象に関係のありそうなものをピックアップしていけば文献リストができる。文献リストは、「読むべき論文」のリストであって、「読んだ文献」のリストではない。

　文献リストを作ったらリストにある論文をできるだけ入手するようにする。自分の大学の図書館になければ、図書館の他館文献複写サービスを使って他の図書館から取り寄せることができる。国内にある文献なら1週間から2週間で入手できる場合がほとんどだ。自分が探している文献がどこにあるかは、NACSIS Webcat（第21章参照）で調べることができる。

　先行研究は、手に入ったものから順に素早く目を通していく。先行研究を読

例18-2　文献リストの例

刈谷熊三（2000）「ヨーロッパにおける猫の名付けに関する認知主義的研究」博士論文、猫実大学．
刈谷熊三（2001）「北海道における猫の名付け」、
　　http://www.nekozane.ac.jp/kariya/man/hokkaido.pdf
刈谷熊三（2002）「猫の名付けにおける動物名称回避仮説」『猫名研究』235、35-70．
刈谷熊三（2003）「動物名称回避仮説の認知的基盤」『猫の認知言語学』刈谷虎吉編、2-50、おやしお書房．
谷浦虎吉（1957）『動物の名付けに関する構造主義的研究』おやしお出版．
谷浦虎吉（2004）「動物名称回避仮説批判」『猫名研究』240、1-50．

む時は、自分の研究に関係の深いところはどこか、つねに意識しながら読む。そのように目的意識をもって読んだ方が早く論文を読み進めることができる。

3．レポートのアウトラインを作る

　先行研究をある程度読み、自分が扱おうとしている題材をどんなかたちで分析するのかおおよその見当がついたら、アウトラインを作ろう。**アウトラインとは、文章の構成を書いたメモのことだ**。自分で調べるタイプのレポートなら、これと平行して調査計画を立て、実行する。そして調査結果を受けてアウトラインの修正を行う。

　上で学術的な文章は「序論→本論→結論」という構成になっていると書いた。序論は論文全体の紹介であり、結論は議論の締めくくりである。アウトラインを作る段階では、序論や結論の中身は考えられない。アウトラインの中では序論と結論は節のタイトルを書いておくだけでよい。アウトラインを作る際には、主に本論の構成を考えるべきである。

例18-3　アウトラインの例

```
タイトル：猫の名付け方に関する一般化
序論：はじめに
本論：先行研究（谷浦（1957）と刈谷（2002）を中心に
　　　紹介、問題点の指摘）
　　　調査方法（札幌市で行った調査の紹介）
　　　分析（調査で得たデータの分析と一般化）
結論：おわりに
```

4．下書き（読む順序と書く順序は別）

　調査とアウトラインの検証のサイクルのなかで、内容がふくらんできて、結論がみえてきたら、下書きをする。下書きは、記号や漢字といった細かい点にとらわれず、一気に書いてしまった方がよい。

　なお、文体に関してはダ・デアル体にする。書き言葉にはデス・マス体とダ・デアル体がある。レポートではダ・デアル体を使うのが一般的である。デス・マス体の方が丁寧でよいと感じる人もいるかもしれない。しかし、レポートでは通常デス・マス体は用いられない。丁寧さよりも明晰さが求められるからだ。

　下書きは、文章の最初（序論）から順に書くべきではない。本論の中の書きやすい場所から書くべきである。**本論を書き上げてから結論を書く**。そして文

章全体の紹介をするために最後に序論を書く。この順序は、読者が文章を読む順序とは明らかに異なる。読者は序論から読み進み、本論を経て結論にたどり着く（序論を読んだあとで、本論をとばして結論を読み、全体を読むに値する場合に限り本論を読む読者もいるだろう。多くの論文を読むためには、そのような読み方も有効だろう。

```
文章の流れ：序論→本論→結論
読む順序：　序論→本論→結論（序論→結論→本論）
書く順序：　本論→結論→序論
```

ただ、この場合ですら、読者は序論より先に本論を読むことはない）。読む側が文章に接する順序と書き手が文章を作っていく順序は別なのだ。

5．推敲、清書

　下書きを書いたら、推敲した上で清書する。推敲とは、文章を見直して改善する作業のことである。誤字脱字、記号の使い方といった形式的な側面だけでなく、表現や論理の展開といった内容面もチェックする。文章が文法的でない文で構成されていると自分の考えが相手に伝わらないということを自覚しておいてほしい。推敲の際には、主語と述語の関係がねじれていないか、助詞の使い方がおかしくないかといった文法的な側面もチェックする。省略のしすぎも文章を分かりにくくする。文体がダ・デアル体になっているかどうかについてもチェックすること。推敲した文書を清書するわけだが、手書きの場合は、鉛筆ではなくペンを使う。ワープロやエディタを使って清書するのもよい。先生に提出するレポートは、清書したものでなければならない。

　提出する前に自分のレポートのコピーをとっておくことを勧めたい。成績評価のトラブルの際などに役立つことがある。

＊III．内容に関して注意すべきこと

　内容に関して注意してほしいのは、次の2点だ。特に後者は、レポートの評価でもっとも重視されるオリジナリティーを出す上でも重要である。

- 脱線しないこと
- 他人発の情報と自分発の情報を明確に区別すること

1．脱線するな

話の本筋とは関係のない内容をどこかの文献やウェブページから紹介してきて（場合によってはそのまま引っ張ってきて）論文の字数を増やしてあるレポートを見かけることがある。これは脱線であり、やってはいけないことである。

指定された字数に満たない場合は、十分説明し切れていない箇所がないかチェックしてみてほしい。専門用語や新しい概念の紹介や説明は十分だろうか。事実の描写は明確だろうか。調査や実験を行ったときの条件はきちんと書いているだろうか。図や表についての説明は十分だろうか。こういった点をチェックすれば、もっと説明が必要な箇所が見つかるはずだ。

2．他人発の情報を自分発の情報と区別する

(1)先行研究を引用する際に注意すること

先行研究などを引用する際に気をつけなくてはならないのは、他人発の情報を自分発の情報のように扱ってはならないという点だ。他人発の情報は、それがデータであれ分析方法であれ、他人発の情報であることを明確に示す必要がある。他人発の情報を自分発の情報から区別するもっとも単純な方法は、カッコに入れたり、独立した段落に配置しインデントを施すなどして地の文から区別する方法である。カッコに入れるにせよインデントを施した段落として独立させるにせよ、引用部分の末尾に「苗字（出版年：掲載ページ）」というかたちで、引用元の文献が何であるか示す。以下によい引用例と悪い引用例を示す。

引用もとの文章

> 日本人が日本語を使う時でさえも、ことばをカタカナ化（＝横文字化）してしまうというのは、英語支配の圧力がいかに大きく、また、日本人の自国文化への劣等感がいかに大きいかを物語っている。（津田幸男 1990『英語支配の構造』第三書館、p15）

よい引用例

> 「日本人が日本語を使う時でさえも、ことばをカタカナ化（＝横文字化）してしまうというのは、英語支配の圧力がいかに大きく、また、日本人の自国文化への劣等感がいかに大きいかを物語っている」（津田 1990：15）という意見もある。

悪い引用例

> 日本人が日本語を使う時でさえも、ことばをカタカナ化（＝横文字化）してしまうというのは、英語支配の圧力がいかに大きく、また、日本人の自国文化への劣等感がいかに大きいかを物語っている。こうした劣等感を払拭することが国際化に向けて重要になってくると思われる。

　悪い引用例では、下線部が他人発の情報（他人の書いた文章）であるにもかかわらず、そのことが明示されていない。これは無断引用と見なされる。

(2)データを引用する際に注意すること

　データを引用する際にも他人発の情報を自分発の情報に埋もれさせないよう注意する必要がある。意外に思うかもしれないが、下記の文は学術的な文章としては不適切である、

> 不適切な文：江別市の人口は123,993人である。

　上の文を書いた人は、どこで「123,993人」という数値を知ったのだろうか。そのことが書いていない。市役所のホームページで知ったのならそのことを文中で明示すべきである。データソースを示す場所は、カッコのなかや注釈のなかでもかまわないが、できれば、以下の例文のようなかたちにすべきだ。なお、人口のように移り変わる数値についてはいつの時点の数値かも明示すべきである。

> 適切な文（本文）：江別市役所（2004）によれば、2004年8月1日現在の江別市の人口は123,993人である。
> 参照文献欄：江別市役所（2004）「平成16年毎月の人口」
> 　　　　　http://www.city.ebetsu.hokkaido.jp/jinko/h16reigetsu.html

(3)先行研究を要約して紹介する際に注意すること

　要約とは、他人の文章を自分の言葉で短くまとめることである。要約は内容に関しては他人発の情報だが、表現に関しては自分の文章であるため一般的に括弧では囲まれない。先行研究を要約して紹介する場合、

> 金田一 (1954) によると日本語動詞はアスペクト的特性によって分類可能であるという。

あるいは、

> 日本語の動詞はそのアスペクト的特性によっていくつかのクラスに分類される（金田一 1954参照）。

のようなかたちで元の文献を示す。この苗字と出版年による文献の示し方は、君たちがこれまで書店で購入した本における文献情報の示し方とは異なるはずだ。しかし、これが学術的文章における文献情報の示し方なのである。文献情報の示し方の詳細については、次の節で詳しく示すことにする。

　ところで、「人から聞いた話なので、文献から情報を得た場合と同じデータソースの示し方ができないんですけど……」という質問を受けることがある。このような場合取材調査で得たデータであるわけだから、「○○氏に取材したところ、△△であった」というかたちでデータソースを示せばよい。氏名を匿名化する必要がある場合はA氏としてもいい。

＊IV．レポートの形式に関して注意すべきこと

　内容いかんにかかわらず、レポートには形式的に必要なものがある。以下に列挙したものがそれである。

- ●タイトル
- ●名前（学籍番号）
- ●見出し（節の）
- ●参照文献欄

以下の二つの例を見てほしい。例1は、自分で調べて報告するタイプのレポート、例2は先行研究を紹介するタイプのレポートである。いずれも1ページ目の途中までを抜き出したものである。

1．タイトルと名前の配置

　いずれのレポートもタイトルで始まっている。ワープロでレポートを書く場

合は、タイトルを中央寄せするのが一般的である。タイトルは、レポートの内容を反映したものである必要がある。先行研究を紹介する場合、先行研究のタイトルをカギ括弧（書籍の場合は二重カギ括弧）で囲んでタイトルとする。自分でオリジナルのタイトルをつける場合は、取り上げる先行研究のタイトルを副題とする。

　名前と学籍番号も忘れないようにしたい。レポートは成績評価の対象となることがほとんどである。せっかく書いた力作も名前を書き忘れては君の成績に反映しない。

2．見出しのつけ方

　レポートを含む学術的文章では、節番号をふった見出しによって文章を分割するのが一般的である。節の見出しは、節の内容を反映したものでなければならない。アウトラインがしっかりしていれば、節の見出しは、構想の段階で決まる。

　例4、例5とも先行研究に言及する際、「苗字（出版年）」というかたちをと

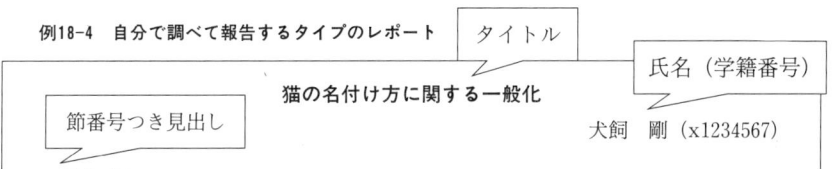

例18-4　自分で調べて報告するタイプのレポート　［タイトル］　［氏名（学籍番号）］

猫の名付け方に関する一般化

犬飼　剛（x1234567）

［節番号つき見出し］

1．はじめに

　本稿は猫の名付け方に関する実証的研究である。T.S. Elliottによれば猫には3つの名前があるという。猫の名前に多様性があることは、谷浦（1957）などにより早くから指摘されてきたが、名付けに一定の制約があることは、刈谷（2002）によって「動物名称回避仮説」が提唱されるまで指摘されてこなかった。本稿では、札幌市で行ったアンケート調査に基づき、これまでに指摘されてこなかった制約の存在を報告するとともに、「動物名称回避仮説」についての批判的検証を行う。

2．先行研究

　谷浦（1957）は、さまざまな動物の呼称についての一般化を試みた最初の研究である。この研究は猫の名付けを唯一の研究対象としたものではないが、その構造主義的なアプローチはその後の名称研究に大きな影響を与えた。谷浦の分析によれば、猫の名付けには秩序が一切見いだされないという。（以下略）

例18-5　先行研究について報告するタイプのレポート

> 制約に基づく一般化と動物呼称理論の展望
> 「猫の名付けにおける動物名称回避仮説」
>
> 犬飼　剛　(x1234567)
>
> **1．はじめに**
> 　本稿が考察の対象とする「猫の名付けにおける動物名称回避仮説」は刈谷熊三が2002年に『猫名研究』235号に発表した論文である。この論文は、それまで多様性ばかりが強調されてきた猫の名付けのあり方に一定の制約があることを明らかにした論考で、今後の猫の名付け研究に大きな影響を与えるものと思われる。本稿では、刈谷（2002）の学説史上の意義を明らかにするとともに、いくつかの問題点を指摘することにする。
>
> **2．猫の名付け研究の歴史**
> 　刈谷（ibid.）が第2節で述べているように、猫の名付けに関する科学的な研究は、谷浦（1957）をもって始まる。谷浦（1957）は構造主義的アプローチによる動物名称の総合的研究である。谷浦（1957）では、「とら、Tigre、Vacuta」など他の動物の名称すら猫の名前に使われていることが指摘され、名付けに秩序のない動物として猫が位置づけられている。刈谷（ibid.）によればその後の猫の名付け研究は、基本的にこの分析を踏襲しており、猫の名付けの多様性は、名付けの無秩序性の反映として捉えられてきたという。(以下略)

っている。すでに述べたが、学術的文章の文中で先行研究に言及する際にはこの形式をとる。「苗字（出版年）」は論文あるいは書籍に対応する表現であって、人物に対応する表現ではない。したがって、「刈谷（2002）が出版された当時は」というような言い方はできるが、「刈谷（2002）は、猫の名付けについて10年にわたり調査してきた研究者で……」という表現はおかしい。

3．参照文献欄の書き方

　文章中で「苗字（出版年）」というかたちで言及した文献を並べ、詳しい書誌情報を載せたものが参照文献欄である。参照文献欄は結論や注釈の後つまり文章の最後につけるのが一般的である。参照文献欄を作る上で注意すべきことが二つある。1点目は書誌情報の示し方であり、2点目は参照文献欄に入れるべき文献と入れるべきでない文献の区別である。

　参照文献欄では、「苗字（出版年）」というかたちで文中で言及した論文の詳

例18-6　参照文献欄における書誌情報の配列

論文（雑誌に掲載されたもの）の場合：
苗字名前（出版年）「論文のタイトル」『掲載された雑誌のタイトル』号数、掲載ページ（XX-YY）．
例：刈谷熊三（2002）「猫の名付けにおける動物名称回避仮説」『猫名研究』235、35-70．

論文（論文集に掲載されたもの）の場合：
苗字名前（出版年）「論文のタイトル」『掲載された論文集のタイトル』編者、掲載ページ（XX-YY）、出版社．
例：刈谷熊三（2003）「動物名称回避仮説の認知的基盤」『猫の認知言語学』刈谷虎吉編、2-50、おやしお書房．

論文（ウェブサイト上で公開されたもの）の場合：
苗字名前（アップロードされた年）「論文のタイトル」、URL
例：刈谷熊三（2001）「北海道における猫の名付け」、http://www.nekozane.ac.jp/kariya/man/hokkaido.pdf

書籍の場合：
苗字名前（出版年）『書籍のタイトル』出版社．
例：谷浦虎吉（1957）『動物の名付けに関する構造主義的研究』おやしお出版．

しい書誌情報を載せる。そこで必要になる情報は次のとおりである。情報の並べ方も特に指定がないかぎり、以下の例のとおりでよい。参照文献欄を見れば文中で言及されている文献を探し出すことができる内容になっていればよい。最近では、インターネットで公開されている論文を使う学生も多い。ウェブサイトに公開されている論文を参照文献欄に挙げる際には、URLを忘れないようにしてほしい。

　参照文献欄に掲載する論文は、レポートの本文あるいは注釈（注釈の実例については第7章参照）で言及した論文でなければならない。それ以外の論文、つまりレポートのなかで言及していない論文を載せてはならない。どうしても参照文献欄に含めたい場合は、文中で言及できそうな箇所を探すべきである。

　ときどき文中で言及していない文献を大量に含む参照文献欄を目にするが、虚勢を張っているようでみっともない。参照文献欄というのは文中で参照した文献のリストである。参考にした（あるいはすべき）文献のリスト（参考文献欄）とは別物である。

参照文献欄の文献は先行研究の執筆者名によって並べるのが一般的である。文中で言及した論文が日本語で書かれた文献だけならば、著者の苗字の五十音順に並べる。日本語で書かれた文献だけでなく欧文で書かれた文献も扱っている場合は、2通りの並べ方がある。一つは和文文献と欧文文献を分けて、和文文献は五十音順で並べ、欧文文献はアルファベット順で並べる方法である。もう一つは、和文と欧文を区別せず著者の苗字のアルファベット順で並べる方法である。

　どの方法をとる場合でも、同じ著者の論文があったら、出版年の早いほうを先に配置するようにする。また、同じ年に発表した同じ著者の論文がある場合は、文中でも文献欄でも「刈谷（1999a）、刈谷（1999b）」のように出版年にアルファベットの小文字をつけて区別する。

　また、参照文献やデータソースを、脚注を用いて示す方法がある。「……江別市の人口は123,993人である[1]。」と書かれている場合、[1]を脚注といい、文頭から番号をふった順に、レポートの末尾に順次、参照文献やデータソースを示していく方法である。本書は教科書であるため、できるだけ読みやすくすることを目的としており、各章とも基本的に脚注を用いていないが、例外的に第Ⅰ部第7章で脚注を用いている。具体的な注の付け方や書き方は第7章を参照するとよい。

＊Ⅴ．レポートを作成する上で注意すべきその他の事柄

1．レポートのレイアウト

　特に指定がない場合、レポートのレイアウトは次のようにするとよい。指定がある場合は、指定の方を優先する。

紙のサイズ：A4判（ワープロで印字する場合、原稿用紙に手書きで清書する場合とも）
余白：上下左右2cm〜3cm。
紙の質：レーザー・プリンタで印字した場合はそのまま提出可能。インクジェット・プリンタで印字したり感熱紙に印字したりした場合はコピーをとり、コピーの方を提出（傷・熱・液体により判読できない状態になることを避けるため）。
タイトルと見出しの配置：本章Ⅳ．参照。
文字のサイズ：本文と見出しは10ポイント前後、タイトルは16ポイント前後

フォントと文字飾り：フォントはリューミンライトやMS明朝といった標準的なものを使う。文字飾りに関しては和文の場合、明朝とゴシックの使い分け、欧文の場合ノーマルとイタリックの使い分けに限定した方がよい。

ページ番号：フッタにページ番号を記入する。

2．重点先行型の段落

アウトラインは作ったし先行研究も読んだけれどもなかなか文章が書けない。そんな時には段落のアウトライン（ポイント・パラグラフ・アウトライン）を作ってみるとよい。重点先行型でポイント・パラグラフ・アウトラインを作ると、字数制限にも対応しやすい。

アウトラインの各項目は段落に対応する場合が多い。ポイント・パラグラフ・アウトラインはアウトラインの各項目の内部に作るアウトラインであり、アウトラインのなかのアウトラインである。文章がいくつかの段落から構成されるように、段落はいくつかの文から構成される。段落を構成する文は、その段落の内容を表す文である**話題文**と**展開文**に分かれる。展開文は話題文の内容を分かりやすくするために展開される文で、説明や具体例などがある。段落内部における話題文と展開文の配置を決めるのがポイント・パラグラフ・アウトラインである。上に、アウトラインとポイント・パラグラフ・アウトラインの関係を図示する。本章IV.2．の例4に対応する内容である。

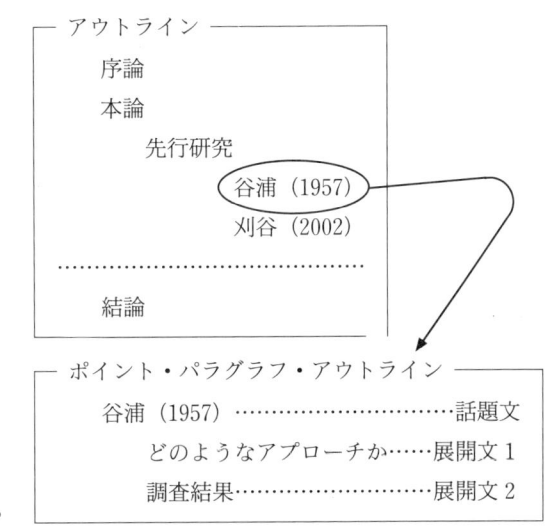

重点先行型の段落は、話題文が展開文に先行する構成になっている。重点先行型の段落は構成が単純であるためポイント・パラグラフ・アウトラインを作りやすい。そして文章を展開しやすい。また、この構成はもっとも重要な情報が段落の先頭に配置され付加的な情報がその後に配置されるため、字数制限に

```
┌─ アウトライン ──────────┐
│  序論                          │
│  本論                          │
│    先行研究                    │
│      谷浦（1957）              │
│      刈谷（2002）              │
│  ……………………………              │
│  結論                          │
└────────────────────────┘

┌─ ポイント・パラグラフ・アウトライン ─┐
│  谷浦（1957）………………話題文      │
│    どのようなアプローチか……展開文1 │
│    調査結果………………………展開文2 │
└────────────────────────┘
```

対応して文章を削りやすい。

3．字数指定の解釈

　レポートが課される場合、3000字以内、3000字前後といったかたちで字数を指定されることが多い。数学的には50字でも400字でも3000字以内ということになるが、レポートの字数制限としての「3000字以内」は50字や400字の文章を期待する表現ではない。

　君たちが習ってきた数学的な定義とはずれる部分があるが、字数指定に関する表現は以下に示すようなかたちで解釈すべきである。

○○以内：○○に入る数値の8割以上は書く。ただし○○を越えてはならない。
約○○、○○程度、○○前後：○○に入る数値の±1割の幅が許容範囲。
○○以上：1字でもよいから○○に入る数値より多い字数が必要。

　先生方が字数指定をするのは、「この内容ならこれぐらいの字数が必要だろう」という思惑があるからだ。字数制限で使われている数字からかけ離れた字数のレポートは内容に関しても先生の期待に添っていない可能性がある。指定された字数に満たない場合は、本章Ⅲで注意したように、脱線にならないよう注意しながら指定の字数に近づけるよう努力する。また、制限字数をオーバーしている場合は、各段落の展開文のなかから削除可能なものを探していき、指定の字数に近づけるよう努める。

Let's try!　17章で問題設定をしたテーマ「フリーター」で3000字程度のレポートを書いてみよう。

（佐々木　冠）

● **Further Readings**
奥田統己・神成洋・佐々木冠・本間徹夫・山崎哲永『読みやすく考えて調べて書く』第2版、学術図書出版社、2003年

Chapter 19... レジュメの作り方・口頭発表の仕方

＊Ⅰ．レジュメとは何か

　ゼミで配布するレジュメは、口頭発表を補助する資料である。レジュメは、レポートと違ってそれ自体で完結した文章になっている必要がない。したがって、資料以外の部分は箇条書きであってもかまわない。発表の途中で言葉が出なくなると大変だから文章を準備したいという学生もいるだろう。その場合には、**レジュメとは別に発表原稿を用意して、発表の際に手元に置いて読み上げればよい**。教室で配布するのは、発表原稿ではなく、その内容の概略と資料が示されているレジュメのみにする。

　発表原稿を用意する際、次の点に注意すべきである。
- 配付資料（レジュメ）との関連を明確にする（発表原稿を読む際に、レジュメのどこと対応するか明確に述べる）。

＊Ⅱ．レジュメの作り方

　レジュメを構成する要素は、発表のポイントとなる事柄の箇条書きと資料である。資料には、図、例文、データをまとめた表、グラフ、数式などが含まれる。また、レジュメのなかの箇条書きや資料は、発表の順序に従って配置されている必要がある。図や表が複数含まれている場合は、番号を振る。そうしておくと図や表のタイトルにいちいち言及せず「図19-1をご覧下さい」と言えばよいので、発表時間の節約に役立つ。図のタイトルを読み上げる時間があったら、図の説明をした方がよい。先行研究を紹介するタイプの発表の場合、先行研究に含まれている図や表を抜き出してレジュメに入れるとよい。

　以下に、第18節のレポートと同じ内容をゼミで発表する際に用いるレジュメ

例19-1　自分で調べて発表する場合のレジュメ　　【タイトル】　【発表者名】

猫の名付け方に関する一般化

【日付】

犬飼　剛　（x1234567）

2004/06/03（佐々木ゼミ）

1．はじめに

目的：猫の名付けにおける動物名称回避仮説の批判的検討
方法：札幌市でのアンケート調査
調査結果：動物名称回避仮説には例外がある。
主張：実際に回避されるのは動物名称の下位クラス

【項目化された内容】

2．先行研究

谷浦（1957）：動物の呼称についての一般化を試みた最初の研究。猫の名付けは無秩序。
刈谷（2002）：動物名称回避仮説の提唱

3．調査方法

・郵便と電子メール
・無作為抽出した1万人
・調査項目→別紙資料参照

（以下略）

を示す。冒頭で要点を示す点は、レポートと同様である。異なるのは、文章ではなく箇条書きになっている点だ。タイトルと発表者の名前だけでなく発表の場所と日付が書いてある点にも注意してほしい。

なお、先行研究に言及する方法や参照文献欄の作り方は、レポートの場合と同様である。

＊Ⅲ．発表原稿の作り方

発表原稿は発表する際に読み上げる原稿である。レジュメを見ながら話を展開する自信がある場合には、作る必要がない。すでに書いたが、レジュメがあるだけでは発表の途中で困ることが予想される場合に準備する。発表原稿には、レジュメにある項目や図・表に対応する説明を書いておく。

特にレジュメにある表や図については、単に「図19-1をご覧下さい／表1を

ご覧下さい」と言及するだけではなく、説明できるようにしておく。その図や表が何を表しているのか、その図や表が表しているものが発表の内容とどう関わってくるのか、聞き手に分かるように説明する必要がある。

以下に示す例は上に示した二つのレジュメに対応する発表原稿の一部である。

例19-2　先行研究について報告するタイプのレジュメ

制約に基づく一般化と動物呼称理論の展望
「猫の名付けにおける動物名称回避仮説」

犬飼　剛（x1234567）

2004/06/03（佐々木ゼミ）

1．はじめに
・動物名称回避仮説とは？
・刈谷（2002）の学説史上の意義

2．猫の名付け研究の歴史（刈谷（2002）の第2節）
谷浦（1957）：構造主義的アプローチによる動物名称
　　　　の総合的研究→無秩序性の指摘
その後の猫の名付け研究は、基本的にこの分析を踏襲

3．小樽市での調査（刈谷（2002）の第3節と第4節）
方法論：面接調査
対象：小樽市民5千人
調査のポイント
(1) 家での呼び名と外向けの名前の区別
(2) 性別を変数として導入
（以下略）

例19-3　発表原稿（例19-1に対応）

　この発表では、札幌市で行った調査に基づいた猫の名付け方に関する調査報告を行いたいと思います。この研究の目的は、猫の名付けにおける動物名称回避仮説の批判的検討です。動物名称回避仮説は刈谷（2002）によって提唱されたものです。私が札幌市で行った調査の結果、この仮説には例外があることが分かりました。この発表では、動物名称回避仮説に対する修正案を示したいと思います。具体的には、猫の名付けにおいて回避されるのは動物名称全体ではなくその下位クラスであることを示すことにより動物名称回避仮説をより制約されたものにすることを提案したいと思います。
　それでは、まず、この分野における先行研究を概観したあとで、調査方法と調査結果をお話ししたいと思います。（以下略）

例19-4　発表原稿（例19-2に対応）

> 　この発表では、猫の名付けにおける動物名称回避仮説の検討を通して、動物呼称理論の展望について考察したいと思います。ここで検討の対象とする文献は、刈谷（2002）です。この文献は、谷浦（1957）以来、無秩序なものと考えられてきた猫の名付けに関して、一定の秩序があることを明らかにし、動物名称回避仮説を提唱したものです。動物呼称理論の今後の展望を考える上で、動物名称回避仮説は避けてとおることができません。それでは、まず、刈谷（2002）のもとになった小樽市における調査について、同論文の記述から紹介していきたいと思います。（以下略）

＊Ⅳ．口頭発表の際の留意点

　以上のようなかたちで準備したレジュメ（と発表原稿）を使ってゼミで口頭発表を行うわけだが、口頭発表を行う上では、次の点に注意したい。

口頭発表で注意すべき点
- 時間制限を守る。
- レジュメだけで不安な場合は発表原稿を用意し、手元に置く。
- レジュメで言及した文献は、発表の際に手元に置く。
- 質問に答えられるようにしておく。

　口頭発表には時間制限があることがほとんどだ。ゼミは、発表者だけが話をしていればよいというものではない。発表者以外の参加者も質問をしたり意見を言ったりすることで議論に参加する。したがって、発表時間20分、質疑応答時間10分といった具合にゼミでは参加者が発言する時間をとることが一般的だ。

　手元に置く発表原稿には、時間がない場合にとばす箇所を赤の囲みなどで示しておいた方がよい。発表には絶対に言及しなければならない点と質問が出たら答えればよい点がある。後者がとばす箇所の候補になる。

　レジュメで言及した文献は、発表の際手元に置いておいた方がよい。その文献について質問されることがあるからである。

＊Ⅴ．ゼミ参加者も発言を求められる

　ゼミでは、発表者だけでなく、**参加者全員が積極的に発言することが要求される**。しかし、実際のゼミをみると発言が特定の参加者に集中していて、ゼミ

の間一度も発言しない参加者がいる場合がある。ゼミに参加しているのに発言しないのは望ましいことではない。発言しない学生は、きっと意見を言ったり質問をしたりするきっかけがつかめないのだろう。以下に、質問をしたり意見を言ったりする糸口の見つけ方を示す。ゼミで発言するのが苦手な学生は参考にしてほしい。

　発言のきっかけを見つけるには、ゼミでの発表をいろいろな側面から検討してみるとよい。どのような発表でも少なくとも次の**三つの側面から検討**できる。

　　(1)扱っているデータ　　(2)分析の方法　　(3)議論の運び方

　これらについて理解できない点や納得のいかない点があれば質問する。また、明らかにおかしいと思う点については意見を述べる。それから発表で提示された分析をサポートするような事実を知っている場合は、それを発表者に知らせるかたちで意見を言うとよい。

　発表者が分析に用いている概念が理解できない場合も、質問した方がよい。自分が物事を知らないということを人前で示すのは少し恥ずかしいかもしれない。しかし、知るは一時の恥。勇気を出して質問してみよう。どうしても、質問事項が思い浮かばないようなら、発表を聞いていて**分からない単語・表現をリストアップしてみるとよい**。自分が何を理解していないのか分かるはずだ。

　このように考えると、どんな発表に対しても質問や意見のきっかけをつかめるはずだ。ゼミで発言しない理由としては、人前で発言することの恥ずかしさの他に、発表の内容に興味がもてないからということも考えられる。そのような場合は、発表者に対して、なぜそれを問題にするのか質問してみるとよい。自分では興味をもてなかった事柄について、他の人がどんな視点でどんなきっかけで興味をもったのかが分かるはずだ。そして、発表者とのやりとりのなかで君自身その事柄について興味がもてるようになるかもしれない。「なぜそれを問題にするのか」という質問は、発表者にとっても、自分の姿勢を問い直す機会になるので、よい質問といえる。

　ゼミは、関心や意見の異なる学生が議論し合うところに醍醐味がある。ゼミがきっかけで視野が広がったり自分が当然と思っていたことを問い直したりすることになるならば、そのゼミは成功しているゼミといえるだろう。

（佐々木　冠）

Chapter 20 図書館は君の情報収集基地だ
―――大学図書館の利用法―――

＊Ⅰ．大学図書館へ行こう

　講義でレポート課題が出た。ゼミナールで報告の分担が決まった。こんな時、君はどうしているだろう。インターネットで検索し、たまたまみつけた情報の二番煎じで、ごまかしたりはしていないだろうか。

　たしかに、インターネットは手軽に豊富な情報を集めることができる便利なツールだ。今後ますますその重要性は増していくだろう。しかし、インターネット上の情報は、信頼できる情報源ばかりとは限らない。ものごとを考える力を養っていく段階にある君たちが、インターネットになんでもお任せというのは、決してほめられた姿勢ではない。

　では、どうすればいいのか。大学図書館へ行こう。大学図書館には君たち学生の学習に必要な本や雑誌がたくさん揃えてあるのだから。

　たしかに、きのう、きょうの出来事を確かめるためには、本はインターネットにかなわない。しかし、まとまった体系的な知識を手に入れるためには、本を読む必要がある。また、君が読むべき本が何という本で、その本がどこにあるか分からないとき、それを親切に教えてくれるスタッフが揃っているのも、図書館の魅力だ。レポート執筆や報告の準備に欠かせない、適切な参考文献を効率的にみつけることができる場所、それが大学図書館だ。

　ここでは大学図書館に所蔵されている資料の種類やその探し方を説明しよう。

＊Ⅱ．本だけじゃないぞ──所蔵資料の種類

　大学図書館では専門のスタッフが、君たちの学習に必要な図書や雑誌、新聞等を選書、購入し、それを分類、整理して本だなに並べている（「書架に排架す

る」という）。こうした図書館の蔵書のうち、図書、雑誌、新聞そして参考図書について紹介しよう。

1．図　書
(1)図書について

　大学図書館の蔵書の中心を占めているのは図書（単行本）だ。特に大学図書館では、小説・エッセイ等の読み物だけではなく、一般の書店の店頭に並ぶ機会の乏しい学術専門書をも専門のスタッフが体系的に選書、購入しているから、学習に必要な図書はほぼ間違いなく揃っていると期待してよい。

　情報源としての図書の魅力は、特定のテーマについて体系的にまとまった知識を得ることができるところにある。また、図書は企画、編集の段階から編集者ら多くのスタッフの手を経ながら時間をかけて出版されたものだから、内容の信頼性は一般にきわめて高い。

(2)図書にも誕生日がある

　君たち一人ひとりに名前があるように、単行本には1冊ずつに「書名」（タイトル）がつく。サブタイトルやシリーズ名などが附されることもある。図書の書き手を「著者」といい、一人の著者が執筆したものを単著、二人以上が執筆したものを共著という。研究会のメンバー全員で執筆した場合などでは、研究会名あるいは代表者1名の氏名が「○○編」として掲げられることが多い。

　図書の誕生日にあたるのが「発行年月日」で、出版元を「出版者（出版社）」という。書名・著者名・出版年・出版者の四つの情報は、ある図書を特定する基本情報となる。単行本には巻末にこれらの情報を記した「奥付」欄があるので（図表20-1参照）、図書を調べる時は必ず奥付欄を確認し、この4情報をメモする習慣をつけるようにしよう。

(3)図書は内容で分類される

　大学図書館では、哲学・思想、法学・政治学・経済学・社会学や歴史学、さらには文学・芸術など様々な分野にわたる図書を所蔵している。図書館ではこれらの図書を図書の内容によって分類、整理している。

　日本の多くの図書館で採用されている分類法として、日本十進分類法（NDC Nippon Decimal Classification）がある。この分類法では3桁の数字（小数点以下を除く）で図書を分類する。まず全分野を0類から9類まで10区分する（3桁の

図表20-1 奥付

君が利用した本の出典を明らかにする場合は、本の表紙や背表紙ではなく、必ず奥付を確かめること。図は北樹出版の『ホーンブック憲法』の奥付。

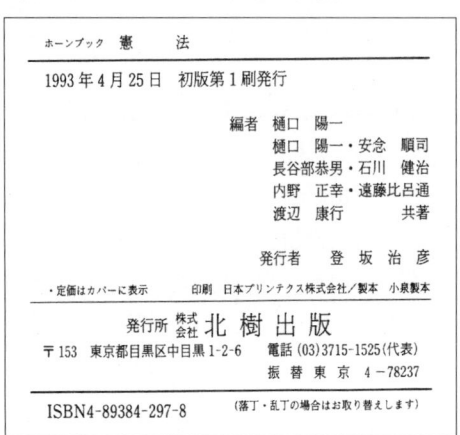

```
ホーンブック 憲 法

1993年4月25日 初版第1刷発行

          編者  樋口 陽一
              樋口 陽一・安念 順司
              長谷部恭男・石川 健治
              内野 正幸・遠藤比呂通
              渡辺 康行    共著

          発行者 登坂治彦

・定価はカバーに表示  印刷 日本プリンテクス株式会社／製本 小泉製本

       株式
   発行所 会社 北 樹 出 版
   〒153 東京都目黒区中目黒1-2-6 電話 (03)3715-1525(代表)
                          振替 東京 4-78237

   ISBN4-89384-297-8   (落丁・乱丁の場合はお取り替えします)
```

数字の先頭の数字）。次にそれぞれを0から9の数字で10区分し（3桁の数字の2つ目の数字）、さらにそれぞれを10区分する（3桁の数字の最後の数字）。たとえば「3 社会科学」は「300社会科学」から「390国防・軍事」まで10区分され、そのうち「320法律」は「320法律」から「329国際法」まで10区分されることになる。

(4)図書は請求記号順に並べられる

日本十進分類法により図書を整理している図書館では、この分類記号順に図書を排架する。図書の背表紙にあるラベルの上段の数字が分類記号だ。分類記号が同じものは図書ラベル中下段の著者記号の順に排架する（中段は著者名、下段は年次・巻次等を示す記号）。分類記号と著者記号をあわせて「請求記号」というが、これはいわば図書の住所にあたるものだ（図表20-2照）。なお、美術全集等の大型図書や小型の文庫本・新書本等を別置する場合がある。

図書館の書架は、利用者が直接書架から図書を取り出せる方式（開架式の書架）と図書館の窓口で利用者が必要な図書を請求し図書館のスタッフが書庫からその図書を取り出してくる方式（閉架式の書架）とがある。原則は開架式の図書館でも、利用頻度の低い図書等を別室の閉架書庫に別置していることがある。

2．雑誌・新聞

(1)雑誌について

大学図書館の蔵書のもう一つの特色は雑誌、とりわけ専門的な学術雑誌のバックナンバーを揃えていることだ。学術雑誌には重要な論文等の記事が掲載されるが、そのすべてが単行本になるわけではない。むしろ単行本のかたちになっていない研究成果の方がはるかに多いといってよい。だから、図書のみを検索して安心してはいけないことになる。大学に入るまでは図書館で参考文献を調べ

るといったら単行本や事典を探すことが多かったかもしれない。しかし、大学生のレポートや論文の場合は、図書の検索はもちろん、雑誌記事の検索もとても大切になる。

(2)学会誌や研究紀要もある

雑誌には発行頻度に応じて週刊、月刊、季刊等の区別がある（定期的に継続して刊行されるので「定期刊行物」という）。また、学術雑誌には一般読者向けに販売される商業雑誌のほかに、学会等の研究者団体の発行する学会誌や大学等の研究機関が発行する研究紀要がある。これらは非売品も多く、ふだん書店やコンビニで目にすることはできないが、大学図書館にはこうした貴重な専門雑誌が揃っていて、自由に利用することができる。

図表20-2　図書のラベルと請求記号

図書館の蔵書にはラベルが貼られている。ラベル上段の「323.14」を「分類記号」、中段の「HIG」を「著者記号」といい、あわせて「請求記号」という。図書館の蔵書はこの請求記号の順に従って書架に排架されている。

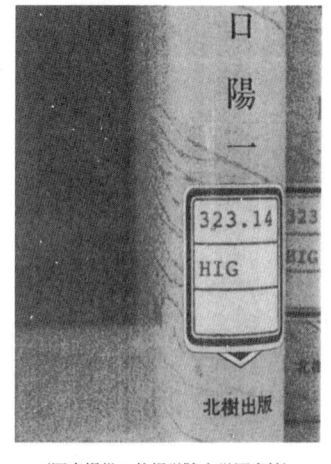

（写真提供：札幌学院大学図書館）

(3)雑誌は記事を読む

君がふだん読んでいる雑誌はいくつあるだろうか。そのなかには毎号すべてに目を通すものもあるだろうが、たとえばその雑誌に載っている特定のライターの文章を拾い読みするだけのものもあるだろう。あるいは、ふだんは読まない雑誌でも、君の好きなアーティストの特集を組んだ時にその特集記事だけを目当てに読むということもあるはずだ。

このように雑誌は、単行本のように通読するものというよりは、むしろ必要な記事だけを抜き出して読むものだといえる。実際、論文やレポートの参考文献を探している時、ある雑誌に掲載された一部の記事だけが必要になることが多い。したがって、雑誌掲載記事の場合、どの雑誌のどの記事かを正確に記録することが大切になる。論文の論文名・著者名とあわせて、その論文が掲載された雑誌名と巻号数、発行年を必ずメモしておこう。

(4)バックナンバーの保存法

一般に雑誌は到着後しばらくの間は、「新着雑誌閲覧コーナー」で最新号を閲覧できる（図表20-3参照）。そして、一定期間が過ぎると図書館のスタッフが

図表20-3　新着雑誌の閲覧コーナー

新しい雑誌はここにある。単行本では間に合わない最新情報もここで手に入れることができる。君の専攻する分野ではどんな専門雑誌があるのかさっそく確かめてみよう。

(写真提供：札幌学院大学図書館)

バックナンバーをいったん引き上げ、半年分なり1年分なりを1冊に綴じ合わせ、製本雑誌専用の書架にあらためて排架し直す。このように雑誌のバックナンバーは製本されたうえで、最新号とは別の場所に保存されることに注意しよう。

(5)新聞について

新聞記事もまた現代の政治、経済、社会や文化を学ぶための貴重な情報源だ。各紙の主要な記事はインターネット上で個人でも検索、購読できるが、過去の新聞記事を本格的に調べたいのなら、大学図書館のサービスを活用しよう。大学図書館では各紙の最新号を「新聞閲覧コーナー」で読むことができるのはもちろん、過去の新聞を縮刷版やマイクロフィルム等のかたちで揃えている。新聞記事を検索するには新聞記事のデータベースが便利で、多くの図書館で利用できる。

3．参考図書

(1)参考図書について

大学図書館へ入ると閲覧室の近くなどに百科事典や英和辞典等がたくさん並べられているコーナーがあることに気がつくだろう。百科事典等は、ふつうの単行本のように通読するための本ではなく、分からないことばの意味を調べたりするときに利用する本だ。こうした本を図書館では「参考図書（レファレンス資料）」と呼び、一般の図書とは別に「参考図書コーナー」に集めて利用者が手軽に調べものがしやすいようにしている。図書館で調べごとをするすべての人に必要なので、「禁帯出」（貸出し禁止）扱いが多い。

(2)電子辞書でお茶を濁すな──事典・辞典

参考図書の代表格が百科事典や英和辞典といった事典・辞典類だ。「ことがら」を調べる「事典」と「ことば」を調べる「辞典」とに大別される。たとえば、人名や地名を調べる時に使うのが「事典」で、「調べる」ということばの

意味・用法を調べるのは「辞典」だ。しかし、実際には『英和辞典』と題しながら人名や地名、年表、地図等を加味し英語文化事典化しているものがあるなど、利用者の便を考え多機能化した事典・辞典が増えている。

事典には、知識の全分野をカバーした百科事典とある特定の専門分野に限って詳しい情報を集めた専門の事典とがある。専門の事典は人名事典、地名事典、歴史学事典、法律学事典、経済学事典など様々なものがある。

辞典には、英和辞典・和英辞典・英英辞典等の外国語学習に欠かせない外国語の辞典と、国語辞典・漢和辞典・古語辞典・カタカナ語辞典等の日本語学習のための辞典とがある（ただし漢和辞典は漢文つまり中国語の古典を読む時にも使う）。日常的なことばの意味を確かめる時には電子辞書で十分だが、重要語句の意味・用法をじっくり本格的に調べる時は複数の辞書を読み比べることが必要だ。見出し語や例文の選び方などに辞書にも1冊ずつ個性がある。また君の専攻分野の専門用語は専門の用語事典で調べること。そんな時にまで電子辞書の「広辞苑」を使って済ませたら、笑われてしまう。

(3)信頼できる知のナビゲーター──目録・書誌

目録・書誌とは『国立国会図書館蔵書目録』や『雑誌記事索引』などのように資料の所在情報をまとめたものだ。事典・辞典類とともに「参考図書」として他の図書とは別置されているのが普通だ。国会図書館蔵書目録のように包括的なものから、法学・経済学・歴史学・文学などの専門分野別のものまで、多種多様な参考図書がある。いずれも専門的な知識をもった個人・団体が作成したもので、もっとも信頼できる知のナビゲーターだ。インターネットの大海原で途方にくれるくらいなら、図書館の参考図書コーナーへ直行しよう。

Let's try! (1)本書の奥付をみて、書名・編著者名・出版社名・出版年を答えなさい。(2)図書館の参考図書コーナーで「社会」という語を『日本国語大辞典』（第2版、小学館）で調べ、君がふだん使っている小型の辞書の説明と比較しなさい。

*III. 資料の探し方

では、図書館で論文やレポートのための資料をどうやって探せばいいのだろうか。基本的なツールとその使い方を紹介しよう。

1．資料の在り処を探るツール

図書などの参考文献を探す方法は、君が利用する図書館の所蔵目録を調べる方法と、その他の目録・書誌などの参考図書を調べる方法がある。

(1)所蔵目録（オンライン所蔵目録）

所蔵目録には、君が利用する図書館にはどんな資料があるのかがまとめられている。この目録を使えば、君が探している資料がその図書館にあるかどうかがすぐに分かる。従来は1件ごとのデータを紙のカードに記載したカード目録が使われていたが、現在はコンピュータを使って蔵書検索をすることができるオンライン所蔵目録（OPAC Online Public Access Catalog）が一般的で、図書館に設置されたパソコン端末で簡単に検索できる（図表20-4参照）。多くの図書館の蔵書目録はインターネットで検索可能になっている（Web OPAC）。

(2)その他の参考図書

君が必要な資料は君が利用する図書館にあるとは限らない。広くある資料の有無を調べるためには、『国立国会図書館蔵書目録』や『雑誌記事索引』などの各種の目録・書誌を調べてみなければならない。現在はこれらのうち、インターネットで公開されたりCD-ROM化されたりしているものも多く、便利になっている。

(3)図書・雑誌の参考文献欄

図表20-4　OPAC／CD-ROMコーナー
昔はカード目録を1枚1枚めくっていたが、いま蔵書検索はとても便利になった。

（写真提供：札幌学院大学図書館）

様々な学問分野の教科書・概説書・入門書には参考文献欄が整っており、基本文献を網羅的に知ることができる。専門の学術雑誌には文献目録を附したものがあり、最新の研究業績を見つけることができる。先生が参考文献を初めから指定している場合は、その文献の参考文献欄も要チェックだ。

(4)図書館のレファレンス・サービス

図書館には資料の探し方に精

通したスタッフが揃っている。君ひとりの力では見当がつかないときは、遠慮なく図書館のカウンターへ申し出てみよう。専門のスタッフが親切に君の相談に応じてくれる。資料の調べ方を教えてくれるサービスは「レファレンス・サービス」と呼ばれ、図書館の重要な仕事になっている。

2．特定の図書を探している場合

先生から特定の図書や雑誌記事等を読んでくるよう指示された時のように、探している本の書名や雑誌名等が分かっている場合は、OPAC検索画面でその書名・雑誌名を入力すればよい。「憲法」のように同一名称の図書が複数の著者によって出版されている場合は、著者名を入力して絞り込もう。検索できたら必ず請求記号をメモしておくこと。

雑誌記事の場合は、雑誌名から検索する。検索できたら、必要な記事が載っている号の発行年・巻号数からさらに絞り込む。歴史の古い雑誌などの場合、バックナンバーの一部が欠けている場合（「欠号」という）があるから注意しよう。

3．探している図書が決まっていない場合

(1) 参考図書の活用が成功の決め手

レポート課題などのテーマは決まっていて、そのテーマに関する図書・雑誌記事等がどのくらいあるのか調べたい場合は、少しコツがいる。

OPAC検索画面では、書名、著者名、件名、出版者、出版年などで検索することができる（以下①蔵書検索の手順参照）。たとえば、夏目漱石が書いた本を調べたい時は著者名検索を用いて「夏目漱石」と入力して検索する。夏目漱石について他の人が書いた本を調べたい時は書名検索を用いて「夏目漱石」と入力して検索する。また、件名検索は本の内容を示すキーワードから検索できるので、書名や著者名からヒットしなかった本を幅広く探し出すことができる。検索にあたっては、レポート課題中の語句だけではなく、なるべく異なった複数の語句で検索を試みるとよい。

しかし、あてずっぽうの検索はいかにも心許ない。本格的な参考文献収集には各種の参考図書を活用しよう。参考図書を上手に活用できるかどうかが成功の決め手となる。

① 蔵書検索の手順：「憲法」に関する本を調べたいが、どのくらいの本が

所蔵されているのだろうか。実際に蔵書検索システムを使って確かめてみよう。なお、蔵書検索画面は大学図書館によって異なる。ここでは札幌学院大学図書館の例を挙げた。

☆**ステップ1**：蔵書検索画面で検索条件に「憲法」と入力し、「検索」をクリックする。

```
札幌学院大学図書館蔵書検索

● 検索対象：        ☑図書 □雑誌 □巻号タイトル □論文
● キーワード検索範囲： タイトル・編著者名・件名
● 検索条件：        憲法                    すべてを含む

   [検索]  [検索条件クリア]  検索項目毎の入力欄を表示する
```

☆**ステップ2**：「憲法」関係の蔵書一覧が出る。おそらく数多くの書名がヒットするはずだ。最新の本を知りたければ、刊行年順で表示し直すとよい。「平和」「人権」など他のキーワードを加えて、しぼりこみ検索もできる。ここでは、本書と同じ北樹出版の『ホーンブック憲法』という書名の本がみつかったので、その書名をクリックする。

```
1670. □ ベルリンヒロシマ通り：平和憲法を考える旅 水島朝穂著 中国新聞社, 1994.
1671. □ 変革期の基本権論：E.R.フーバー研究 苅原明著 尚学社, 1991
1672. □ ベンサム『憲法典』の構想 西尾孝司著 木鐸社, 1994(神奈川大学法学研究叢書:9)
1673. □ 変動期の憲法諸相 吉田善明著 敬文堂, 2001
1674. □ ホーンブック憲法 樋口陽一編/樋口陽一[ほか]共著 北樹出版, 1993.
1675. □ 防衛法制研究 小針司著 信山社, 1995(SBC学術文庫, 憲法・防衛法研究:第2巻).
1676. □ 法解釈学および法哲学の諸問題：恒藤先生古稀祝賀記念 加藤新平編集代表 有斐閣,
```

```
書誌
● 書名    ホーンブック憲法
● 著者名  樋口陽一編；樋口陽一[ほか]共著
● 出版    東京：北樹出版, 1993.4
● 刊年    1993
● 形態    325p; 22cm
● 注記    各章末自習の手引
● 出版国  日本
```

☆**ステップ3**：その本の詳しい情報が示される。この画面ではその本がいま貸し出し中かどうかも確かめることができる。利用可能ならば、「請求記号」を控えた上、書架へ本を取りに行こう。

所蔵							
	巻号	刷年	所在	請求記号	資料ID	貸出区分	状況(返却予定日)
	1		1層書架:和書	323.14/HIG	0940102595	一般	***
			1層書架:和書	323.14/HIG	2000050301	一般	***

　雑誌記事は国会図書館の雑誌記事検索などを用いれば、著者名や論文名等から検索できる（以下②雑誌記事検索の手順参照）。さらに、専門分野別の参考図書や専門雑誌の文献一覧などを調べれば、かなりの数の文献を検索することができる。専攻分野ごとに必見のツールがあるはずだから、担当の先生にたずねるか、その分野の入門書を自分で調べてみるとよい。

　②　**雑誌記事検索の手順**：「EU憲法」に関する本を探したが、単行本がみつからなかった。担当の先生に相談すると「雑誌は調べたの？」といわれた。こんな時役立つのが、雑誌記事検索だ。ここでは国立国会図書館（NDL）を例に挙げた。

　☆**ステップ1**：国会図書館の蔵書検索システム（NDL-OPAC）のなかの雑誌記事索引の検索画面を開く。「論題名」欄に「EU憲法」と入力し、「検索」をクリックする。

（出所：国立国会図書館のホームページより転載）

　☆**ステップ2**：タイトルに「EU憲法」が入っている論文の一覧が出る。たとえば、7番目の論文を読みたい場合、その論文名をクリックする。

```
雑誌記事索引 1-20(23件)

1. 海外経済ウオッチ 欧州 EU憲法条約と中央銀行制度／大川 昌男
   世界週報 85(40)（通号 4168）[2004.10.26]

2. 拡大欧州とEU憲法
   経済の進路（5'0）[2004.9]

3. EUの拡大・発展に潜む米欧関係の綾――EU憲法を受択したヨーロッパの"苦悶"／渡邊 啓貴
   改革者（通号 530）[2004.9]

4. EU憲法、採択はされたものの… 批准、発効までにに難題山積／渡邊 啓貴
   Jiji top confidential (11164) [2004.8.24]

5. 統合史上初のEU憲法採択（特集 動きだした拡大EU）／渡邊 啓貴
   世界週報 85(27)（通号 4155）[2004.7.20]

6. 欧州EU憲法合意で見えてきた将来像／小林 公司
   エコノミスト 82(37)（通号 3696）[2004.7.6]

7. EU拡大 EU憲法制定への道―通貨・憲法条約の「挫折」を克服できるか／藤原 豊司
   世界（723）[2004.5]

8. EU憲法草案と"小国"の懸念（EU・ECB巨大体制の発足とそのインパクト―東西欧州の融合へ）
   国際貿易と投資 -(-)（通号 -）（特別増刊12）[2004.5]
```

（出所：国立国会図書館のホームページより転載）

☆ステップ3：次の画面では、論文名、著者名のほかに、雑誌名や番号・年月日、掲載ページが分かる。図の例では、この論文が『世界』という雑誌の2004年5月号（通巻726号）298ページから307ページにわたって掲載されていることになる。これらのデータを控えた上で、その雑誌のその号が君の利用している大学図書館に所蔵されているかを確認する。

```
記事情報 雑誌記事索引(7／23件目)

論題       EU拡大 EU憲法制定への道――通貨・憲
著者       藤原 豊司（フジワラトヨジ）

請求記号    Z23-12
雑誌名     世界
出版者・編者 岩波書店／岩波書店〔編〕
巻号・年月日 (726) [2004.5]
ページ      298～307
```

（出所：国立国会図書館のホームページより転載）

(2)検索結果は必ずメモする

検索した図書や雑誌記事の情報はそのつどメモしリストにまとめ、一通り検索が終わったら、君の大学図書館の蔵書目録を調べ、所蔵しているかどうか確かめよう。

君の大学の図書館の蔵書目録に加えて、各種の参考図書等を併用すれば、たいていの場合、必要な図書や雑誌記事等を複数発見できるはずだ。どれから読めばよいのか分からない時は、君の作った参考文献リストを持って担当の先生に相談してみよう。

4．図書がみつからない場合

(1) 図書館で所蔵していない場合

　せっかく必要な図書・雑誌記事を検索しても、その図書や雑誌を君の大学の図書館で所蔵していない場合がある。そうした場合でもあきらめてしまう必要はない。多くの図書館は他の大学図書館・公共図書館との間で互いに協定を結んでいるから、こうした図書館同士のネットワークを使えば、君の大学図書館を窓口にして他の図書館所蔵の図書等を借り出したりコピーをしたりすることができるし、必要ならば紹介状を作成してくれる。また新刊書なら購入リクエストという方法もある。

(2) 所蔵しているがみつからない場合

　所蔵目録で検索すると図書館に所蔵されているはずなのに、書架へ探しに行ってもその図書がみつからないという場合もある。これはその図書をいま誰かが館内で閲覧中か、借り出しているか、特別な書架に別置されているか、あるいは間違った書架にまぎれ込んでしまっているか、様々な理由が考えられる。君自身が同名の図書等と混同したり請求記号を写し間違えたりしてはいないかをまずしっかり確認した上、遠慮なく図書館のスタッフにたずねて調べてもらうとよい。貸し出し中なら予約を入れておくと、返却時にただちに図書館から連絡してくれる。

5．図書を手にしたら

(1) 図書の閲覧

　探していた図書を実際に手に取ったら閲覧室へ移動し、目次・はしがき・奥付等を読み、新しいものか古いものか、内容はやさしそうか難しそうか、著者はどんな目的で執筆したのかなどを確かめ、論文やレポートの執筆の役に立つかどうか検討しよう。

　いったん書架から取り出した図書を返したいときは、書架へ勝手に戻したりはせず、所定の棚などへ置くこと。あとは図書館スタッフが片付けてくれる。

● **Further Readings**

井上真琴『図書館に訊け！』ちくま新書、2004年

田中共子『図書館へ行こう』岩波ジュニア新書、2003年

藤田節子『新訂・図書館活用術―探す・調べる・知る・学ぶ』日外アソシエーツ、2002年

(2)図書の貸出し・複写サービス

　自宅で時間をかけて読みたい図書は、借りることができる（ただし「禁帯出」扱いのものは館内で閲覧のみ）。図書館の図書は大勢の人が利用するものだから、書き込みは絶対にしてはならないし、紛失のおそれがあるから友だちへ又貸しするのも厳禁。貸出し期間を守るのも当然のマナーだ。書き込みをしながら読み込みたい基本文献は、図書館に備えられたコピー機でコピーする。ただし、著作権の保護のため、一度に図書１冊まるごとコピーすることは認められていない。

Let's try! (3)本書第１部のひとつの章を選び、Further Readingsに掲載された単行本が君の大学の大学図書館に所蔵されているか、調べなさい。所蔵されている場合は、その本の請求記号をメモしなさい。 (4)国立国会図書館の雑誌記事索引の検索画面を開き、画面上の「著者」欄に(3)で選んだ章の執筆者名を入力する。そして検索結果のなかから論文１点を選び、その入手方法を考えなさい。

（小沢　隆司）

Chapter 21 インターネットで何が調べられるのか？どう調べたらよいのか？

＊Ⅰ．インターネットで情報収集

　現在、インターネットを活用した情報収集はごく普通に利用されるようになっており、大学生にとっては、図書館での参考図書探しとともに重要な手段となっている。もちろん、人によってはあまりインターネットを活用していない人もいるだろうし、その一方で、毎日のようにホームページをなどを閲覧してニュースや趣味の情報を得ている人もいるはずである。本章では、インターネットをあまり使わない人だけでなく、よく使っている人にも、レポート執筆や試験勉強の際の情報収集に役立つインターネット検索の利用方法を解説したい。

＊Ⅱ．検索サイトを使ってみよう！

　インターネットの情報検索には、通常、情報検索サイトと呼ばれるサイトが活用される。たとえば、あなたが手に入れたい資料がどこのサイトにあるのかを初めから知っているなら、直接そのサイトを閲覧すればよいけれども、普通はどこのサイトに自分が欲しい資料があるか分からないはずである。そうした時に活用するのが、情報検索サイトである。
　情報検索サイトには、カテゴリー型とキーワード型がある。この二つの違いについて、実際にはあまり意識する必要はないけれども、簡単にその違いを説明しておこう。

1．カテゴリー型検索サイトとは？

　ホームページを内容（カテゴリー）ごとにリストで表示し、このリストからみたいページを選んでゆく方式のサイトである。この方式は、電話帳のタウンペ

ージとよく似ている。たとえば、家で飼っているペットが病気になってしまったから、近くの動物病院につれて行きたいとしよう。そのときには、タウンページで、動物病院のページを開いて、住所をみて家の近くにある病院を探すことができる。このように、みたいページの内容（カテゴリー）をまず選んで、そのなかからさらに自分のみたいページを探すわけである。カテゴリー型の検索は、そんなやり方で使う。あらかじめ探したいページの内容がハッキリしている場合には、そうしたやり方で探してもよいだろう。

2．キーワード型検索サイトとは？

　検索用のキーワードを入力すると、その言葉を含むページを探し出し、結果が表示される。普通インターネット検索といえば、たいていこのタイプのものである。これは、検索サイト側のコンピューターが事前にインターネット上のサイトを巡回してページのデータを取得し、それを保存しておいたものから検索が行われるタイプのものである。保存されたデータは、最新のものでない場合もあるが、かなり大量のページデータが蓄積されているので、キーワードを含む膨大な数のページがリストアップされることが多い。

3．サイトとページの違い

　検索サイトにはこうした二つの種類があるけれども、最初に述べたように、実際にはあまり意識する必要がない。なぜなら、よく使われる代表的な検索サイトでは、しばしばこの二つの検索サイトの機能を同時に兼ねているからである。つまり、キーワードが表すカテゴリーに一致するサイトの検索とキーワードを含むページの検索を同時に行うサイトがあるからである。代表的なサイトには、次のようなものがある。

　　Yahoo! JAPAN　http://www.yahoo.co.jp　代表的なカテゴリー型検索サイト
　　　　　　　　　　　　　　　　　　　　　　（カテゴリー、ロボットを併用）
　　Google　http://www.google.co.jp　代表的なキーワード型検索サイト
　　goo　http://www.goo.ne.jp　多機能型検索サイト

　一般によく知られているYahoo! JAPANを例にしてみよう。

図表21-1 「環境」というキーワードで検索した結果

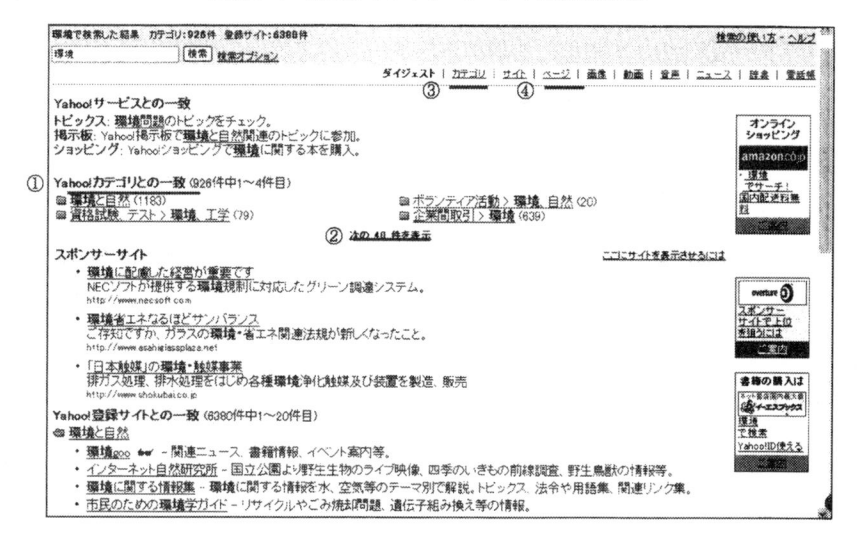

　たとえば、環境問題についてのレポートを書くために、「環境」というキーワードを入れて役に立ちそうな資料があるか検索をしてみる。すると結果は上の図表21-1のようになる。手元にインターネットにつながっているパソコンがあるなら、この章を読みながら実際にやってみてほしい。

　下線①の「Yahoo! カテゴリとの一致」のところをみると、ヒット数は全体で926件あり、そのなかの「環境と自然」「ボランティア活動」「資格試験」「企業間取引」といった4件が一例としてリストアップされている。残りの922件についても、どんな分野があるのか、下線②の部分をクリックすることで次々と表示してゆくことができる。

　また、画面上の「ダイジェスト」という項目では、ヒットしたサイトのリストアップの方法を変えることができる。たとえば、下線③「カテゴリ」をクリックすれば、カテゴリーごとにサイトが表示され、下線④「ページ」をクリックすれば、キーワードを含むページが表示される。

　ここで、「サイト」と「ページ」の違

図表21-2　サイトとページの関係

```
                        ┌─ ページ1
                        ├─ ページ2
インデックス・ページ ─────┼─ ページ3
　（ホームページ）       ├─ ページ4
                        └─ ページ5
                    └────────┬────────┘
                           サイト
```

*209

第21章　インターネットで何が調べられるのか？　どう調べたらよいのか？

いが分からないという読者は図表21-2をみてほしい。

　いわゆるインターネット・サイトというのは、本でいえば目次を表示するインデックス・ページ（これが本来の意味でのホームページである）を入り口とした複数のページから構成されている。つまり、インデックス・ページを入り口とするページの集まりの全体が「サイト」というわけである。一般にカテゴリー検索では、登録されているサイトの検索が行われるため、サイトのインデックス・ページがリストアップされて表示される。これに対して、ページ検索の場合は、サイト全体のまとまりと関係なく、ただ単にキーワードが含まれるページだけを手当たり次第に見つけ出して表示する方法である。

4．カテゴリー検索を使ってテーマを発見する

　さて、上の例で行ったカテゴリー検索では、1,000件近くのサイトがヒットしている。これでは、この膨大な数のサイトから適切なサイトを見つけ出すのは大変である。

　そこで、もっとサイトを絞り込む必要がある。そのためには、環境についてどんなテーマを調べたいのかを、はっきりさせなければならない。ところが、それさえもはっきりしない、調べるテーマが具体的に決まっていない、という場合もあるだろう。そんな時は、どうしたらよいだろうか。その場合は、授業のテキストや参考書を読んで、環境についてどんなテーマがあるのかを確認し、そのなかから、自分のテーマを決めることが基本である。ただし、ここではインターネット検索を活用することが目的なので、検索サイトを使いながらテーマ発見につなげる方法をみてみよう。

　さきほどの検索例で行

図表21-3　「環境」に関わるカテゴリ

```
Yahoo!カテゴリとの一致（927件中1～40件目）
環境と自然 (1183)
資格試験、テスト ＞ 環境、工学 (79)
ボランティア活動 ＞ 環境、自然 (20)
企業間取引 ＞ 環境 (640)
ショッピングとサービス ＞ 環境 (247)
就職、転職サービス ＞ 業種別 ＞ 環境 (1)
ショッピングとサービス ＞ 資格試験、テスト ＞ 環境、工学 (11)
市民グループ ＞ 環境 (3)
環境問題 (95)
規格 ＞ ISO 14000 (7)
環境省 (55)
健康と医学 ＞ 環境と健康 (64)
環境汚染 (36)
環境保護 (83)
自動車 ＞ 公害、環境対策 (29)
環境と自然 ＞ 教育 (31)
環境と自然 ＞ 団体 (141)
環境と自然 ＞ 環境経済学 (16)
環境社会学 (8)
資格試験、テスト ＞ 計量士 (2)
法学 ＞ 環境法 (8)
環境と健康 ＞ 環境ホルモン (15)
```

図表21-4 自動車と環境に関わるサイト

```
◎ 公害、環境対策

Yahoo!サービス
  ・Yahoo!ニュース - 低公害車 - 低公害車に関するニューストピックス。
  ・Yahoo!ニュース - 自動車産業 - 自動車産業に関するニューストピックス。

Yahoo!カテゴリ
  ◎ エコラン
  ◎ 代替燃料自動車
  ◎ ディーゼル車規制(16)

Yahoo!登録サイト
  ・TeamACP - エコプロジェクトの取材、環境体感イベントの開催。JAF公認クラブ。
  ・ZEVEX南極 - 排気ガスを出さない自動車で南極点到達を目指す。
  ・運輸低公害車普及機構 - 地球温暖化問題とその対策、ローエミッションビークルの普及状況。
  ・エコ・ドライビングシステム - ドライビングスタイルから環境に優しいドライビングの度合いを判定。
  ・エコ・ドライブ - エコキーワード、環境にやさしい運転法、自動車ガイド。JAFによる。
  ・スズキ - 車種別環境情報 - 自動車、二輪車の環境性能情報の紹介。
  ・トヨタ - TOYOTA ECO-PROJECT - 環境への取り組み、電気自動車体験記、ハイブリッドシステム、新聞広告の紹介等。
  ・新潟都市圏TDM施策推進委員会 - 交通需要マネジメント施策事例等。
  ◎ 日本自動車研究所(JARI)
```

った画面の下線③「カテゴリ」をクリックして、もっと詳しくカテゴリーごとの検索結果をみてみよう。その結果、図表21-3のようなリストが表示される。この結果は、全体のごく一部であるが、環境に関わるどのようなテーマがあるかを知る参考になる。

結果をみると、環境汚染や環境保護の問題、市民グループの活動、自動車における環境対策といった様々なテーマがある。たとえば、このなかから自動車の問題に注目するとしよう。

そうと決まったら、「自動車＞公害、環境対策」の項目をクリックしてその内容を表示してみるとよい。その結果の一部が、図表21-4である。

このリストでは、個別の登録サイトとともに、2段目で関連カテゴリーが表示され、さらに1段目では、自動車産業や低公害車にかんするニュースがリストアップされているページにつながっている。この結果を利用することで、自動車と環境対策についてより詳しく知るきっかけが得られるとともに、最近の動向などをニュースで読むこともできる。たとえば、このなかから、低公害車の開発や多量の排気ガスを排出するディーゼル車規制の問題をテーマとして選ぶことができる。ここまでテーマを絞り込むことができたら、あとは個別のサイトを閲覧して、現代社会において自動車が環境に与える影響はどのようなも

のなのか、それに対するどのような対策があるのか、を調べてゆけばよい。

5．キーワードを使ってページを絞り込む

　前項では、カテゴリー検索を使ってテーマを決定する手順をみてきた。次に、無数にあるインターネット上のサイトやページのなかから、自分が決めたテーマの資料になりそうなページを、キーワード検索を使って探すことにしよう。

　たとえば、「低公害車は環境保護にどのような効果をもつか？」をテーマに決めたとする。そこで、さっそくキーワード検索に取りかかることになるのだが、インターネット検索の初心者をみていると、ときおりテーマの文章をそのままキーワードにして検索している人をみかけることがある。ためしに、「低公害車は環境保護にどのような効果をもつか？」という文をそのままキーワードにしてYahoo! JAPANで検索してみよう。すると、該当するサイトもページもみつからず、図表21-5のような結果とヒントが表示される。このように一致する結果が出な

図表21-5　長すぎるキーワードを入れると……

ページとの一致
カテゴリ・サイト・ページ検索で一致する情報はありませんでした。

ヒント：
- 文章や長い文字列はキーワードに分けて検索してみてください。
- キーワードが正しく入力されているか、誤字がないか確認してみてください。
- 同じ意味の別の言葉をためしてみてください。
- ワードの数を減らすか、短く簡単な言葉で言いかえてみてください。

かった原因は、キーワードを文章にしてしまい、これと一字一句違わない文を含んだページを探そうとしたため、一致する結果を見つけるためのハードルを高くしすぎたことにある。そこで、先ほどの、キーワードを「低公害車」「環境保護」「効果」という三つの単語に分けて、それぞれをスペースで区切り、「低公害車　環境保護　効果」というキーワードにして検索してみよう。

　結果をみると図21-6のように、企業の環境保護の取り組みと低公害車の関わりについてのページがみつかったことが表示されている。全体では、5,000件をこえる膨大な数のページがヒットしているから、最初の画面に表示されているのはそのごく一部であるが、みつかったページをいくつか閲覧して、そこからヒントを得て、さらにキーワードを追加したり、変更したりして、様々なページを見つけ出すことができる。

　こんなふうに、検索結果からヒントを得て、さらに新しいキーワードを考え

図表21-6　キーワードを区切って検索してみたら

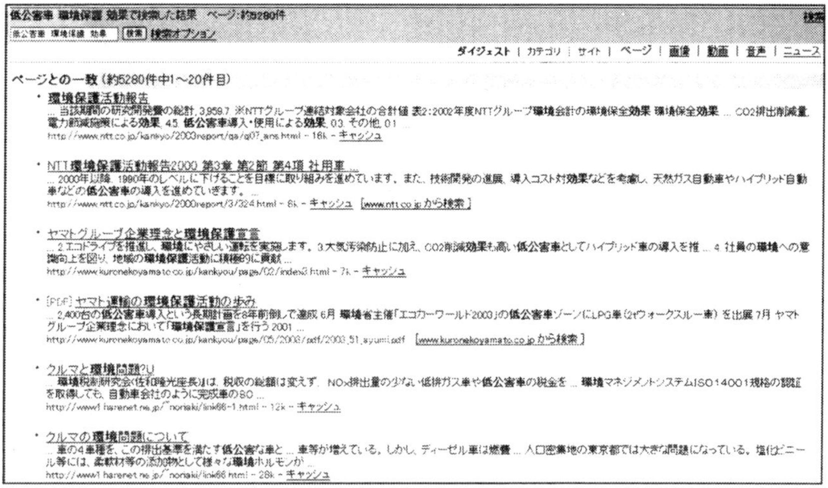
低公害車 環境保護 効果で検索した結果　ページ:約5280件

低公害車 環境保護 効果 [検索] 検索オプション

ダイジェスト | カテゴリ | サイト | ページ | 画像 | 動画 | 音声 | ニュース

ページとの一致（約5280件中1〜20件目）

- 環境保護活動報告
  ... 当該期間の研究開発費の総計, 3,959.7 ※NTTグループ連結対象会社の合計値 表2：2002年度NTTグループ環境会計の環境保全効果 環境保全効果 ... CO2排出削減量. 電力節減施策による効果, 4.5 低公害車導入・使用による効果, 0.3 その他, 0.1 ...
  http://www.ntt.co.jp/kankyo/2003report/qa/q07_ans.html - 18k - キャッシュ
- NTT環境保護活動報告2000 第3章 第2節 第4項 社用車 ...
  ... 2000年以降, 1990年のレベルに下げることを目標に取り組みを進めています。また、技術開発の進展、導入コスト対効果などを考慮し、天然ガス自動車やハイブリッド自動車などの低公害車の導入を進めていきます。...
  http://www.ntt.co.jp/kankyo/2000report/3/324.html - 8k - キャッシュ [www.ntt.co.jp から検索]
- ヤマトグループ企業理念と環境保護宣言
  ... 2.エコドライブを推進し、環境にやさしい運転を実施します。3.大気汚染防止に加え、CO2削減効果も高い低公害車としてハイブリッド車の導入を推 ... 4. 社員の環境への意識向上を図り、地域の環境保護活動に積極的に貢献 ...
  http://www.kuronekoyamato.co.jp/kankyou/page/02/index3.html - 7k - キャッシュ
- [PDF] ヤマト運輸の環境保護活動の歩み
  ... 2,400台の低公害車導入という長期計画を8年前倒しで達成 6月 環境省主催「エコカーワールド2003」の低公害車ゾーンにLPG車（2tウォークスルー車）を出展 7月 ヤマトグループ企業理念において「環境保護宣言」を行う 2001 ...
  http://www.kuronekoyamato.co.jp/kankyou/page/05/2003/pdf/2003_51_ayumi.pdf [www.kuronekoyamato.co.jp から検索]
- クルマと環境問題?U
  ... 環境税制研究会(佐和隆光座長)は, 税収の総額は変えず, NOx排出量の少ない低排ガス車や低公害車の税金を ... 環境マネジメントシステムISO14001規格の認証を取得しても、自動車会社のように完成車の80 ...
  http://www1.harenet.ne.jp/~noriaki/link66-1.html - 12k - キャッシュ
- クルマの環境問題について
  ... 車の4車種を、この排出基準を満たす低公害な車と ... 車等が増えている。しかし、ディーゼル車は燃費 ... 人口密集地の東京都では大きな問題になっている。塩化ビニール等には、柔軟材等の添加物として様々な環境ホルモンが ...
  http://www1.harenet.ne.jp/~noriaki/link66.html - 28k - キャッシュ

て検索するという探索サイクルを繰り返してゆくことで、だんだん「自分が探したいもの」がハッキリしてくるだろうし、さらに「自分が探したいもの」がハッキリしてくれば、新しいキーワードを考えることも簡単になるはずである。

6．インターネット検索は一種の思考過程である

これまで、カテゴリー検索とキーワード検索の二つの方法について、実際の画面を例にしながらそのやり方をみてきた。ここであらためて強調しておきたいのは、検索を開始するときに、明確なテーマが自分の中ではじめからちゃんと決まっていなくとも大丈夫だということである。自分のやることがちゃんと決まらないと作業を開始できないと思い、何もできなくなる人もいるかもしれないが、そんな心配はない。最初の大雑把なテーマさえ決まっていれば、あとはカテゴリー検索を使ってその分野にどんなテーマがあるかを知ることができる。

図表21-7　調べることは考えること

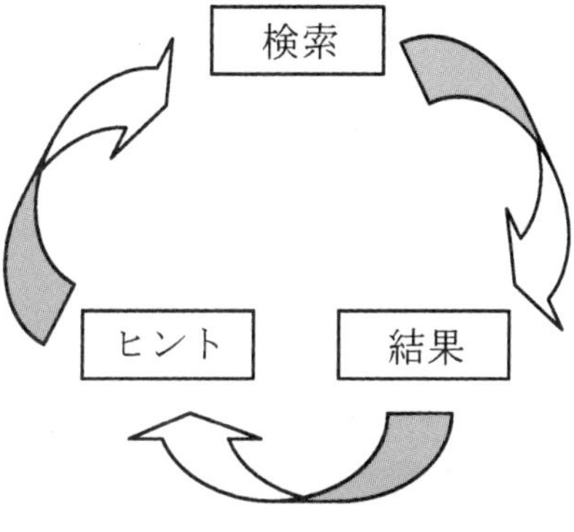

なぜなら、インターネット検索の作

業をすること自体が、テーマ決定をするための一種の思考過程になるからである。右図表22-7に示したように、まず試行的な検索をして、その結果を得ると、それをヒントにあらためて検索を行い、その結果を得る。これを繰り返してゆくことで、自分が探し始めた内容について、どんなサイトやページがあるのかが分かってくる。逆に、参考になりそうなサイトやページがあまりみつからないこともあるだろう。だからといって落胆する必要はない。その場合は、その分野について、ネット上ではまだまだ資料になるような情報が不足しているのだと柔軟に判断し、あらためて図書館で本を探したり、資料が豊富な別なテーマに方向転換をすればよいのである。

　人は普段、ものを考える時に、頭のなかにある知識や経験を思い起こして、それに基づいて判断を下している。判断材料になる知識や経験は、頭のなかにあるものだけでは足りないこともある。そういう時は、人から話を聞いたり、本やインターネットから得られる知識を調べて、それに基づいて判断すればよい。だから、最初に述べたように、検索をして、得られた結果について判断してゆく作業は、基本的にものを考える作業と変わらないのである。

＊Ⅲ．ネット上にはどんな資料があるのか？

1．公的機関の資料

　前節では、インターネット検索の窓口である検索サイトの基本的な使い方をみてきた。次に、本節では、具体的にネット上でどんな資料が手にはいるのかをみてゆきたい。

　たとえば、あなたが昨年の全国の都道府県別の交通事故件数を調べ、その増減や死傷者数についてまとめなければならない時、どんな資料を調べたらよいだろうか。それにはまず、交通事故の件数はどこで集計され、発表されているかを知っていなければならない。もしそのことを知らなければ、前節で説明したやり方で検索をして調べることになるが、交通事故にあったことがない人でも、交通事故の処理や捜査にあたっているのは警察であるということは知っているはずである。したがって、全国の交通事故件数のデータについては警察庁のサイトにあたってみることが先決である。

　このように世の中で起こっている様々な出来事について、国や地方自治体な

どの公的機関はいろいろな資料をもっている。したがって、資料活用の初歩として、まずこの公的機関の資料を活用できることが大切である。新聞やテレビのニュースなどで発表される数字なども、多くはこのような公的機関が調査して発表したものである。新聞やニュースなどでは、紙面や時間の関係上省略されている事柄もある。こうしたことも、公的機関のデータにさかのぼって調べればみえてくるはずである。

それでは、そうしたデータはどこに収録されているのだろうか？国の省庁では、年に1回、それぞれの省庁が担当する分野についての報告書を発表している。それは、たいてい（たとえば、『警察白書』とか、『厚生労働白書』のように）『○×白書』と呼ばれ、一般国民にも読みやすくまとめられている。これには、担当省庁の様々な政策などとともに、その分野の統計データなどが、グラフや表にまとめて表示されている。すべてではないが、その一部を次の表にまとめ

資料21-1　これだけある『白書』の種類

①生　活
『国民生活白書』（内閣府）＝家族、子育て、家計、結婚、出生率、労働
『男女共同参画白書』（内閣府）＝各種産業への女性の就業状況、家庭関係

②福　祉
『厚生労働白書』（厚生労働省）＝人口、出生、平均寿命、死因、疾病、失業、年金
『高齢社会白書』（内閣府）＝人口構成、高齢者の生活、要介護高齢者への対策
『障害者白書』（内閣府）＝障害者の類型と数、各種障害者のための施設の状況、障害者雇用の現状

③教育・科学
『文部科学白書』（文部科学省）＝学習人口数、校内暴力、いじめ、不登校、留学生、就職率、進学率、学校数、教員数など
『青少年白書』（内閣府）＝青少年人口、食生活、雇用、いじめ、虐待、非行、親子関係
『科学技術白書』（文部科学省）＝科学研究者、研究費、研究成果、主要国の研究状況

④経済・産業・インフラ
『経済財政白書』（内閣府）＝景気動向、倒産状況、債務状況、国・自治体の支出・収入、GDP・GNP
『地方財政白書』（総務省）＝地方財政の現状、各種団体の財政状況、地方公務員の状況
『労働経済白書』（厚生労働省）＝完全失業率、新規学卒者就職率、産業別就業者数
『食料・農業・農村白書』（農林水産省）＝農業生産量、自給率、農業人口、安全性
『通商白書』（経済産業省）＝輸出入の推移、各地域との貿易
『国土交通白書』（国土交通省）＝住宅・社会資本整備、下水道、道路、公共交通機関の現状、建設廃棄物問題
『情報通信白書』（総務省）＝インターネット普及状況や各種メディアの利用状況、電子商取引、電気通信サービス、郵便数などの状況

『観光白書』（国土交通省）＝旅行者数・消費額、宿泊施設、海外旅行情報、文化財
『中小企業白書』（経済産業省）＝中小企業の業況、設備投資、事業所数、従業員数、倒産数、出荷・売り上げ高などの動向

⑤環境
『環境白書』（環境省）＝温暖化対策、廃棄物問題、公害問題など

⑥安全
『警察白書』（警察庁）＝犯罪件数、非行、薬物、銃器、各種犯罪及び事故など
『消防白書』（消防庁）＝火災の発生及び被害などの状況、消防体制の状況など
『犯罪白書』（法務省法務総合研究所）＝刑法犯の概況、検挙数、裁判状況、被害者数
『防衛白書』（防衛省）＝国際軍事状況、防衛政策、防衛費、在日米軍、災害派遣など
『防災白書』（内閣府）＝各種災害状況、防災対策・体制など
『交通安全白書』（内閣府）＝交通事故発生状況（道路、鉄道、海上、航空）など

⑦外交
『外交青書』（外務省）＝アジア、欧州、中東、アフリカなど各地域情勢

ておいた。自分のテーマと照らし合わせて、どの『白書』をみてみるかを選ぶ際の参考にしてほしい。

いま紹介した『白書』は、最近では、インターネット上でかなりの部分を読むことができるようになっている。当然、そこに収録されているグラフや表も掲載されているので、非常に参考になる。『白書』が掲載されているサイトにアクセスするには、図表21-8のようなルートがある。

基本的には、いったん検索サイトから『白書』をまとめている各省庁のサイトに飛んで、そこから必要な資料を閲覧するとよい。各省庁のサイトには、『白書』の他にも、各種統計情報やその省庁の政策や施策についての文書などが掲載されているから、『白書』にこだわらず、そちらの方をみると参考になることもある。

また、総務省では全省庁のホームページ検索を行うサービスを提供している。こちらは、民間の検索サイトと違って省庁のページだけを検索結果として示すので、公的機関の資料を探しているなら、効率よく検索を行うことができる。

図表21-8　『白書』へのアクセス方法

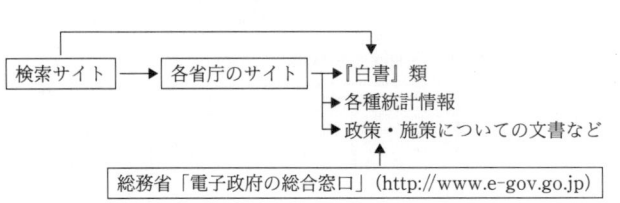

検索サイト → 各省庁のサイト → 『白書』類
　　　　　　　　　　　　　　→ 各種統計情報
　　　　　　　　　　　　　　→ 政策・施策についての文書など

総務省「電子政府の総合窓口」（http://www.e-gov.go.jp）

さらに、都道府県や市町村などもそれぞれインターネット・サイトを開設しており、そこでは人口や経済などの各種

統計データが掲載されていることがある。国の機関だけでなく、こうした地方自治体の情報も積極的に活用するとよい。市町村のサイトは、Yahoo! JAPANなどの検索サイトで、その市町村名を入れて検索するとすぐにみつけることができる。

Let's try! (1)実際に、『警察白書』のページを探し、最新の『警察白書』をみて、君が住んでいる都道府県で昨年の交通事故数が何件であったか調べてみよう。(2)同じようにして、昨年の完全失業率がどれくらいであったかを調べてみよう（完全失業率については、第8章のⅡ．に関連する説明があるので関心のある人は、そちらも読んでみてほしい）。(3)君が住んでいる市町村の人口が何人になるかを、市町村のページを開いて、調べてみよう。

2．マス・メディアの資料

公的機関に続いて、マス・メディアの資料を取り上げよう。普段、私たちが世の中のいろいろな出来事について知るのは、その多くの場合、新聞やテレビのようなマス・メディアからであろう。日々流されている最新のニュースについては、最初に紹介したYahoo! JAPANのような情報検索サイトや新聞社のサイトなどで読むことができる。また、テレビ局のサイトでは、ニュース番組の映像をみることができる。

ところが、レポートの課題などで数ヵ月前、あるいは数年前に起こった過去の出来事について調べなければない時は、事情が違ってくる。たとえば、1年前に起こった地震の規模や死傷者の数を調べたい時、などである。新聞社やテレビ局のサービス体制にもよるが、これらのマス・メディアで流した過去のニュースについて、検索できる期間はかならず限定されている。主な新聞社では、バックナンバーの記事検索を有料サービスとして提供しており、無料で検索できる範囲に制限を設けている。たとえば、読売新聞（www.yomiuri.co.jp）では過去半年（ただし、利用者登録が必要）まで、毎日新聞（www.mainichi-msn.co.jp）では過去2ヵ月までとなっている。もっと短い期間しか検索できない新聞社もある。これより過去の記事については、図書館などで有料サービスに登録した端末を使う必要がある。また、期間だけでなく、検索できる記事の範囲も、自社サイトに掲載された記事だけに限定されており、購読者に届けられた新聞の記事すべてが検索できるわけでもない。テレビ局の番組映像はさらにみること

のできる期間が短く、長くても1週間程度しかさかのぼることができない。

そのため、このようなサービス期間の限定に制約されないで資料を調べたい場合は、むしろ積極的に図書館を活用すべきである。主な新聞や雑誌などは、過去数十年にわたって図書館に保存されているものもある。ネット検索にこだわらなければ、資料入手の手段はまだまだいくらでもあるのである。

📖**Let's try!** (4)君の住んでいる都道府県の有力な地方新聞も、それぞれインターネット・サイトを開設しているはずである。そのサイトを開いて、記事検索ができるか（それともできないのか）を確かめてみよう。

3．目的別にサイトを活用する

前項まで、公的機関、マス・メディアのサイトの活用法についてみてきた。続いて、本項では、いくつかの目的ごとにそれぞれ役立つサイトを紹介したい。

(1)なんとかして図書館から本を調達する

普段利用する大学や公立の図書館に借りたい本がない場合、どうしたらよいだろうか。そんな時、全国の図書館を横断検索すれば、道が開けることがある。国立情報学研究所が提供している図書検索サービスでは、全国の大学や研究機関、公立図書館などに所蔵されている本を一度に検索することができる。

NACSIS Webcat　　URL：http://webcat.nii.ac.jp

この検索で本をみつけることができれば、あとは普段利用する図書館を通して、複写や現物の貸借サービスを受けられる。分からないことがあれば、図書館のカウンターに相談するとよい。

📖**Let's try!** (5)本章の最後で紹介している参考テキスト『調査のためのインターネット』と『インターネット時代の情報探索術』が、君の大学や君の家の近くにあって図書館が利用しやすい大学の図書館に所蔵されているか、NACSIS Webcatを使って確かめてみよう。もし、所蔵されていなかったら同じ都道府県にある大学に所蔵されていないか、あらためて確かめてみよう。

(2)辞書を引く・翻訳する

インターネット上のサービスを利用して、国語辞典や英和・和英辞典、さらに英語以外の辞書などを引いたり、百科事典を利用することができる。簡単な

辞書機能は、すでに紹介した Yahoo! JAPAN や goo の他に、情報ポータルサイトの Excite などで利用できる。

 Excite http://www.excite.co.jp 三省堂の国語辞典、研究社の英和・和英辞典を引く機能の他に、英日・日英・日中の翻訳機能が使える。

 Yahoo! JAPAN http://www.yahoo.co.jp 小学館の国語辞典、英和・和英辞典が引ける

 goo http://www.goo.ne.jp 三省堂の国語辞典、新語辞典、英和・和英辞典が引ける

■Let's try! (6)Exciteの翻訳機能を使って、先ほど例としてみつけた「低公害車は環境保護にどのような効果をもつか？」というテーマを英訳してみよう。

 (7)そのなかで、「低公害車」にあたる英語をキーワードにして、あらためてYahoo! JAPANでどんなページがみつかるか検索してみよう。

(3)研究論文を探す

少し高度になるが、研究テーマにより踏み込んで調べものをするなら、学術研究でどのような論文が書かれているかを調べる必要が出てくる。そんな時には、学会で発行している学会誌や紀要（大学や学部で発行している研究誌）を閲覧するために、国立情報学研究所が提供している電子図書館サービスを利用するとよい。

 NACSIS ELS（国立情報学研究所電子図書館サービス）
 URL：http://www.nii.ac.jp/els/els-j.html

■Let's try! (8)論文検索：このサイトの検索機能を使って、「インターネット検索」という言葉を含む論文を検索し、「インターネット検索」についてどんな研究があるかみてみよう。 (9)雑誌検索：同じ検索機能を使って、今度は、「環境」という言葉を含む研究雑誌がいくつあるか調べ、どんな分野で環境の問題に取り組んでいるかみてみよう。

*Ⅳ．インターネットの資料を有意義に利用するために

これまでみてきたように、インターネットを利用することで様々な資料を手

> ● Further Readings
> 大串夏身『文科系学生のインターネット検索術』青弓社、2001年
> アリアドネ『調査のためのインターネット』ちくま新書、1996年
> 　著者によるサイト「アリアドネ http://ariadne.ne.jp/」も開設されている。

に入れることができる。また、その用途はどんどん広がっている。そうしたインターネットにおけるサービスの充実や変化に素早く対応し、それを使いこなしてゆくことが、有意義なインターネットの利用につながる。いつも使い慣れているサイトに、ふと気がつくと新しいサービスが追加されたりしていることに気がつくことがあるだろう。それに気づいた時、新しいインターネット活用に向けた第一歩が開けることになる。

　インターネットは、テレビや新聞、本などと比べると歴史も浅く、大変新しいメディアだといえる。けれども、そこから得られる情報を利用するための基本ルールは、まったく変わっていない。たとえば、レポートを書くために、新聞の記事や本の文章を引用するとき、その文章が、何新聞のいつの記事なのか、何という著者の何という本からの引用なのかを表示しなければならない。そうしなければ、他人の文章をあたかも自分の文章であるかのようにみせかけた剽窃行為ととられても仕方がない。インターネットの文章についても同じである。レポートなどを書く際にインターネットのサイトを引用したら、そのサイト名とURLをレポートの文中の該当箇所のところや、末尾の引用文献表に掲げなければならない。新聞であろうと、本であろうと、インターネットであろうと、他人が書いた文章を利用する際には、それが共通の基本ルールである。このことを忘れないようにしたい（レポートやレジュメの正しい書き方については、第17章で説明しているから、そちらを読んでほしい）。

　インターネット検索は大変便利である。一瞬で検索することができ、見つけた文章を自分が書いている原稿にすぐ貼りつけて利用することができる。しかし、その手軽さゆえに、見つけた文章を手当たり次第に利用したレポートをみかけることがある。しかし、そこで一歩立ち止まることも重要である。たとえば、インターネットでレポートに利用できるアンケート調査の結果を見つけたとしよう。大喜びでその結果だけを貼り付けたレポートなどをみかけることがある。ところが、そもそもその調査は、誰が、いつ、誰を対象者に行い、何人の回答者を得たものなのかという基本情報をまったく確認しない例がみられる。それでは、その調査がどれだけ信頼できるものなのかが分からず、よってその

レポートの内容自体も評価できなくなってしまうのである。

　よく考えてほしいのだが、たとえば、たまたま街で出会った人からうわさ話を聞かされたとしよう。そうすると、普通、「この人は誰なんだろうか？」「この話は本当なんだろうか？」と誰でも直感的に考えるはずである。ところがなぜか、インターネットではその普段の感覚をすっかり忘れてしまう人がいる。画面に現われた情報ばかりに目を奪われているため、その画面の向こうにはそれを発信している人がいる、ということを忘れてしまうのである。だから、人から話を聞く時のように、「この情報の発信者はどういう人なんだろうか？」「この情報は信用できるのだろうか？」と考える、ごくあたりまえの感覚を忘れないようにすることが大事である。そう、インターネットは、人と話をするのとかわらない、ごくあたりまえのメディアなのである。

　　　　　　　　　　　　　　　　　　　　　　　　　（高橋　徹）

編者略歴

家田　愛子（いえだ　あいこ）

　　1951年　愛知県に生まれる
　　1970年より1985年まで　日本航空国際線客室乗務員
　　1978年　慶応義塾大学文学部史学科（通信教育部）卒業
　　1995年　名古屋大学法学部大学院修士課程修了
　　現　　在　札幌学院大学法学部教授
　　専　　攻　労働法
　　主要論文　「ヨーロッパ連合（EU）とイギリス労働法の変容―1993年の「1981年営業譲渡（雇用保護）規則」修正を中心として（1）（2）（3・完）」名古屋大学法政論集第165号・第166号・第167号
　　　　　　　「ワッピング争議と法的諸問題の検討―1986年タイムズ新聞社争議にもたらした、イギリス80年代改正労使関係法の効果の一考察（1）（2・完）」名古屋大学法政論集第168号・第169号
　　著　書　『イギリス法事典』（共著、新世社、2003年）
　　　　　　『日本企業の働く女性たち』（共著、ミネルヴァ書房、1998年）
　　　　　　『ママ学校大好き』（旬報社、1990年）、『スチュワーデス志願』（旬報社、1987年）

18歳からの教養ゼミナール

2005年4月15日　初版第1刷発行
2007年4月1日　初版第3刷発行

　　　　　　　　　　　　　編　者　家　田　愛　子
　　　　　　　　　　　　　発行者　木　村　哲　也

・定価はカバーに表示　印刷　富士見印刷／製本　川島製本

発行所　株式会社 北樹出版

〒153-0061　東京都目黒区中目黒1-2-6　電話(03)3715-1525(代表)
　　　　　　　　　　　　　　　　　　　FAX(03)5720-1488

©2005 Printed in Japan　　ISBN 978-4-89384-992-2
　　　　　　　　　　（落丁・乱丁の場合はお取り替えします）